非煤矿山投资建设运营法律合规管理实务

绿色砂石建材篇

周本强　主编

中国建筑工业出版社

图书在版编目（CIP）数据

非煤矿山投资建设运营法律合规管理实务. 绿色砂石建材篇 / 周本强主编. -- 北京：中国建筑工业出版社，2024.10. -- ISBN 978-7-112-30474-5

Ⅰ. F426.1

中国国家版本馆 CIP 数据核字第 2024Z6Z419 号

责任编辑：徐仲莉　王砾瑶
责任校对：张　颖

非煤矿山投资建设运营法律合规管理实务
绿色砂石建材篇
周本强　主编

*

中国建筑工业出版社出版、发行（北京海淀三里河路9号）
各地新华书店、建筑书店经销
北京建筑工业印刷有限公司制版
北京同文印刷有限责任公司印刷

*

开本：787毫米×1092毫米　1/16　印张：17　字数：345千字
2024年10月第一版　　2024年10月第一次印刷
定价：80.00元
ISBN 978-7-112-30474-5
（43847）

版权所有　翻印必究
如有内容及印装质量问题，请与本社读者服务中心联系
电话：（010）58337283　　QQ：2885381756
（地址：北京海淀三里河路9号中国建筑工业出版社604室　邮政编码：100037）

本书编写委员会

主　编：周本强

副主编：资小利　孟　傲　郭　伟
　　　　高庆稳

编委（以姓氏笔画为序）：
　　　　陈　旎　张天池　段立波
　　　　崔敏捷　粟国奔

序

天地之间,砂石为基,乃土木之魂,建筑之要。

砂石,作为大自然最质朴的馈赠,自古以来便是人类生存与发展的重要物质基础。从远古时期的石器文明,到现代社会的钢筋混凝土森林,砂石见证了人类文明的每一次飞跃。它们,从山川湖海中来,汇聚成构建世界的基石,支撑着高楼大厦的巍峨,铺就了通衢大道的坦荡。

过去10年,在全球化与工业化加速融合的时代背景下,砂石建材产业迎来了前所未有的快速发展机遇。这一时期,中国经济持续快速增长,城镇化、基础设施建设等大规模项目不断推进,对砂石建材的需求量急剧增加,成为全球最大的砂石建材生产和消费国。

与此同时,随着资源和环境保护政策的日益严格,砂石建材行业面临重大变革。天然砂石资源受到保护,砂石企业不得不转向石矿开采,并从人工或半机械化生产方式转向机械装备制造。同时,经营模式也由小规模分散转向大规模集中经营,大型企业纷纷进入砂石建材领域,行业竞争愈发激烈。各地政府积极整顿和关闭落后企业,对绿色发展、依法合规有着更高的要求。

中国砂石协会作为全国砂石行业协会组织,一直致力于推动全球砂石建材行业的合作与共同进步,促进砂石及装备产业的可持续发展,特别希望专家学者能够在砂石建材法律合规方面出版一本既实用又全面的法律合规指南,以助力行业健康、有序、绿色发展。而《非煤矿山投资建设运营法律合规管理实务 绿色砂石建材篇》一书正是弥补了这一空白。此书之出版,实为砂石建材行业一大幸事,它不仅是作者们辛勤耕耘之结晶,更是行业同仁共同智慧之体现。

本书的编著者拥有深厚的法律专业功底和丰富的实务经验,以深入浅出的笔触,系统地阐述了绿色砂石建材投资建设运营过程中的法律合规要点,从项目立项、环评审批、土地利用、安全生产、环境保护到市场准入、合同管理等各个环节,无一不精,无一不细。编者们博学多才,实务丰富,将复杂之法律问题娓娓道来,令人豁然开朗。

所谓"无规矩不成方圆,无法律难保秩序。"企业只有遵守法律,才能行稳致远;只有合规经营,才能基业长青。砂石企业经营当以法为尺,以规为矩,确保绿色砂石建材行业之健康发展。希望本书能够以全新的视角引导读者在实际工作中依法合规开展砂石建材产业投资建设运营工作，愿细读之、深思之、实践之，以之为鉴、以之为师、以之为友，也愿合规之理念深入人心、落地生根、开花结果。

愿以此序为《非煤矿山投资建设运营法律合规管理实务　绿色砂石建材篇》一书增光添彩、共襄盛举！

中国砂石协会会长　胡幼奕

2024年9月26日于北京

前　言

大道之行，壮阔无垠。

党的二十大报告指出："中国式现代化是人与自然和谐共生的现代化，尊重自然、顺应自然、保护自然是全面建设社会主义现代化国家的内在要求。"全面建成富强民主文明和谐美丽的社会主义现代化强国，是我国第二个百年奋斗目标，其中，美丽中国建设是重要的组成部分。牢固树立和践行"绿水青山就是金山银山"的理念，坚定不移地走生态优先、绿色发展之路，绿色已然成为新时代中国的鲜明底色，绿色发展成为中国式现代化的显著特征，良好生态环境是美好生活的基础、人民共同的期盼，更是最普惠的民生福祉。

伴随着国民经济的快速发展，基础设施建设对砂石建材的需求持续走高，绿色砂石矿山项目发展迅速。砂石建材的开采、加工与利用直接关系到国家经济的平稳运行与生态环境的可持续发展。在生态文明建设与绿色发展理念日益深入人心的今天，非煤矿山行业，尤其是绿色砂石建材领域，正面临前所未有的转型与挑战。《非煤矿山投资建设运营法律合规管理实务　绿色砂石建材篇》一书的编纂，正是基于这一时代背景下，为我国非煤矿山企业特别是绿色砂石建材行业健康发展提供了一本权威、实用、前瞻性的法律合规管理指南。

本书的编纂旨在为绿色砂石矿山企业合法合规开展投资建设运营提供实务指引，增强绿色砂石矿山企业社会责任感，弥补绿色砂石建材行业法律合规风险防控系统研究的空白，提升绿色砂石建材行业管理水平，促进绿色砂石建材产业发展。并且强调绿色砂石矿山企业在追求经济效益的同时，还应积极履行社会责任，注重生态保护与社区和谐，为构建和谐社会贡献力量。

本书共有6章35节，从绿色砂石建材产业政策及趋势、绿色砂石建材项目投融资模式、矿业权设立与取得、项目投资建设立项和报批、项目全生命周期法律合规风险管控重点以及项目运营与砂石建材销售六个方面进行论述。本书从实务、实用角度出发，理论联系实际，通过对现行法律法规和合规政策进行深入解读，结合大量实际案例，为绿色砂石矿山企业提供了从项目投资、建设、运营全过程的法律合规操作指南，帮助企业有效规避法律合规风险，确保全过程、全产业链依法合规行事。

本书的编著者由拥有深厚法律实务背景及丰富企业经营管理经验的公司律师和企业法务人员组成，他们不仅在法律领域有着扎实的专业功底，更通过亲身参与多个国家级绿色砂石矿山项目的投资、建设和运营全过程管控，拥有宝贵的实战经验。服务过的项目，比如全球最大的绿色建筑骨料生产基地和全国绿色智慧矿山高质量发展示范性项目，不仅规模宏大，而且在绿色可持续发展、技术创新以及环境保护等方面均树立了行业标杆。

本书编写过程中，参考借鉴了行业内优秀案例、行业协会相关数据资料以及法律同仁的实务经验，在此，我要向各位专家、学者及行业同仁所做的贡献表示衷心的感谢和崇高的敬意！同时，非常感谢中国电力建设集团（股份）有限公司及中国水利水电第八工程局有限公司给我们提供的实践平台，让我们有机会参与大型绿色砂石建材项目历练成长，才使得我们在实战中积累了丰富的法律合规实务经验。此外，我们由衷感谢中国砂石协会会长胡幼奕先生及副秘书长杨晓东先生的大力支持和帮助。

本书是砂石建材行业领域内第一本系统研究绿色砂石建材投资建设运营法律合规管理实务的书籍，是一本非常实用的工具书，适合法务人员、合规管理人员、矿业律师以及从事砂石建材产业投资建设运营的相关管理人员使用。限于本书作者水平，编写内容难免有所疏漏，希望广大读者不吝赐教指正，也可直接联系我们交流探讨，我们会虚心接受您的宝贵意见！

周本强

2024 年 9 月 18 日于长沙

目　　录

第一章　绿色砂石建材产业政策及趋势 ····································· 1

    第一节　砂石矿产资源概述 ·· 2

    第二节　砂石建材产业政策及趋势 ······································· 7

第二章　绿色砂石建材项目投融资模式 ··································· 29

    第一节　绿色砂石建材项目商业模式概述 ······························ 30

    第二节　项目融资方式 ·· 58

第三章　矿业权设立与取得 ·· 71

    第一节　矿业权概述 ··· 72

    第二节　矿业权出让 ··· 76

    第三节　矿业权延续、变更及注销 ····································· 83

    第四节　矿业权流转 ··· 90

第四章　项目投资建设立项和报批 ··· 95

    第一节　投资项目立项报批概述 ·· 96

    第二节　划定矿区范围 ·· 100

    第三节　项目备案 ·· 103

    第四节　用林、用地许可 ··· 107

    第五节　新设采矿权许可 ··· 111

    第六节　环境影响评价 ·· 114

    第七节　社会稳定风险评估 ·· 116

    第八节　安全生产许可 ·· 119

第九节　初步设计审查 ·· 124

　　第十节　竣工验收许可 ·· 126

　　第十一节　涉公路施工许可 ·· 130

　　第十二节　涉铁路施工许可 ·· 132

　　第十三节　专项方案编制 ··· 134

第五章　项目全生命周期法律合规风险管控重点 ······················· 157

　　第一节　净矿出让法律合规风险 ······································ 158

　　第二节　征地与拆迁法律合规风险 ··································· 161

　　第三节　项目用地、用林法律合规风险 ····························· 167

　　第四节　生态环境保护法律合规风险 ································ 173

　　第五节　闭坑、复垦法律合规风险 ··································· 177

　　第六节　安全生产法律合规风险 ······································ 181

　　第七节　砂石矿业权处置法律合规风险 ····························· 186

　　第八节　压覆矿产法律合规风险及防范 ····························· 194

　　第九节　非法采矿法律合规风险 ······································ 204

　　第十节　绿色砂石税费法律合规风险 ································ 218

第六章　项目运营与砂石建材销售 ··· 229

　　第一节　项目运营 ··· 230

　　第二节　绿色砂石建材销售 ·· 235

　　第三节　砂石建材运输 ·· 240

　　第四节　项目运营与产品销售主要税费 ····························· 242

附录 ·· 257

第一章

绿色砂石建材产业政策及趋势

第一节　砂石矿产资源概述

一、砂石矿产资源相关概念界定

（一）砂石的定义和分类

1. 砂石的定义

砂石，指由砂、卵（砾）石、碎石、块石、料石等材料构成的松散混合物。砂石也可称作"砂石骨料""骨料""集料"，或简称为"砂"。地质学上根据粒径又把砂石分为砂、砾或角砾、粗骨料三种，其中砂的粒径为 0.074~2mm，砾或角砾的粒径为 2~5mm，而粗骨料即常说的石子的粒径则大于 5mm。砂石具有良好的硬度和稳定的化学性质，主要用于与水泥、其他添加剂合用以拌制混凝土或砂浆，在混凝土或砂浆中起骨架或填充作用。建设用砂石作为构筑混凝土骨架的关键原料（约占混凝土质量的七分之六），是基础设施建设用量最大、必不可少、无以取代的建筑材料，也是消耗众多自然资源的大宗建材产品。具体用途上，砂石骨料 80% 用于混凝土，20% 用于道砟、路基、沥青等其他工程建设。

2. 砂石的分类

砂石根据来源可分为天然砂石和人造砂石（机制砂）。天然砂石主要指在河水冲击积累、海砂沉淀、岩石风化等自然作用形成下的岩石颗粒，包括河砂、河卵石、海砂、海石、山砂、山石等；人造砂石（机制砂）是指通过机械破碎、筛分制成手段将一些自然材料和废弃材料按照科学标准加工而成的岩石颗粒，但不包含软质岩石，风化岩石的颗粒。二者的主要区别见表 1.1-1。

天然砂和机制砂对比表　　　　表 1.1-1

序号	类别	天然砂	机制砂
1	来源	自然条件作用形成，类别主要有河砂、湖砂、山砂、海砂，属自然砂石	由制砂设备加工而成，属人造砂石
2	主要性能特点	①粒形：颗粒类似小鹅卵石，颗粒表面光洁，棱角较圆润； ②坚固性、耐久性：较弱，但能达到《建设用砂》GB/T 14684—2022 标准的优等品指标，在普通混凝土中使用不存在问题；	①粒形：颗粒类似小碎石，表面粗糙棱角尖锐、不规则； ②坚固性、耐久性：较强；

续表

序号	类别	天然砂	机制砂
2	主要性能特点	③黏合性和抗压性：较弱； ④石粉含量：较少； ⑤有害杂质：海砂中常含有碎贝壳，可溶性氯盐等有害物质，未淡化的海砂不能用于工程建筑； ⑥细度模数：一种细度模数可以有多种级配，但无法做到按用户要求组织生产	③黏合性和抗压性：较强； ④石粉含量：含有较大量的石粉； ⑤有害杂质：无泥质和其他有害杂质； ⑥细度模数：可人为通过生产工艺控制，按用户要求组织生产
3	资源现状	短时间内不可再生，天然砂产能骤减，且有些地区接近枯竭	资源丰富，可通过就地取石材加工、利用废弃尾矿等方式进行生产，使用机制砂有社会和经济效益
4	管理现状	控制开采天然砂资源，国家限制天然砂出口，各地方政府实施采砂管理条例以及采砂收费管理办法	国家制定机制砂新标准，制定一系列政策鼓励机制砂发展，机制砂正逐步代替天然砂
5	主要应用	宜用于强度等级低于C60及抗冻、抗渗或其他要求的混凝土	宜用于强度等级大于C60的混凝土

（二）绿色砂石

1. 绿色砂石理念的提出

绿色发展是顺应自然、促进人与自然和谐共生的发展，是用最少资源环境代价取得最大社会经济效益的发展，是高质量、可持续的发展，已经成为各国共识。党的十八大以来，中国坚持"绿水青山就是金山银山"的理念，坚定不移走生态优先、绿色发展之路，促进经济社会发展全面绿色转型，建设人与自然和谐共生的现代化，创造了举世瞩目的生态奇迹和绿色发展奇迹，美丽中国建设迈出重大步伐。绿色已成为新时代中国的鲜明底色，绿色发展成为中国现代化的显著特征。

砂石作为一个资源利用效率相对较低，也会对环境造成一定影响的行业，在新时代需转变以往的粗放式发展模式，坚持以新发展理念为指引，以推进形成绿色生产和生活方式为主攻方向，以支撑国民经济与社会高质量发展为总体目标，持续推进砂石资源供给体系质量提升、效率增长、结构升级、布局优化、保障安全等，以绿色开发支撑生态文明建设，推动"绿色砂石行业"的高质量、健康有序发展。

至此，"绿色砂石"概念应运而生。绿色砂石是以绿色为底色，以可持续高质量发展为方向，涵盖砂石骨料从矿山建设、开采加工、销售运输、使用过程到回收利用的全生命周期过程，尽可能不对或少对生态环境造成影响，更加注重提升产品质量，提高资源综合利用率的建筑材料。

2. 绿色砂石标准及要求

在绿色砂石标准及要求方面，国家层面并没有出台专门的法律法规、政策性文件或行业标准文件，发布的多是关于绿色砂石行业某一具体环节涉及的标准及要求，如 2018 年 6 月 22 日自然资源部发布的《砂石行业绿色矿山建设规范》DZ/T 0316—2018 规范了有采矿权并生产机制砂石的新建、改扩建和生产矿山的绿色矿山建设；2021 年 10 月 8 日工业和信息化部发布的《砂石行业绿色工厂评价要求》JC/T 2641—2021 行业标准重点规定了机制砂石骨料企业的绿色工厂创建与评价工作。通过对上述行业标准文件的归纳总结，砂石行业要达到"绿色"标准，需满足以下要求：

一是绿色开采。砂石开采要严格按照地方矿产资源开发利用专项规划，不可提前、超期、超量开采；开采应遵循"采剥并举、剥离先行、贫富兼采"的原则，"边开采、边治理、边绿化"，不可"光采不治、猛采缓治"；优先采用效率高、废物产生量小，且对矿区生态环境破坏小的采矿工艺技术与装备进行开采，最大限度地保护矿区生态环境。

二是绿色生产。砂石生产不能无序超规模或小规模生产，而是要根据地方自然资源主管部门核发的采矿许可证规定的生产规模以及目标市场容量确定生产线规模，从而规避出现生产线规模过大或过小的无序现象；生产线设计应节能、环保、安全、高效，且应根据母岩材质性能、产品结构、产能要求等选择先进工艺和设备；要注重提高砂石产品成品率、提升产品质量、智能消除砂石粉尘，推动砂石绿色生产。

三是绿色运输。砂石运输要结合矿山地形地质条件、岩石特性、开采方案、运输强度等因素，按《机制砂石生产技术规程》JC/T 2299—2014 选择运输方案，在节省运输成本的同时做到绿色运输。砂石短途汽车运输应严格遵循环保、交通等方面的法律法规，中长途运输尤其是涉及转运时应保证配置规模适宜、环保、安全措施完善的中转料场，有条件的砂石企业甚至可以推进清洁能源和新能源运输工具在矿山运输中的应用。

3. 绿色砂石是绿色建材重要品类

绿色建材是指在建设、开采加工、销售运输、使用过程到回收利用的全生命周期内，资源能源消耗少，生态环境影响小，具有"节能、减排、低碳、安全、便利和可循环"特征的建筑材料，又称环保建材、生态建材和健康建材。发展绿色建材是建材工业转型升级的主要方向和供给侧结构性改革的必然选择，也是贯彻碳达峰碳中和重大战略决策的抓手举措。2023 年 12 月 29 日，工业和信息化部、国家发展改革委、生态环境部等 10 部门联合印发了《绿色建材产业高质量发展实施方案》（以下简称"《实施方案》"），聚焦于提升绿色建材全产业链内生产力、影响力、增长力、支撑力，系统提出了推动绿色建材产业高质量发展的系列举措，将有效促进建材行业绿色化、低碳化转型，推动建材行业绿色低碳安全高质量发展。

《实施方案》坚持系统观念，统筹扩大内需和深化供给侧结构性改革，坚持供给水平提升与市场需求开拓相结合，坚持生态培育优化与产业协同推进相结合，提出了 4 个方面

12项重点任务，推动绿色建材产业高质量发展。其中特别指出要以开展绿色建材"三品"行动为抓手，而"三品"之一就是开展品种培优，加快水泥等基础原材料的低碳化、制品化发展，加快新型低碳胶凝材料等新型绿色建材品类的发展与应用。

砂石作为构筑混凝土骨架的关键原料，是基础设施建设用量最大、不可或缺、不可替代的建筑材料，也是消耗众多自然资源的大宗建材产品。而绿色砂石代表着砂石骨料从矿山建设、开采加工、销售运输、使用过程到回收利用的全生命周期过程中，尽可能不对或少对生态环境造成影响，更加注重提升产品质量，提高资源综合利用率的建筑材料。毫无疑问，绿色砂石符合绿色建材的"内在绿色"驱动力，属于绿色建材的重要品类。要想大力推动绿色建材产业高质量发展，绿色砂石必不可少。

二、砂石矿产资源归属

（一）所有权的法律依据

砂石矿产资源归属问题，即砂石矿产资源所有权归谁所有。在此方面，英美法系和大陆法系对此问题规定不一。英美法系主张"权利私有"，一般规定土地下的矿藏归土地所有者所有；大陆法系将土地所有权与土地下的矿藏所有权分离，一般规定不论土地所有权归谁所有，土地下的矿藏归国家所有。我国法律则统一规定矿产资源一律归属国家。

《矿产资源法》第三条第1款规定，矿产资源属于国家所有，由国务院行使国家对矿产资源的所有权。地表或者地下的矿产资源的国家所有权，不因其所依附的土地的所有权或者使用权的不同而改变。我国关于矿产资源归国家所有的规定与《宪法》《民法典》中体现的"全民所有"精神是契合的。《宪法》第九条第1款规定，矿藏、水流、森林、山岭、草原、荒地、滩涂等自然资源，都属于国家所有，即全民所有；由法律规定属于集体所有的森林和山岭、草原、荒地、滩涂除外。《民法典》第二百四十七条规定，矿藏、水流、海域属于国家所有。

此外，一些具体的矿产资源的行政法规也对"矿产资源归国家所有"进行了规定。如《乡镇煤矿管理条例》（2013年修订）第三条第1款规定，煤炭资源属于国家所有。地表或者地下的煤炭资源的国家所有权，不因其所依附的土地的所有权或者使用权的不同而改变。《对外合作开采陆上石油资源条例》（2013年修订）第三条规定，中华人民共和国境内的石油资源属于中华人民共和国国家所有。《对外合作开采海洋石油资源条例》（2013年修订）第二条第1款规定，中华人民共和国的内海、领海、大陆架以及其他属于中华人民共和国海洋资源管辖海域的石油资源，都属于中华人民共和国国家所有。

综上，我国砂石矿产资源属于国家所有。

（二）所有权与管理权的分离

矿产资源管理体制一方面对矿产资源所有权的有效行使和充分实现起到重要作用，另一方面其本身又受制于矿产资源国家所有制即矿产资源管理体制的具体模式随着矿产资源所有制的变化而变化。我国矿产资源所有制总体来说分为两个阶段：计划经济阶段和市场经济阶段。

我国法律规定矿产资源归国家所有，由国务院代为行使矿产资源所有权，具体行使主体则为自然资源部及各级人民政府。这就导致政府集矿产资源所有权行使者与管理者于一身，既是"运动员"，又是"裁判员"，造成矿产资源所有权权力化。在计划经济阶段，这种管理体制较为符合我国的经济发展战略和国内外经济形势，对我国经济发展起到较为明显的积极作用，管理体制本身的弊端在此阶段体现得并不明显。改革开放以后，社会主义市场经济体制在我国逐渐确立，矿产资源管理重点由资源储量管理向矿产资源所有权和矿业权转变，矿产资源的"行政性"色彩减弱，矿产资源的经济价值日益凸显。此时，原来的矿产资源管理体制与社会主义市场经济体制的矛盾逐渐凸显，实践中矿产资源所有权虚化、资源配置低效、权力寻租、政府行政监管目标难以实现、社会金融风险集聚等大量问题出现，严重影响了矿产资源的开发保护和矿业经济的健康可持续发展。

为解决矿产资源所有权与管理权不分问题，我国开始推进自然资源管理改革。2013年11月，中共十八届三中全会提出"健全国家自然资源资产管理体制，统一行使全民所有自然资源资产所有者职责。完善自然资源监管体制，统一行使所有国土空间用途管制职责"。十八届三中全会对所有权与监管权进行了正确区分，明确了所有权与监管权的权利来源，即所有权、所有者职责源于"资产管理体制"，监管权、监管者职责源于"资源监管体制"，监管有效的前提是明确权责，而明确权责首要的是明确权利和权源。2019年4月，中共中央办公厅、国务院办公厅发布《关于统筹推进自然资源资产产权制度改革的指导意见》，明确了自然资源资产产权主体，健全了自然资源资产监管体系，完善了自然资源资产产权制度，进一步推动了生态文明建设和矿产资源管理体制改革。

矿产资源所有权与管理权的分离是生态文明建设的内在要求，是统一行使全民所有自然资源资产所有权、履行所有者职责的重要前提，是推行有偿使用制度的关键基础，亦是开展所有者权益工作、维护所有者权益的首要任务。至于如何真正实现矿产资源所有权和管理权相互独立、相互配合、相互监督，仍需进一步探索与实践。

（三）所有权行使主体的模糊

我国法律规定矿产资源属于国家所有，由国务院行使国家对矿产资源的所有权，同时又规定了按矿种、勘查开采区域、勘查开采投资主体性质和矿产储量规模等实行的分级审批制度，导致矿产资源所有权具体行使主体为自然资源部和各级人民政府。2019 年 4 月 14 日，中共中央办公厅、国务院办公厅联合印发《关于统筹推进自然资源产权制度改革的指导意见》，明确提出"推进相关法律修改，明确国务院授权国务院自然资源主管部门统一行使全民所有自然资源资产所有者职责"，但与之"背离"的是《矿业权出让制度改革方案》仍然规定实行分级审批制度。

因此，我国矿产资源所有权存在行使主体不明的问题。所有权行使主体的模糊带来的直接后果就是矿产资源由国家所有向地方政府乃至个别私企所有发展，严重损害国家所有的矿产资源权益。

从收益类别构成来看，矿产资源资产收益来源主要包括矿业权出让金、矿业权占用费、资源税和矿山环境治理恢复基金在内的矿产资源权益金，但目前在涉及矿产资源的税、租、费、金、利等方面的定位仍较为模糊。

从收益征缴主体来看，分为省、市／县、经营单位三种征收主体，但也存在不征不缴的现象。

从权益分配来看，存在中央和省之间分配，中央—省—市—县四级分配，也存在仅在地方分配等多种分配方式，目前全国范围内并没有统一的分配标准和分配规则，分配比例也不尽相同。

以上种种因素，综合导致了国家矿产资源所有者权益落实困难、国家所有者权益受损的现实困境。因此，完善矿产资源相关制度，明确矿产资源产权主客体，建立健全完整配套的代理委托制度和标准是今后的改革方向。

第二节　砂石建材产业政策及趋势

一、国家相关产业政策

砂石供需和价格影响工程建设预算、进度和质量，因此加强对砂石建材产业的规范化管理极其重要。近年来，中央和各级政府高度重视砂石建材产业，陆续出台多项相关政策或文件，推动砂石建材行业高质量健康发展。砂石建材产业政策纷繁复杂，涉及机制砂石产业高质量发展、建筑用砂规范新国家标准、砂石生产企业绿色工厂建设标准规定、打击盗采滥采等多方面，主要政策如下：

（一）加快政策扶持，推进机制砂石高质量发展

长期以来，建设用砂主要来源于河道采砂，随着基础设施建设的日益加快和多年无节制的开采，河砂资源急剧减少，有些地区的天然砂石资源甚至濒临枯竭。除了河砂枯竭、水源污染、河堤江坝安全事故、生态失衡等资源、生态、社会问题频发。在"砂荒"的大背景下，大力推广和发展机制砂石是解决砂石供需矛盾、推动砂石行业高质量发展的必然选择。

与天然砂石资源相比，我国机制砂石原材料来源丰富，除常见矿种可加工成机制砂石外，废石、尾矿、建筑垃圾等固废产品均可加工成机制砂石。同时，机制砂石可采用工业规模化发展，生产成本随生产量逐步降低，且生产过程基本不受天气、汛期等外部不利因素影响，产量和产品质量稳定。目前，机制砂石工业体系较为完善，且机制砂石产业可带动资源勘查、采矿、爆破、矿山运输、砂石生产工艺、技术、装备、检验、教育、培训、人才输出等一系列上下游产业的发展，机制砂石产业发展本身优势明显。

为填补建筑用砂缺口、解决"砂荒"问题，国家及各地政府纷纷出台政策，优化机制砂石开发布局，加快机制砂石项目落地，加快驱动机制砂石优质产能，支持砂石设备生产企业发展，积极牵头、高位推动机制砂石行业的高质量发展。

2015年8月31日，工业和信息化部、住房和城乡建设部出台的《促进绿色建材生产和应用行动方案》首次提到"机制砂石"，强调"支持利用尾矿、产业固体废弃物，生产新型墙体材料、机制砂石等，强化综合利用，发展循环经济；要求加快机制砂石工业化、标准化和绿色化，依托尾矿、建筑废弃物等资源建设新型墙体材料、机制砂石生产基地"。2016年5月5日，国务院办公厅发布的《国务院办公厅关于促进建材工业稳增长调结构增效益的指导意见》再次明确提出"发展机制砂石"。2018年10月16日，住房和城乡建设部、公安部等8部门发布《关于加强海砂开采运输销售使用管理工作的通知》，提到"鼓励机制砂生产企业加快升级改造，提高生产能力和骨料品质"，并要求加强海砂管理，防止违法违规海砂用于建设工程。同年11月7日，国家统计局发布《战略性新兴产业分类（2018）》，机制砂被列入战略性新兴产业的重点产品和服务。

党的十八大以来，机制砂石的高质量发展愈发受到党中央、国务院的高度重视。2019年至2020年，国家相关部委相继出台《关于推进机制砂石行业高质量发展的若干意见》《关于促进砂石行业健康有序发展的指导意见》等政策，成为砂石骨料行业的一系列指导

意见，意在明确砂石行业发展的方向、途径和目标，稳定砂石市场供应、保持价格总体平稳，引导砂石行业加强质量管理、优化产业布局、加快绿色发展，促进机制砂石行业健康有序高质量发展。政策强调加强机制砂石、河湖砂、海砂及替代砂源等科学利用，合理投放砂石资源采矿权，规范砂石资源管理，鼓励利用废石、尾矿等生产机制砂石，节约天然资源；要求统筹协调布局，建立国内合理的机制砂石供应体系；促进产业集聚，加强砂石资源开发整合，推进机制砂石生产规模化、集约化，建设一批大型生产基地，并力争到2025年形成较为完善合理的机制砂石供应保障体系，高品质机制砂石比例、超大型机制砂石企业产能占比和利用尾矿、废石、建筑垃圾等生产的机制砂石占比能够得到明显提升。

为认真贯彻《关于推进机制砂石行业高质量发展的若干意见》《关于促进砂石行业健康有序发展的指导意见》等文件精神，地方相继出台一系列政策支持机制砂石的生产和使用，鼓励新建大型机制砂石生产线以及绿色生产、绿色运输，从而加快了机制砂替代天然砂的趋势，砂石骨料行业步入规范化发展道路，具体见表1.2-1。

部分省市自治区砂石产业政策　　　　表1.2-1

序号	省市自治区	发布机构	发布时间	发布文件
1	湖南省	发展改革委、工业和信息化厅、公安厅等14部门	2021年3月24日	《关于促进砂石行业健康有序发展的实施意见》
2	湖北省	经济和信息化厅、发展改革委	2022年1月5日	《湖北省机制砂石产业高质量发展规划（2020—2025）》
3	广东省	政府办公厅	2021年5月12日	《广东省促进砂石行业健康有序发展的实施方案》
4	广西壮族自治区	自然资源厅	2022年9月27日	《广西壮族自治区矿产资源总体规划（2021—2025年）》
		人民政府	2020年10月10日	《关于进一步加强矿产资源开发保护促进我区高质量发展的意见》
5	福建省	发展改革委、工业和信息化厅、公安厅等17部门	2020年12月31日	《福建省促进砂石行业健康有序发展实施方案》
		住房和城乡建设厅、自然资源厅、工业和信息化厅等8部门	2019年8月	《福建省保障建设用砂规范发展指导意见》
6	陕西省	发展改革委、工业和信息化厅、公安厅等14部门	2020年12月7日	《陕西省关于促进砂石行业健康有序发展实施方案》
7	贵州省	工业和信息化厅、发展改革委、自然资源厅等10部门	2020年10月30日	《贵州省机制砂石行业高质量发展实施方案》
8	河南省	政府办公厅	2020年9月30日	《关于促进砂石行业健康有序发展的实施意见》
9	天津市	发展改革委、工业和信息化局、公安局、规划资源局等12部门	2020年7月3日	《天津市促进砂石行业健康有序发展工作方案》

（二）建设绿色矿山，鼓励固废利用

绿色发展之路是矿业的必然选择，推行绿色发展模式是实现矿山持续发展的重要技术途径。走生产发展、生态良好的绿色之路，是我国矿业发展的内在要求和重要保证，也是经济、社会和环境系统实现科学发展的必由之路。绿色矿山建设既可保障我国的能源安全，也可促进整个社会经济发展和发展方式的转变。

2018年6月22日，自然资源部发布《砂石行业绿色矿山建设规范》DZ/T 0316—2018（以下简称"《规范》"）。《规范》规定了砂石行业绿色矿山矿区环境、资源开发方式、资源综合利用、节能减排、科技创新与数字化矿山、企业管理与企业形象方面的基本要求，适用于有采矿权并生产机制砂石的新建、改扩建和生产矿山的绿色矿山建设。《规范》的出台改变了以往各地政府在推动砂石绿色发展时面临的力度不一、无据可依的局面，使砂石行业的绿色矿山建设有了标准依据，对砂石行业践行"绿水青山就是金山银山"理念，对砂石行业由传统粗放发展向绿色发展转变起到极大的促进作用。

2020年4月29日，第十三届全国人民代表大会常务委员会第十七次会议修订通过《中华人民共和国固体废物污染环境防治法》（以下简称"《固废法》"）。新《固废法》加大了对固废管理不合规行为的处罚力度，增加了企业的违法成本。普遍提高了违法行为的处罚金额，最高可罚至500万元，除此之外还增加了按日连续处罚、行政拘留、查封扣押等执法措施，充分体现了用最严格最严密的生态环境保护法律制度保护生态环境的思路。当前，尾矿、废石等工业固体废弃物作为生产机制砂石、再生骨料的重要材料，是加快推进机制砂石工业化、标准化和绿色化的重要因素，新《固废法》的实施，将大大推动砂石产业的高质量健康发展。

2021年3月18日，国家发展改革委、科学技术部、工业和信息化部等10部门联合印发了《关于"十四五"大宗固体废弃物综合利用的指导意见》（以下简称《指导意见》）。该《指导意见》对"十四五"时期推动大宗固废综合利用高质量发展进行了系统安排，明确了新时期大宗固废（如：采矿废石制备砂石骨料）综合利用的主要领域和目标要求，提出了统筹推进大宗固废综合利用效率稳步提升、绿色发展全过程推进、技术模式创新发展的重点任务，提出了实施资源高效利用行动，全力推动资源综合利用实现新进步。同年12月21日，工业和信息化部、科学技术部、自然资源部联合印发了《"十四五"原材料工业发展规划》（以下简称"《规划》"）。《规划》指出，到2025年，产业布局与生产要素更加协同，在原材料领域形成5个以上世界级先进制造业集群。在砂石方面，《规划》要求科学投放砂石资源采矿权，合理布局一批大型机制砂石生产基地，重点围绕尾矿、废石、化工废渣等原材料，全面推进原材料工业固废综合利用，全面建设绿色工厂和绿色园区，加快矿山生态修复，建设绿色矿山，推进超低排放和清洁生产。

2022年4月2日，生态环境部印发了《"十四五"环境影响评价与排污许可工作实施方案》（以下简称"《实施方案》"）。《实施方案》提出积极开展产业园区减污降碳协同管控，强化产业园区管理机构开展和组织落实规划环评的主体责任，高质量开展规划环境影响评价工作，推动园区绿色低碳发展。同时加强"两高"行业减污降碳源头防控，在煤炭开采等项目环评中，探索加强对瓦斯等温室气体排放的控制。《实施方案》对砂石矿山企业前期规划建设和后期运营具有重要指导意义，特别是在砂石项目环境影响评价和粉尘废水回收利用方面。《实施方案》的出台实施，必将约束砂石企业和建设单位规划"未评先批"和项目"未批先建"、擅自变更、生态环保设施措施不落实等一系列违规行为，并会从源头上进一步规范砂石等行业环境影响评价及相关工作，促进砂石行业健康有序发展和高质量发展。

在自然资源部发布《砂石行业绿色矿山建设规范》DZ/T 0316—2018 之后，河南省制定并发布了《有色金属矿绿色矿山建设规范》DB41/T 1663—2018、《煤矿绿色矿山建设规范》DB41/T 1664—2018、《建筑石料、石材矿绿色矿山建设规范》DB41/T 1665—2018、《非金属矿绿色矿山建设规范》DB41/T 1666—2018、《岩盐、天然碱矿绿色矿山建设规范》DB41/T 1667—2018、《铁矿、锰矿绿色矿山建设规范》DB41/T 1668—2018、《金矿绿色矿山建设规范》DB41/T 1669—2018 七项地方标准，成为全国砂石行业首个省级绿色矿山建设系列地方标准。无独有偶，广西壮族自治区印发了《广西壮族自治区绿色矿山建设管理办法》，广东省人民政府办公厅印发了《广东省绿色矿业发展五年行动方案（2021—2025 年）》等政策文件，规范绿色矿山建设，全面推进绿色矿山建设工作，推动矿业经济绿色持续健康发展和生态文明建设。

2024年4月15日，为加快矿业绿色低碳转型发展，全面推进绿色矿山建设，推动矿业高质量发展，自然资源部、生态环境部、财政部等7部门联合印发《关于进一步加强绿色矿山建设的通知》，绿色矿山建设呈"蓬勃发展"之态势。

（三）出台新国家标准，行业标准体系日臻完善

2022年4月15日，国家市场监督管理总局（国家标准化管理委员会）批准并正式公布国家标准《建设用砂》GB/T 14684—2022、《建设用卵石、碎石》GB/T 14685—2022，2022年11月1日起实施。与 2011 版标准相比，虽然 2022 版新标准仍然将砂石、卵石、碎石划分为Ⅰ、Ⅱ、Ⅲ类，但 2022 版新标准在术语、定义、技术要求、试验方法、检验规则等方面进行了修订，提出了更高的要求，砂石行业标准体系日臻完善。

《建设用砂》GB/T 14684—2022 与《建设用卵石、碎石》GB/T 14685—2022 分别增加了机制砂片状颗粒和不规则颗粒的技术要求及试验方法，优化了骨料颗粒形状、提高了

Ⅰ类机制砂的品质，更好地保障了下游产品混凝土质量，推动砂石行业转型升级。

此外，2022版新标准还参考了《预防混凝土碱骨料反应技术规范》GB/T 50733—2011、《公路水泥混凝土路面施工技术细则》JTG/T F30—2014和《铁路混凝土工程施工质量验收标准》TB 10424—2018等标准，对碱骨料反应等技术要求、检验规则作出了更科学的规定。2022版新标准中涉及的下游产品混凝土等内容响应了《关于推进机制砂石行业高质量发展的若干意见》中的"实施标准引领"部分，促进了砂石标准与混凝土等下游产品的标准联动，推动砂石标准高质量发展。

《建设用砂》GB/T 14684—2022与《建设用卵石、碎石》GB/T 14685—2022的实施将进一步增强砂石产品品质和供给水平，满足我国基础设施建设需求，为砂石行业的健康有序高质量发展提供坚实的技术支撑；将在促进新形势下砂石行业转型升级、提升工程建设质量以及与国际接轨等方面提供重要助推力。

（四）打击盗采滥采，规范采砂管理

在内河水域禁限采砂的背景下，全国砂石价格上涨，诱发非法采砂现象抬头，并形成了跨区跨省、陆海联动的"采运收售"违法犯罪链。非法采砂危害严重，除了严重侵占国家矿产资源和破坏生态环境，还催生了砂石买卖黑中介，不合格的砂石流入建筑市场，势必会给老百姓居住带来严重的安全隐患。基于此，全国各地纷纷出台了采砂管理规定，规范河道采砂管理，严厉打击盗采滥采行为，推动砂石行业高质量规范发展。

国家层面，水利部等部门围绕长江等大江大河，出台流域重要河段的河道采砂管理规划，有序保护河道砂石资源，实现从无序开采向科学合理利用转变。

2020年7月，水利部批准《长江上游干流宜宾以下河道采砂管理规划（2020—2025年）》（以下简称《规划》）。《规划》通过总结评价上轮采砂规划实施情况，研究规划河段河道变化、泥砂淤积情况及趋势，分析河势稳定、防洪安全、供水安全、水生态环境保护、航道与通航安全和涉水工程设施安全等对河道采砂的控制条件，开展库区砂量和采砂机具体特征分析，划定禁采区、可采区、保留区等采砂分区，提出年度采砂控制总量、采砂实施与管理等方面的要求，为长江上游干流宜宾以下河道采砂管理提供重要依据。

2021年11月，水利部批复同意了《长江中下游干流河道采砂管理规划（2021—2025年）》（以下简称《规划》）。《规划》将长江中下游干流河道划分为禁采区、可采区和保留区，并根据不同采砂分区成果合理配置可采区数量及年度控制开采量，最大限度地兼顾了河道保护与砂石资源适量开采利用的要求，为新时期采砂管理提供了强有力的支撑。

2022年7月1日，最高人民法院印发了《最高人民法院关于充分发挥环境资源审判职能作用依法惩处盗采矿产资源犯罪的意见》（以下简称《意见》）。《意见》明确指出要突出打击重点,持续依法严惩"砂霸""矿霸"及其"保护伞",依法严惩在划定生态保护红线区域、大江大河流域、黑土地保护区域以及在禁采区、禁采期实施的盗采矿产资源犯罪,依法严惩针对战略性稀缺性矿产资源实施的盗采犯罪。《意见》的出台有利于司法机关准确把握盗采矿产资源犯罪,也对遏制盗采矿产资源犯罪起到震慑作用。

2023年2月14日,水利部办公厅印发《2023年河湖管理工作要点》,其严格按照2023年全国水利工作会议工作部署,统筹"三水"(水资源、水环境、水生态),强化"河湖长制"体制机制法治管理,严格河湖水域岸线空间管控和河道采砂管理,推动河湖管理工作有序化、规范化。同年5月5日,水利部、公安部、交通运输部长江河道采砂管理合作机制领导小组办公室联合印发了《长江河道采砂管理合作机制2023年度工作要点》(以下简称《工作要点》)。《工作要点》要求强化监督检查和执法打击,推进开展长江河道非法采砂违法犯罪打击整治专项行动。水利、公安、交通运输等部门进一步加强协作,开展高频次联合巡查;公安机关强化刑事打击力度,严厉打击各类涉砂犯罪活动,依法追究相关人员刑事责任。此外,《工作要点》还在加强采运砂船舶源头管控、加强集中停靠管理、规范长江采砂管理等方面作出了部署。

2023年8月21日国务院发布《国务院关于修改和废止部分行政法规的决定》,对《长江河道采砂管理条例》相关内容进行了诸多修订。此次修订的核心要旨在于加大对非法采砂行为的环保督察密度、惩罚力度和打击力度。值得注意的是中央和地方在打击力度上,不仅通过提高违法开采罚款额,还通过媒体宣传等方式对非法采砂犯罪专项行动有关情况进行播报,从舆论上更大范围地震慑和打击非法采砂,推进守法合规生产经营砂石。

2023年10月24日第十四届全国人民代表大会常务委员会第六次会议修订通过《中华人民共和国海洋环境保护法》(2023年修订),旨在打击海砂非法盗采运输,维护海洋生态环境,加快建设海洋强国。其中值得关注的是此次修订从以前的"严格限制在海岸采挖砂石"直接为"禁止在严格保护岸线范围内开采海砂",但允许依法在其他区域开发利用海砂资源。此外,对海砂开采手续和违规开采进行了明确规定,如载运海砂资源应当持有合法来源证明,海砂开采者应当为载运海砂的船舶提供合法来源证明;在严格保护岸线范围内开采海砂或违反本法其他关于海砂、矿产资源规定,将被处以罚款。

二、砂石建材产业现状

(一)矿权出让情况

根据砂石骨料网数据中心不完全统计,2023年全国(仅统计大陆地区,未含港澳台地区）共成功出让涉砂石类采矿权1105宗，涉及批复储量约348.5亿t，年产能21.1亿t，平均获矿成本为2.83元/t。海南省取代浙江省，以14.27元/吨的平均获矿成本位居全国第一。与2022年矿权出让957宗，涉及批复储量391亿t，年产能21.16亿t，平均获矿成本为2.29元/t相比，2023年出让矿权在总量增加的同时增加了获矿成本，且批复储量有所下降。

1. 新成交矿权数量稳步增加

各地区由于地形地势、区域位置、矿权政策、资源储量等条件不同，矿权出让数量存在较大差异。就2023年全国新成交矿权数量来看，新疆维吾尔自治区矿权出让数量最多，为254宗；贵州省次之，数量达到103宗；山西省、甘肃省、湖南省、黑龙江省、云南省及广东省等地矿权出让数量相对较多，在50~100宗；宁夏回族自治区、福建省数量较少，出让数量分别为2宗、1宗；北京市、天津市及上海市三地无新成交采矿权，具体见表1.2-2。

2023年新成交矿权数量统计表　　　　　　　　　　表1.2-2

省市自治区	数量（宗）	省市自治区	数量（宗）	省市自治区	数量（宗）
新疆维吾尔自治区	254	广西壮族自治区	40	青海省	14
贵州省	103	吉林省	35	陕西省	13
山西省	83	山东省	30	河南省	10
甘肃省	82	江西省	27	安徽省	8
湖南省	72	四川省	26	江苏省	7
黑龙江省	62	浙江省	24	西藏自治区	5
云南省	59	重庆市	23	海南省	3
广东省	53	辽宁省	14	宁夏回族自治区	2
湖北省	41	内蒙古自治区	14	福建省	1
				总计	1105

（数据来源：砂石骨料网数据中心）

通过分析，不难发现矿权出让的规律基本与砂石矿山数量分布和砂石采矿权投放分布情况存在较高的相似性：以两湖两广云贵等地为主的砂石资源需求旺盛的地区出让采矿权数量最多，可占全国矿权出让总量的33%；"环北京圈"如江苏、安徽、辽宁等华北、东部地区矿权出让数量较少；值得注意的是此次新疆地区矿权出让数量达到惊人的254宗，同比上升28.93%，全国占据首位，其中与新疆地区积极出台实施《新疆维吾尔自治区矿产资源总体规划（2021—2025年）》，大力投资实施地质勘查项目等上层推动是分不开的。

2. 新成交矿权矿山岩性多样

对1105宗新成交采矿权矿山岩性进行分析，新成交矿权母岩岩性仍以石灰岩、砂岩、花岗岩为主，三种主要的岩性分别占比 38.91%、32.76% 和 11.31%；玄武岩、凝灰岩、白云岩、安山岩、大理岩、片麻岩等均占一定的比例，在 1%～5%，具体见图 1.2-1。

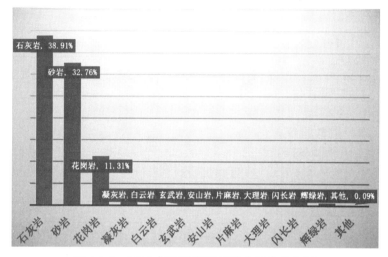

图 1.2-1　2023 年新成交矿权矿山岩性分布图

（数据来源：砂石骨料网数据中心）

3. 新成交采矿权矿区面积趋于大型化

2023 年砂石行业矿权面积分布占比见表 1.2-3，通过与 2022 年相关数据进行对比得知：0.1～0.3km² 矿权取代 0～0.1km² 矿权，成为 2023 年新设矿权的主流，占比为 39.28%；2023 年矿区面积在 0～0.1km² 的矿权占比 21.00%，相比 2022 年占比下降近 25.00%；2023 年大于 0.3km² 的矿权占比为 39.72%，相比 2022 年占比均有所增加，这说明新设砂石矿山正趋于大型化。

2023 年砂石行业矿权面积分布占比表　　　表 1.2-3

矿权面积（km²）	2023 年矿权面积分布占比	2022 年矿权面积分布占比
[0, 0.1)	21.00%	27.84%
[0.1, 0.3)	39.28%	36.89%
[0.3, 0.5)	15.57%	14.42%
[0.5, 0.7)	10.14%	7.68%
[0.7, 1)	5.78%	6.48%
[1, +∞)	8.23%	6.69%

（数据来源：砂石骨料网数据中心）

4. 新成交采矿权获矿成本高低起伏

根据砂石骨料网数据不完全统计，2023 年全国新成交砂石类采矿权的平均获矿成本约 3.75 元/t，同比增长约 16.10%。其中，海南省平均获矿成本最高，约 14.27 元/t，浙江省紧随其后，约 12.00 元 /t；江苏省以 11.80 元 /t 排名第三；华北、华东、西北等区域 2023 年新成交采矿权平均获矿成本较 2022 年略有上升，其中华东地区主要由安徽和福建拉高整体平均值，具体见表 1.2-4。

2022 年、2023 年全国新成交矿权获矿成本统计表　　　　表 1.2-4

地区		2023 年平均获矿成本（元 /t）	2022 年平均获矿成本（元 /t）
华北	北京	—	—
	天津	—	—
	河北	—	0.85
	山西	1.55	3.24
	内蒙古	1.26	1.30
东北	辽宁	0.58	0.09
	吉林	0.45	0.85
	黑龙江	1.08	0.87
华东	上海	—	—
	江苏	11.80	14.69
	浙江	12.00	14.25
	安徽	8.77	4.44
	福建	8.61	3.97
	江西	1.92	1.27
	山东	3.93	3.50
中南	河南	3.00	3.70
	湖北	1.78	1.99
	湖南	4.20	5.17
	广东	3.31	5.22
	广西	1.92	2.05
	海南	14.27	10.77
西南	重庆	2.95	3.27
	四川	2.04	2.36
	贵州	0.35	0.32
	云南	0.91	0.95
	西藏	1.34	1.09
西北	陕西	1.15	1.33
	甘肃	0.86	1.02
	青海	0.89	0.47
	宁夏	9.30	0.61
	新疆	1.13	0.89
全国		3.75	3.23

（数据来源：砂石骨料网数据中心）

（二）砂石建材供需方现状

砂石产业链由上游、中游和下游组成，其中砂石行业上游处在整个绿色砂石骨料产业链的起始端，主要包括原材料、相关机械设备、爆破材料等；中游是相对于上游产业和下游产业而言形成的相对概念，主要是砂石的处理环节；下游处于砂石产业链末端，是围绕砂石产品及再加工形成终端成品的消费与服务行业，也是真正形成成品砂石资源和应用砂石资源，并最大限度显示供需关系的环节，其主要应用于房地产、公路、铁路、隧桥、水利水电等基础建设、房屋建设等领域。

1. 砂石企业

砂石企业处在整个绿色砂石骨料产业链的起始端即上游，掌握着相当大的话语权，主要进行砂、石、相关机械设备、爆破材料等建筑材料的采选、加工和销售。故砂石企业是一种综合性的企业，涉及矿产开采、建筑材料和交通运输等行业。目前比较有代表性的砂石企业主要有中国建材股份有限公司、华新水泥股份有限公司、中国电力建设集团有限公司、安徽海螺水泥股份有限公司、福建育华建材科技有限责任公司、浙江交通资源投资集团有限公司、华润水泥控股有限公司等。根据砂石骨料网数据中心统计，2023年中国砂石行业产能20强见表1.2-5。

2023年中国砂石行业产能20强统计表 表1.2-5

序号	企业	产能（万t/年）
1	中国建材股份有限公司	25400
2	华新水泥股份有限公司	21000
3	中国电力建设集团有限公司	14618
4	安徽海螺水泥股份有限公司	13000
5	福建育华建材科技有限责任公司	12000
6	浙江交通资源投资集团有限公司	9280
7	华润水泥控股有限公司	8340
8	广东东升实业集团有限公司	6900
9	北京金隅集团股份有限公司	6200
10	福建国泰港口发展有限公司	5700
11	惠州交投矿业有限公司	4200
12	中国葛洲坝集团第一工程有限公司	3740
13	厦门国贸集团股份有限公司	3700
14	中国交通物资有限公司	3500
15	天瑞水泥集团有限公司	3020
16	湖北民本集团有限公司	3000

续表

序号	企业	产能（万 t/年）
17	滦鑫（唐山）实业有限责任公司	2800
18	临亚集团有限公司	2350
19	黑龙江省交投物资资源开发有限公司	1862
20	安徽雷鸣科化有限责任公司	1850

（数据来源：砂石骨料网数据中心）

2. 商品混凝土企业

商品混凝土从材料上来说是指由胶凝材料将集料胶结成整体的工程复合材料，作商业用途，可用于出售、购买的混凝土。通常讲的混凝土是指用水泥作胶凝材料，砂、石作集料，与水按一定比例配合，经搅拌、成型、养护而成的水泥混凝土。商品混凝土是散装水泥发展的高级阶段。商品混凝土采用集中搅拌，是混凝土由粗放型生产向集约化大生产的转变，实现了混凝土生产的专业化、商品化和社会化，具有显著的社会、经济效益。商品混凝土广泛应用于铁路建设、南水北调工程等大型基础设施建设项目以及房地产行业。

商品混凝土作为一个新兴行业，加之我国地区经济发展的不平衡，商品混凝土行业分布和发展呈现不均衡的特点。我国商品混凝土行业主要由珠江三角洲地区、长江三角洲地区和环渤海地区三大板块构成。目前比较大的商品混凝土企业主要有中国建材集团有限公司、中建西部建设股份有限公司、上海建工集团股份有限公司、中国联合水泥集团有限公司、金隅冀东水泥（唐山）有限责任公司、华润建材科技控股有限公司、云建绿砼信明绿色建材有限公司、四川华西绿舍建材有限公司、北京建工集团有限责任公司等企业，根据中国水泥网水泥大数据不完全统计，部分商品混凝土企业商品混凝土销量及产能情况见表1.2-6。

2021—2023年上半年12家上市公司商品混凝土产能情况表　　表1.2-6

企业名称	2021H1（万 m³）	2022H1（万 m³）	2023H1（万 m³）	同比（%）
中国建材	5184.50	3945.60	3564.70	−9.65
中建西部建设	2837.52	2631.02	2635.15	0.16
上海建工	2140.00	1370.00	2300.00	67.88
华新水泥	336.00	600.61	1094.97	82.31
金隅集团	720.00	513.00	687.00	33.92
华润水泥	704.10	539.20	380.30	−29.47
四方新材	126.23	180.94	273.41	51.11
云南建投混凝土	320.00	218.00	233.00	6.88
山水水泥	145.40	151.20	149.70	−0.99

续表

企业名称	2021H1（万 m^3）	2022H1（万 m^3）	2023H1（万 m^3）	同比（%）
海南瑞泽	120.99	103.94	102.65	−1.24
西部水泥	76.00	64.00	92.00	43.75
淮北绿金	9.09	10.40	9.11	−12.40

（数据来源：水泥大数据）

3. 水泥及混凝土制品生产企业

水泥及混凝土制品是指通过对水泥基胶凝材料深加工制成的建筑材料产品。水泥及混凝土制品作为开展建筑施工的基础性材料，直接关系到建筑工程项目质量和效果，在建材行业占据重要地位。其按照行业分类大致分为水泥制品、混凝土结构构件、石棉水泥制品和其他水泥制品等类别。

近年来，我国规模以上混凝土与水泥制品企业商品混凝土产量总体上呈增长态势，据中国混凝土与水泥制品协会数据不完全统计，2021年规模以上混凝土与水泥制品工业企业商品混凝土产量创下历史新高，达32.93亿 m^3，较2020年增加4.5亿 m^3。

目前比较大的水泥及混凝土制品生产企业主要有上海建工集团股份有限公司、中电建成都建筑工业化有限责任公司、中电建池州长智建工有限公司、筑友智造科技集团有限公司、长沙远大住宅工业集团股份有限公司、北京榆构有限公司、北京城建物资有限公司、北京燕通建筑构件有限公司、四川华西绿舍建材有限公司等，具体见表1.2-7。

部分水泥及混凝土制品生产企业一览表　　　表1.2-7

序号	企业
1	上海建工集团股份有限公司
2	中电建成都建筑工业化有限责任公司
3	中电建池州长智建工有限公司
4	筑友智造科技集团有限公司
5	长沙远大住宅工业集团股份有限公司
6	北京榆构有限公司
7	北京城建物资有限公司
8	北京燕通建筑构件有限公司
9	四川华西绿舍建材有限公司

4. 大型建筑施工企业

基础建设、房屋建设等领域除普遍使用商品混凝土外，一般通过采购砂石骨料自建混凝土拌合站的方式组织混凝土施工作业，以及作为基础垫层、坝体填筑、基础加固回填、道砟等材料进行施工作业，主要用于公路工程、铁路工程桥梁及隧洞，水利水电工程等大型设施建设。

根据建筑业前沿数据统计，截至2023年底，全国有施工活动的建筑业企业达157929家，较2022年的143621家同比增长9%。目前比较有代表性的企业主要有：中国建筑股份有限公司、中国铁路工程集团有限公司、中国中铁股份有限公司、中国铁建股份有限公司、中国交通建设集团有限公司、中国电力建设集团有限公司、太平洋建设集团有限公司等，具体见表1.2-8。

代表性建筑施工企业情况一览表　　　　表1.2-8

序号	企业名称	级别
1	中国建筑股份有限公司	特级
2	中国铁路工程集团有限公司	特级
3	中国中铁股份有限公司	特级
4	中国铁建股份有限公司	特级
5	中国交通建设集团有限公司	特级
6	中国电力建设集团有限公司	特级
7	太平洋建设集团有限公司	特级
8	中国冶金科工股份有限公司	特级
9	中国能源建设集团有限公司	特级
10	上海建工集团股份有限公司	特级

（三）砂石销售现状

1. 砂石产量受需求影响较大

根据中国砂石协会、水泥大数据、前瞻产业研究院数据不完全统计，除2018—2019年砂石产量增速上涨3.7%外，其余年份砂石产量较上一年均有不同程度的下降。2023年砂石产量为168.35亿t，同比下降3.35%，但降幅较2022年（2022年同比下降11.5%）有所缩小。砂石供给端受春节停工、停产、运输阻力、库存高企以及北方冰雪恶劣天气等因素的制约，产线开机率和产能利用率整体偏低。再加上多地无序投放砂石矿权，工程洞渣、废石等"非法"进入砂石市场，这些现象造成了局部地区砂石供应严重过剩；砂石需求端，一方面，2023年基础设施投资（不含电力、热力、燃气及水生产和供应业）增长5.9%，增速加快0.1个百分点，一定程度上弥补了消费收缩缺口。"适度超前开展基础设施投资"政策在扩大基础设施投资、稳定砂石市场需求方面起到积极作用。另一方面，2023年全国房地产开发投资较上年下降9.6%，特别是恒大等房地产企业相继爆雷，房地产项目开工率受到较大不利影响，砂石需求相应不足，具体砂石产量情况见图1.2-2。

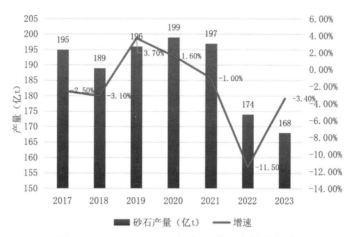

图 1.2-2　2017—2023 年我国砂石产量变化表
（数据来源：中国砂石协会大数据中心）

由于传统砂石骨料采矿准入门槛较低，中小型企业可以较为容易地进入砂石市场并在市场上有所发展，甚至地方性中小型砂矿企业可以做到独占鳌头。与中小型企业相比，大型企业虽然拥有较为雄厚的资本和技术力量，但是并没有足够重视传统砂矿行业。随着行业发展和信息进一步公开，大型企业开始逐步进入砂石骨料行业，以获取高额利润并得到迅速发展。当然，大型规模的砂矿开采企业也有极少数是由那些入行比较早、发展比较好、视野比较长远的中小型砂矿开采企业发展而来的。

2. 砂石价格日渐走低

2023年，我国砂石价格整体呈下降趋势，综合均价为105元/t，较2023年1月下降2.7%，接近砂石合理价格区间。原因在于砂石需求偏弱，产能却持续释放，供应过剩现象严重，价格持续下滑。

据中国砂石协会大数据中心、百年建筑网数据显示，具体从2023年各季度来看，一季度砂石价格较为平稳；二季度，由于春节后建筑施工市场逐渐复工，砂石需求回升带动砂石价格的上涨；三季度市场整体呈现稳中偏弱特点，价格有所下滑；四季度，春节前最后的施工赶工期拉动砂石价格小幅回升，见图1.2-3。

从砂石类型分析，2023年12月，我国机制砂均价94元/t、天然砂均价132元/t，较年初分别下降4.3%、1.4%；建设用碎石均价90元/t，较年初下降3%。

从城市类型分析，2023年12月，沿江、沿海城市砂石均价分别为110元/t、106元/t，较年初分别下跌1.3%、1.0%。整体来看，沿江、沿海城市砂石价格呈下降趋势。尤其需要指出的是二季度需求偏弱，砂石价格下滑较为明显。究其原因在于二季度期间大宗商品、海运费呈异常高位走势，下游采购谨慎，观望心态较浓，致使砂石需求弱化。

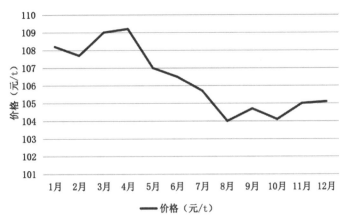

图 1.2-3　2023 年砂石综合均价

（数据来源：中国砂石协会大数据中心）

3. 砂石消费总量增速迟缓

据砂石骨料网数据中心不完全统计，近十年，全国砂石骨料需求量总体呈现波动下降趋势，从 2014 年的 186.91 亿 t 降至 2023 年的 151.72 亿 t。2023 年砂石需求降幅达 4.49%。2023 年，受人员和物料流动受阻、航运运费居高不下、下游需求偏弱、房地产市场持续低迷、地方财政收入减少等多重因素影响，2023 年砂石需求量下降明显，降幅达 4.49%。目前，我国砂石市场已经由增量市场转变为存量市场。随着经济复苏，并在国家大力推进基础设施建设高质量发展尤其是城中村改造及"保交楼"工作仍将继续推进的背景下，预计未来全国砂石年需求量或将止跌回升。2014—2023 年我国砂石骨料需求量及增速统计情况见图 1.2-4。

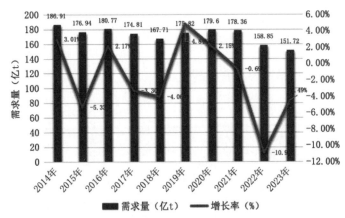

图 1.2-4　2014—2023 年我国砂石骨料需求量及增速统计

（数据来源：中国砂石协会大数据中心）

4. 砂石进出口贸易稳中有降

根据中国海关总署数据整理，2017—2020 年我国砂石进出口量整体呈上升趋势。自

2021年以来,我国砂石进出口量均有所下降。随着海运费用持续走低,砂石进出口量有所增长,但总体呈现稳中有降的趋势。

海关总署数据显示,2023—2024年5月全国天然砂进口量呈现波动不规律状态,而碎石进口量呈现波动上涨趋势。虽然国内砂石市场需求尚可,但砂石综合成本受持续走高的国际海运费用影响,再加上国内砂石产能供应量渐增,国内市场难以完全消化库存量,进口天然砂由于价高导致市场份额持续萎缩,从整体来看进口建筑用砂石总量处于持续下降趋势。见图1.2-5。

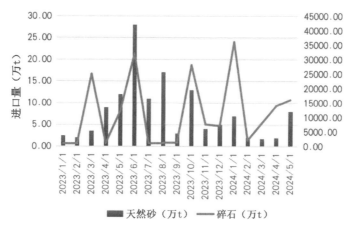

图1.2-5　2023—2024年1—5月天然砂、碎石进口数据

(数据来源:海关总署)

因未查询到2024年建设用砂石出口数据,故参考2022—2023年5月数据。海关总署数据显示,2023年5月天然砂、碎石出口总量同比2022年均呈较大程度的下降,而降低的主要原因是受近几年河砂禁采以及环境保护管控政策等因素影响,国内砂石供应难以满足自身需求,出口量自然而然持续减少。见图1.2-6。

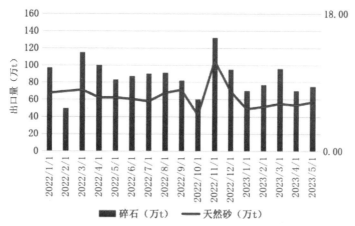

图1.2-6　2022—2023年1—5月天然砂、碎石出口数据

(数据来源:海关总署)

三、砂石建材产业发展趋势

（一）绿色化是持续发展根本出路

随着"两山"理念、砂石行业绿色矿山建设标准等国家一系列环保政策和行业标准的出台，政府层面不断加大砂石矿山环保建设执法力度，规范管理砂石行业，确保生态环境安全。为解决矿山环保问题，国家相关部委针对砂石行业提出了具体的发展目标，明确机制砂石企业要坚持绿色低碳循环发展，按照相关规范要求建设绿色矿山，力争到2025年形成较为完善合理的砂石供应保障体系，培育100家以上智能化、绿色化、质量高、管理好的企业。加之砂石行业本身传统粗放式发展模式逐渐与时代脱轨，砂石行业转型升级势在必行。

绿色发展作为砂石矿山的生存线，毫无疑问是砂石行业转型升级的重要抓手和最佳跳板，亦是砂石企业高质量发展的首要因素和必由之路。现如今，绿色化已成为砂石行业始终不变的发展方向，绿色环保几乎成为砂石企业的共识。

对于砂石企业来说，未来需在应用环保型设备与方案的基础上，从技术模式、服务模式、工程模式、经营模式、资本模式等方面创新升级，打造高效环保型生产经营线，形成一个全产业链深层次的集约模式，并通过开展固废利用、开发绿色矿山、生态旅游、新能源发电、特色疗养等环保经济，坚定不移走绿色发展道路，加快形成绿色发展方式，推进产业结构调整，为创造后矿山时代产业效益夯实基础。

（二）规模化是做优做强最佳方式

传统小、微矿山开采效率低、安全风险高、污染大且污染处置不规范，侵损国家矿产资源、严重破坏生态环境。随着国家基础设施建设的不断加强，对砂石行业环保、节能等方面的要求日益提高。国家、地方政府陆续出台涉砂涉矿政策，规范砂石行业的生产、管理和环境保护，通过整合矿山、关闭和淘汰落后及环保不达标企业，进一步提升行业集中度。政策的支持推动着砂石行业向着规模化、集约化和标准化发展。

当前，国家对基础设施建设在经济拉动和基础支撑作用的定位清晰，《2023年政府工作报告》要求加快实施"十四五"重大工程和城市更新行动、加强矿产资源国内勘探开发和增储上产、强化区域间基础设施联通、鼓励和吸引更多民间资本参与国家重大工程和补短板项目建设。"基建大潮"的稳步拉开必将促进砂石需求的高位增长，扩宽砂石行业的发展空间，推动砂石行业向着规模化方向稳定发展。

随着市场竞争的加剧，砂石企业逐渐意识到规模化、集约化经营在降低开采运输及生产运营成本、提升工作效率、为企业创造效益等方面带来的优势，争相布局现代化、规模化砂石开发项目。一方面，砂石企业通过完善服务、有效品牌推广等措施加强企业管理，扩大经营规模和提升企业管理水平；另一方面，砂石企业引进和使用数字化、智能化、自动化技术和设备，提高砂石的生产效率和品质，方便企业的管理和监控。企业管理水平和技术的提高推动砂石企业进一步向规模化经营发展。

（三）智能化是降本增效重要路径

砂石行业与水泥等行业均属于传统行业，其主要应用于基础设施建设及房地产。近年来，受房地产市场低迷的影响，砂石行业产能过剩风险逐渐集聚，供大于求现象短时间无法得到改变。加之矿山投资成本大、周期长，且诸多大型央国企、上下游企业开始进入砂石行业，砂石企业竞争日益白热化。而充分运用科技手段，建设现代化、智能化矿山，实现智能生产、智能供应，无疑是最大限度地实现企业降本增效，谋求企业利润增长点，同时满足市场对高质量砂石需求的关键，也是提升企业核心竞争力，推动企业转型升级的重要途径和必由之路。

国家"十四五"规划和2035年远景目标纲要的提出加快推动了数字产业化，随着"5G+工业互联网"的发展和数字经济时代的来临，智慧砂石矿山建设被逐步提上日程，砂石矿山建设从自动化到数字化，再向智能化转型。加之新一轮科技革命新技术的不断落地与砂石行业建设的融合，人工智能、云计算、大数据等智能设备与砂石加工深度交融，以机械和信息系统替代人工达到降耗提产增效、优化成本，为企业向更大规模化、集约化发展奠定了更好的基础，带来了更大的发展空间。

具体来说，智能化发展趋势主要体现在5个方面：一是打造"数字·绿色·智慧"矿山，建立覆盖矿山全业务链条的信息化、数字化、智能化体系，持续推进工程的全面感知、互联互通、协同作业和智能应用，以矿山数字化模型为底座，在矿山开采、加工、存储、运输、装船、调度全过程打造智能化生产、调度和管理系统；二是以数字化模型及信息化管控为基础，实现精准计量和全流程生产，减少各环节产能不足或过剩，实现无人化、系统化管理，最大限度地有效降低成本，减少无效或不必要的投入和支出，达到降本增效目的；三是利用人工智能技术，实现从"人控"到"数控"，再从"自动"到"智能"的全流程智能化作业模式，既减少人工使用量、降低生产安全风险，又能最大限度地实现供需精准高效匹配；四是采用智慧化综合管理系统，基于数据集成、流转、查询、统计、分析、预测等数字应用技术，以经济要素为核心，协同矿山开采、砂石骨料生产、物流输送和码头出运，实现全流程、全要素、全过程的信息化管控；五是充分利用5G、大数据、虚拟现实、增强现实、云计算、人工智能、数字孪生、区块链等新一代信息技术新技术在矿山和工厂中的推广应用，大力发展智能制造。

（四）链条化是产业升级必由之路

现阶段，砂石行业存在限制其产业大规模发展的三大弊端：一是区域性属性强，一般在有限经济区域内生产、销售和使用，跨区域销售会导致运输成本急剧增加，从而失去其竞争优势；二是行业集中度低，存在小、散、乱、无序发展的问题；三是行业存在短板，开采和加工大型化设备不过关，料场开采设备、破碎设备、筛洗设备、给料设备等大型设备主要以进口为主，在一定程度上存在"卡脖子"问题。故砂石行业的高质量发展需要统筹规划产业链，推动产业升级。

为推动砂石行业产业链条化，国家层面纷纷出台相关政策。《全国矿产资源规划（2016—2020年）》规定，加快中部、东部、东北地区矿业转型升级，促进资源产业上下游协调发展，延伸产业链条，提高资源开发综合效益，推进成熟型资源型城市矿产高效开发，鼓励规模化经营，延伸产业链条，加快转型升级。《工业和信息化部关于印发建材工业发展规划（2016—2020年）的通知》规定，支持有条件的建材企业，通过全球资源利用、业务流程再造、产业链条整合、资本市场运作等方式，积极参与全球分工和合作，提升国际市场竞争力。

产业链条化主要是指砂石企业在开采加工砂石之外，对于其固体废物进行再利用，或者将砂石成品继续用于加工下游产品，以达到资源高效利用、获得高附加值利润的目的，其中主要包括两个方面。

一是在淘汰、关闭落后的传统砂石开采业产能基础上，通过对砂石开采加工的固废进行再利用的方式，如：商品混凝土、水泥制品、细粉、超细粉等产品，以此延长产业链。在提升生产技术、产品标准与提高行业进入门槛的前提下，依据市场容量适度发展，推动行业成熟、稳定、良性循环发展。

二是通过全球资源利用、业务流程再造、产业链条整合、资本市场运作等方式，积极参与全球分工和合作，提升国际市场竞争力。在提高资源配置能力和生产过程资源利用效率的基础上，形成多层面、多元化的国际贸易与合作，增加国际市场份额和提高国际竞争力，提高行业发展水平的着力点和立足点。

（五）集约化是资源整合必然趋势

近年来，受房地产市场低迷特别是恒大、绿地、中南置地、阳光城等典型房企爆雷的影响，作为房企的直接上游供应商，以砂石骨料、水泥、商品混凝土等为代表的砂石行业产能过剩风险逐渐集聚、供大于求现象短时间无法得到改变。加之矿山投资成本大、周期长，且诸多大型央国企等国有资本、非砂石类上下游企业开始进入砂石行业，以民营为主的传统砂石产业格局正在彻底被打破，砂石企业竞争日益白热化，砂石建材产业集约化趋势愈发明显。

非砂石类企业大举进入砂石建材产业。近年来砂石建材行业产能暴增甚至过剩，很大程度上源于非砂石类企业的疯狂进入。这些非传统砂石类企业拥有雄厚的资金实力和先进的科学技术，相继投资建设了一批现行示范型砂石矿山，在推动砂石建材行业的升级换代和转型升级的同时进一步加快了砂石建材行业产能扩张速度、加剧了砂石建材行业的变革。其中，非砂石类企业的典型企业当属水泥企业。水泥与砂石矿山同为主要的建筑材料，关系是相互依存的紧密联系，在砂石建材行业发展下行的影响下，水泥行业也是步履维艰。值得关注的是，即便砂石建材行业行情不好，砂石板块业务仍是水泥企业主要的利润点。据有关数据统计，天山股份、华新水泥、海螺水泥、华润水泥等企业的2023年骨料产能和毛利率都呈现较大幅度的同比增长。此外，冀东水泥、万年青水泥、塔牌集团等企业也在纷纷布局砂石产业。在砂石板块利润高位增长而水泥业务本身利润大幅下降的前提下，这些企业势必会进一步扩大骨料业务，这无疑将会加剧已经"过剩"的砂石建材行业的竞争压力。

国有资本加速进军砂石建材产业。自2019年始，全国各地不断加快砂石国有化进程，这主要源于两个方面：一是打击非法采砂，规范河湖采砂管理的现实需要。近年来，随着基础设施建设的日益加快和多年无节制的开采，河砂资源迅速减少，有些地区的天然砂石资源甚至面临枯竭。除了河砂枯竭，水源污染、河堤江坝安全事故、生态失衡等资源、生态、社会问题频发。鉴于河道采砂管理工作的重要性、紧迫性、艰巨性、复杂性和长期性，全国各地纷纷加强河湖采砂管理，多地趋向于将砂石国有化作为管理砂石的"首选"方式，以便政府调配砂石资源，确保重点工程建设。二是砂石利润的驱动。由于砂石业务利润的高位增长，一些以央国企及城投为代表的国有资本纷纷进军砂石建材行业。据砂石骨料网报道，截至2022年12月末，中国电力建设集团有限公司已获得绿色砂石项目采矿权共计22个，已进入运营期的绿色砂石项目共计7个，绿色砂石资源储量达到85.68亿t，设计年产能为4.69亿t，投资规模为1003.67亿元，提前实现"十四五"规划目标。此外，中国能源建设集团股份有限公司、中国交通建设集团有限公司、中国铁建股份有限公司等一大批央企和地方国企也纷纷进军砂石产业，在全国各地规划布局砂石矿山。国有资本的进入进一步打破了原先以民营为主的传统砂石产业格局，使砂石建材行业竞争日益白热化，新一轮的砂石建材行业洗牌正式拉开帷幕。

第二章

绿色砂石建材项目投融资模式

第一节　绿色砂石建材项目商业模式概述

一、什么是商业模式

商业模式作为特有术语，最早出现在20世纪50年代，且主要用于讨论数据和流程的建模过程。20世纪90年代中期，互联网开始普及。在出现互联网平台以后，商业模式逐渐从传统的信息领域进入企业管理层。

商业模式作为企业存在的一种形态，也是企业商业逻辑，不同的领域对商业模式存在不同的理解。泰莫斯认为商业模式是指一个完整的产品、服务和信息流体系，包括每个参与者和其中起到的作用，以及每个参与者的潜在利益和相应的收益来源方式。诸如此类的定义还有很多，而当前普遍被认可的，且引用最多的还是《厘清商业模式：这个概念的起源、现状和未来》一文中所提出的"商业模式是一种包含了一系列要素及其关系的概念性工具，用以阐明某个特定实体的商业逻辑。它描述了公司所能为客户提供的价值以及公司的内部结构、合作伙伴网络和关系资本等用以实现（创造、营销和交付）这一价值并产生可持续、可营利性收入的要素。"

简单来说，商业模式指的是盈利方式、运营方式、商业逻辑，表明公司在设定的场景下的交易结构、资源配置、盈利点。以电商为例，当下电商的主要模式有短视频模式、"拼多多"模式，这些模式既体现了交易结构，也暗含了不同商业逻辑和盈利模式。归根结底，商业模式就是告诉大家做什么，怎么做，怎么赚钱。

二、商业模式要素

1. 客户价值主张

所谓客户价值主张，是指能够满足客户的需求，既包括有形的，也包括无形的。这里其实说的是产品定位问题，即项目或者产品的客户是谁，客户的需求是什么。以手机为例，有的手机注重隐私保护，主要定位于商务人士；有的手机性能高、游戏优化，侧重于游戏玩家；而有的手机主打拍照，适合热衷于拍照的人群。因此，在设计商业模式的时候就要明确我们的客户是谁，我们能够为客户带来什么以及怎么样满足客户的需求。

2. 盈利模式

盈利模式是指产品怎么产生利润，也就是企业赚钱的模式。盈利模式是对企业经营要素进行价值识别和管理，在经营要素中找到盈利机会，即探求企业利润来源、生产过程以及产出方式的系统方法。还有观点认为，盈利模式是企业通过自身以及利益相关者资源的整合而形成的一种实现价值创造、价值获取、利益分配的组织机制及商业架构。简单地说，盈利模式就是企业如何从为客户创造价值的过程中获得利润。

3. 关键资源

关键资源是指让商业模式运转所需要的相对重要的资源和能力。企业关键资源是指企业拥有的一些对其具体业务能够保持持续性的竞争优势至关重要的资源，如专利、关键设备、关键客户等。企业如何汇聚资源为客户提供价值，成为商业模式的一项重要因素。

4. 关键流程

流程是指企业为客户提供产品或服务的一系列过程，如研发流程、营销流程、生产流程等。企业生产经营活动有很多流程，有管理流程、有生产流程、有业务流程，在商业模式中的关键流程主要是指能够体现商业价值的最关键的流程。例如，淘宝、京东等电商之所以成为人们热衷的购物方式，最重要的关键流程在于其便捷的物流，而京东的独到之处就在于本地仓储，可以实现当日或次日达。

5. 核心能力

核心能力是指企业自身具备而别人难以复制的能力，核心能力是企业在长期生产经营过程中产生的，企业组织内部一系列互补的技能和知识的结合，是企业独具的、与他人不同的一种能力。例如，百度、谷歌搜索引擎的核心能力搜索算法，openAI 的核心能力是人工智能、Intel 公司的核心能力是显卡和处理器的制造。核心能力涉及企业的技术、人才、管理、文化和凝聚力等各方面，是企业各部门全体员工的共同行为。

三、绿色砂石建材项目商业模式要素及模式选择

（一）绿色砂石建材项目商业模式要素

绿色砂石建材项目商业模式不仅是作为一种工具来帮助相关决策者作出决策，同时也是项目融资的重要组成部分，项目的交易结构风险是否可控，盈利模式是什么，都是投资人和合作伙伴所关心的。

1. 面向基础设施建设

砂石是国家经济建设中的基础材料，主要用于基础工程、混凝土、砂浆和相应制品的

加工，是建筑、公路、铁路、桥梁、市政工程、水利工程、水电工程、核电站工程、机场、码头等基础设施建设既不可或缺又不可替代的骨料材料。绿色砂石建材项目在考虑区位因素之时，就需要考量该项目的辐射范围，以及辐射范围内基础设施项目的体量，项目所辐射范围内的基础设施项目预估对砂石骨料的需求情况，这些都是决定该项目立项投资所需考量的因素。因此，在投资绿色砂石建材项目时应当优先考虑基础设施发达的区域，如京津冀、珠三角、粤港澳等区域。根据不同区域的特点选择的商业模式会有所差异，如有的地区矿山资源稀缺，可能较为适合废渣利用模式；有的地区水运较为发达，可能在项目投资时考量码头建设情况等。

2. 以销售砂石建材获利

价格和产量是砂石项目盈利的两大核心要素，绿色砂石建材项目主要的盈利模式还是以销售砂石产品获利为主，砂石骨料销售价格越高获利越多，销售的量越大获利越多，这是传统行业最基本的盈利模式，也是砂石建材项目基本盈利模式。除此之外，随着砂石行业集约化、产业化的发展，一些砂石产业不断延伸产业链，利用自身材料成本低的优势，投资建设商品混凝土、装配式建筑等产业获得产品附加值，这也是其中赢利点之一。

3. 砂石矿产资源是核心资源

绿色砂石建材项目作为以矿为主的项目，砂石矿产就是其关键资源。砂石矿资源是矿产资源的重要组成部分，是社会经济发展的重要物质基础和支撑。由于砂石在自然灾害或战后建设中起着至关重要的作用，2015年10月，美国众议院已通过了《国家关键战略矿物生产法案2015》，将砂石列为关键战略资源。在砂石资源紧张的情况下，拥有砂石矿产资源就意味拥有"金山银山"。因此，具体到商业模式上，是否拥有矿山资源在商业模式上有很大不同，如果企业自身持有矿产资源，那该项目就是一个完整的投资项目，如果矿产资源不在自己的手上，那么可能只考虑工程施工或者融资的商业模式。同时，由于砂石建材依赖于水运和海运，拥有港口资源和码头也是关键。

4. 绿色砂石"投运营一体化"

从当前砂石行业发展现状来看，绿色砂石建材项目不是简单地"挖矿"，而是集"投资—建设—运营"于一体，涉及全产业链。在项目全生命周期过程中，涉及的主体有投资方、设计方、建设方、施工方、运营方及相应的上下游合作伙伴。每个企业的主营业务各有不同，有的企业资金雄厚擅长投资，有的企业擅长绿色砂石设计，还有的企业擅长砂石施工，同一项目站在不同角度，商业模式也有所不同。

5. 绿色矿山建设能力是核心能力

绿色矿山建设能力是现代矿山企业的一种综合能力，根据自然资源部《绿色矿山评价指标》要求，绿色矿山的指标涉及合规经营、生态保护、资源有效利用、社会责任履行等各个方面。与十年前相比，随着国家对绿色矿山的要求不断提高，绿色砂石产业化、规模化发展逐渐由粗放型管理向技术节约型管理转变，各地政府在出让矿山中明确要求竞拍者必须具备"绿色矿山建设能力"，拥有绿色矿山建设能力既是当下绿色砂石建设项目准入门槛，也是绿色砂石建材核心竞争力。近年来，多个地方在砂石矿权招拍挂文件中明确要求参与竞拍的企业必须具备建设大型绿色矿山的业绩经验。是否拥有绿色矿山建设能力也决定了其在砂石项目中扮演的角色，或投资或运营，皆有所不同。

（二）绿色砂石建材项目商业模式类型

基于上述商业模式五大核心要素，结合当前绿色砂石建材项目实际，绿色砂石建材项目的商业模式主要聚焦于砂石"矿权"问题，是否拥有矿权，是否建设运营，或者如何"拿矿"会产生不同的商业模式，笔者系统梳理了当前行业已存在的几种商业模式，具体见表 2.1-1。

砂石建材项目商业模式　　　　　　　　表 2.1-1

商业模式	客户价值	盈利模式	关键资源	关键流程	核心能力
EPC（O）	业主	获取工程款	未控制矿权	砂石建设工艺	施工能力
EPC＋F	业主	获取工程款	未控制矿权	砂石建设工艺	施工能力和资金能力
砂石矿山资源＋特许经营	政府和社会	砂石销售和运营费用	控制矿权及特许经营权	砂石建设工艺及特许经营	资本运作能力、施工能力、项目运营管理能力
砂石矿山资源＋投资项目	政府和社会	砂石销售	控制矿权	"投运营"一体化	资本运作能力、施工能力、投资项目运营管理能力
砂石国有化	政府	特许经营	控制矿权	特许经营	项目运营管理能力
工程项目自建自用	工程项目自身	自用、减少总投	未控制矿权	砂石建设工艺	施工能力和项目管理能力
资产收购	被收购企业	资产增值	控制矿权	资产收购	资本运作能力
股权收购	被收购企业	股权收益	控制矿权	股权收购	资本运作能力
弃渣利用	废矿、尾矿企业	砂石销售	未控制矿权	砂石建设工艺	施工能力

四、绿色砂石建材项目主要商业模式操作

（一）EPC（EPC＋O）模式

工程总承包模式（Engineering Procurement Construction，EPC）是指承包方受业主委托，按照合同约定对工程建设项目的设计、采购、施工等实行全过程或若干阶段的总承

包，并对其所承包工程的质量、安全、费用和进度负责。

矿企 EPC 模式最开始主要应用于国际项目，后来逐渐引入国内，采用 EPC 模式的企业均以一些专业设备公司和专业砂石公司为主，这些公司在业主已获取采矿权的基础上，凭借自身的专业优势对砂石骨料生产线进行设计、采购设备（或自有）、运营。

1. 海南某市年产 500 万 t 花岗岩项目 EPC（EPC ＋ O）模式

2022 年 12 月 30 日，某砂石建材公司最终以 7.12 亿元成功竞得该项目矿权。该矿区位于海南省境内，矿区面积 0.53km²，开采矿种建筑用花岗岩、剥离物。矿区出让范围内累计拥有资源储量 3341.08 万 m³，其中建筑用花岗岩矿 2894.7 万 m³，剥离物 446.38 万 m³，出让年限 20 年。砂石建材公司获取矿权后采用公开招标方式将该项目设计、采购、施工、运营进行发包。

B 公司、C 设计院以联合体的方式中标该项目，该项目采用设计、采购、施工、EPC（EPC ＋ O）模式。该项目是海南省矿产重点项目之一，施工内容主要包括建筑矿山开采系统、骨料加工系统、骨料成品运输公路等，年产能不低于 500 万 t。项目建设工期共 180 日历天，运营维护期为 14 年，闭坑治理期为 1 年。

2. EPC（EPC ＋ O）模式分析

EPC（EPC ＋ O）模式商业模式结构如图 2.1-1。

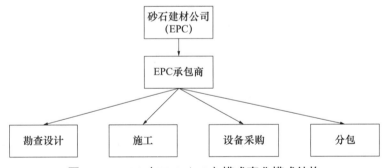

图 2.1-1　EPC（EPC ＋ O）模式商业模式结构

（1）砂石建材公司取得砂石矿产资源，并负责项目建设范围内征地拆迁，项目资金融资。

（2）砂石建材公司以 EPC 方式将砂石系统设计、建设、运营发包给专业的承包商（专业砂石公司或联合体），EPC 承包商负责砂石系统勘查设计、施工、设备采购、分包。

（3）EPC 承包商分别负责采购砂石系统设计、发包施工（或自行施工）、设备采购等。

（4）砂石系统建设完成后承包商（砂石公司）移交给砂石建材公司（业主）或自行运行，承包商（砂石公司）获得工程款。

3. 采用 EPC（EPC ＋ O）模式的优点

（1）可以有效降低成本

如果新建砂石项目，建设单位（业主）缺乏相应的专业基础和成熟的项目经验，自投、自建、自营，成本很难控制，较容易"超概"。而采用EPC模式，把建设砂石系统和运营部分以"总价"或"定额下浮"模式发包给专业的砂石公司，并在合同中对合同价格进行严格约定，建设单位（业主）可将大部分造价风险有效转移给EPC总承包商，成本可以得到有效控制。

（2）便于精细化管理

"EPC"的精髓在于"专业的人干专业的事"，许多"金主"拥有雄厚的资金，但并不具有矿山建设和运营的能力，常见的做法是建设单位（业主）将砂石骨料系统将"设计—施工—运营"发包给专业的砂石公司，这样一来业主自己便可集中精力关注项目融资、项目外部资源协调、砂石骨料市场开拓等重点问题，使管理更加科学、精细。

（3）有利于风险管控

在传统项目管理模式下，建设单位（业主）同时与设计方、采购方和施工方等存在法律关系，需要协调各方之间的关系，法律风险较大。在EPC模式下，建设单位（业主）仅与总承包商之间存在法律关系，义务和责任单一，将风险合理转移给承包商，在一定程度上可以降低法律风险。

4. EPC（EPC＋O）模式的缺点

（1）风险承担过于集中

EPC模式中，总承包商承担了砂石建设安装工程的绝大部分风险，风险全部集中于承包商，但承包商承担风险的能力也是相对的，一旦总承包商无法全面履约，整个项目将会"烂尾"。

（2）容易出现合规风险

EPC工程总承包从表面上是"一揽子工程"，但是关系极为复杂，涉及工程采购、工程分包、农民工管理等方方面面，如果承包方实力较弱，本身并不具备相应的能力，容易将矿山主体、物流系统、码头工程进行违法分包、转包，轻则影响项目投产运行，重则会引发行政处罚，甚至还会引起法律纠纷，项目建设方也会面临安全责任的风险。

（3）承包商索赔难

EPC模式一般采取固定总价，固定总价原则上"不调价"，对承包商而言，如因为承包商原因导致管理成本增加、工期延误，而总价又"包死"，对业主索赔难度较大，承包商可能会承担亏损的风险。

5. EPC（EPC＋O）模式的合规性

（1）EPC（EPC＋O）模式下分包合规性

一般情况下，砂石项目作为企业投资项目，按照《企业投资项目核准和备案管理条例》相关规定，企业在履行核准和备案手续后可进行工程总承包项目发包，企业可以依法采用招标或者直接发包的形式选择总承包单位，但实务操作中面临一些合规问题。

问题一： 总包单位能否将建设安装、矿山采掘、骨料运输等进行分包？

我国非煤矿山是允许部分工程外包，但是外包的范围有所限制，否则可能涉嫌违法分包。

一是主体部分不允许外包。根据《非煤矿山外包工程安全管理暂行办法（2015）》第十八条规定，外包工程实行总承包的，总承包单位对施工现场的安全生产负总责，总承包单位依法将外包工程分包给其他单位的，其外包工程的主体部分应当由总承包单位自行完成。

二是采掘工程不允许分包。从建设工程分包管理立法的沿革来看，我国法律明确规定严禁总承包单位将建设工程主体机构部分施工进行分包，这是原则性的规定。2022年2月8日国家矿山安全监察局印发的《关于加强非煤矿山安全生产工作的指导意见》通知规定要加强外包工程管理，严禁承包单位转包和非法分包采掘工程项目。

问题二： 总包单位分包是否一定要采用招标方式？

关于砂石项目总承包发包是否必须招标的问题，尚存在较大的争议。

目前，关于EPC的规范性文件是《房屋建筑和市政基础设施项目工程总承包管理办法》（以下简称《管理办法》），《管理办法》规定工程总承包单位可以采用直接发包的方式进行分包，但以暂估价形式包括在总承包范围内的工程、货物、服务分包时，属于依法必须进行招标的项目范围且达到国家规定规模标准的，应当依法招标。

但在实际司法裁判中也有案例明确EPC分包工程不需要"二次招标"，人民法院认为：国家设立招标投标制度，其目的在于保护国家利益、社会公共利益和招标投标活动当事人的合法权益，提高经济效益，保证工程质量。工程总承包在涉及社会公共安全等情形时，应当按照《招标投标法》的规定进行招标投标，但工程分包法律并未明示必须经过招标。由于工程总承包已经包含的分包部分在工程总承包已经设置招标投标制度的情况下，工程质量和经济效益等相关权益已得到保障，分包部分无须再次进行招标投标，总承包人经发包人同意，可以将自己承包的部分工程交由第三人完成。

因此，砂石项目EPC模式中，业主直接发包是常规做法，但如果业主是央国企或是利用国有资金的项目，公开招标进行发包是常态，直接发包是例外。具体而言：

第一，项目是以暂估价形式招标。根据《建设工程工程量清单计价规范》GB 50500—2013规定，暂估价是招标人在工程量清单中提供的用于支付必然发生但暂时不能确定价格的材料、工程设备的单价以及专业工程的金额。当总承包单位招标不能确定价格时，会由招标人在招标文件中暂时估定的工程、货物、服务的金额。

第二，属于依法必须招标的项目范围。《必须招标的工程项目规定》（以下简称"16号令"）和《必须招标的基础设施和公用事业项目范围规定》对必须招标的项目作出了规定。

第三，必须达到国家规定的规模标准，即16号令所规定的四种标准。

（2）EPC（EPC＋O）与"承包经营"合规的界限

一是不得以承包方式转让采矿权。根据《矿业权出让转让管理暂行规定》第三十八条规定，采矿权人不得将采矿权以承包等方式转给他人开采经营。《探矿权采矿权转让管理办法（2014年修订）》第十五条明确规定，违反本办法第三条第2项的规定，以承包等方式擅自将采矿权转给他人进行采矿的，由县级以上人民政府负责地质矿产管理工作的部门按照国务院地质矿产主管部门规定的权限，责令改正，没收违法所得，处10万元以下的罚款；情节严重的，由原发证机关吊销采矿许可证。

此外，依据《最高人民法院关于审理矿业权纠纷案件适用法律若干问题的解释》第十二条规定，当事人请求确认矿业权租赁、承包合同自依法成立之日起生效的，人民法院应予支持。矿业权租赁、承包合同约定矿业权人仅收取租金、承包费，放弃矿山管理，不履行安全生产、生态环境修复等法定义务，不承担相应法律责任的，人民法院应依法认定合同无效。

二是不得以包代管。在当前环境下，地方城投竞得采矿权的情况较为普遍。城投公司在拿到采矿权之后，以承包经营的方式，把矿山建设和矿山经营一并"打包"给央企等合作方，由合作方负责投资建设和矿山的生产经营，城投公司负责办理相关证照和各种审批备案手续。通常的做法是，双方合同签署后，合作方先支付给城投公司前期费用，然后按年支付给城投公司固定收益，城投公司坐享其成，将管理权转包给合作方。这种"打包"方式，看似也和EPC（EPC＋O）相差无异，但从"实质大于形式"穿透起来看，则是典型的"以包代管"，甚至有可能涉嫌违法犯罪。

（二）"EPC＋F"模式

EPC（EPC＋O）是基本模式，在具体操作中还存在另外一种升级版的EPC模式，即带"F"的"EPC"模式。英文"F"表示"Finance"，即融资，通俗地讲就是帮矿山企业解决资金问题，可以直接自己投资或是垫资，也可以采用担保增信方式帮矿山企业融资。

1. 广元市某石灰岩矿开采、加工项目"EPC＋F"模式

2020年12月29日，全国公共交易平台公示，发包人某矿业有限公司与某建工集团有限公司签订《石灰岩矿开采、加工项目勘察设计、施工融资一体化总承包（EPC＋F）

工程施工合同》，项目采用"EPC＋F"模式。

项目位于广元市辖区内，矿区面积约 0.126km²，开采标高＋1190m～＋1050m，采矿权范围内保有储量 991.1 万 t，服务年限 10 年。项目主要建设内容为新建露天采场 1 个、矿石加工区 1 个，配套建设矿山道路、排土场、截排水设施等公辅和环保设施。①

2."EPC＋F"模式分析

"EPC＋F"模式本质是垫资施工，该模式下建设方支付少部分或者不付进度款，在建设完成后支付或分期支付，在砂石建材项目中该模式又进一步"异化"为两种基本类型：

（1）"EPC＋F（延付）"

"垫资施工"本质就是自己拿钱、带设备先干活再结算，从财务角度而言实际上就是延期支付。该模式下由砂石企业以承包的形式与投资建设方签订《总承包合同》，承包商垫资对项目进行设计、建设骨料加工系统，系统建成后投资建设方按结算工程款（成本＋利息）。"EPC＋F（延付）"主要有以下两种表现形式。

一是全额垫资类。主要是指在整个项目建设过程中，建设方不向承包人支付任何工程价款，待砂石工程项目建设完成并经竣工验收合格后，按照约定支付工程价款。

二是部分垫资施工类。指承包人在开工后自己垫付工程总造价的一部分，建设方按照进度或者一定的比例逐步支付。常见的表现形式有进度款不足额支付、支付保证金作为项目启动资金、按照约定的形象进度款支付。

（2）"EPC＋F（运营）"

与"EPC＋F（延付）"相似或是同类的还有另外一种模式，即"EPC＋F（运营）"模式。在该模式下，一般投资建设方会要求将承包方的工程回款与砂石骨料销售情况挂钩，如双方约定砂石骨料销售进行利润分成，承包商通过利润分成收回垫资。

与"垫资施工＋延付"不同在于，该模式下承包人不仅要承担砂石系统建设安装任务，同时还要承担砂石骨料生产运营的功能，工程款及垫资的相关财务费用主要是从销售的骨料价款中取得。

（3）"EPC＋F（融资）"

近年来建筑行业承包商融资模式比较普遍，而延伸到砂石行业"EPC＋F（融资）"模式也较为普遍，即承包商带融资方案施工，其商业的本质是承包商替建设方融资或增信。

1）基金模式

步骤 1：由承包商或提供资金方等以现金认购优先级出资，矿企或其股东以债权、股

---

① 广元市利州区冰凌沟石灰岩矿开采、加工项目勘察设计、施工融资一体化总承包（EPC＋F）工程施工结果公示，广元市政务服务和公共资源交易中心。

权、土地或现金认购劣后级出资,其中矿企的现金出资亦可由第三方给予支持。

步骤2: 优先与劣后级出资完成后资金注入SPV(或合伙企业),SPV(或合伙企业)以"股本+资本公积"或"股+债"等方式将资金注入矿山企业。

步骤3: 矿山企业在获取SPV(或合伙企业)资金后,开展项目建设,同时进行项目贷。

2)委托贷款

步骤1: 承包商以委托贷款的方式将融资款出借给矿企。

步骤2: 承包商以其矿企的关联方用其他资产、项目或土地为借款提供抵押担保,也可能需要以矿企的股东或是实际控制人提供连带担保责任。

步骤3: 矿企以获取的资金用于砂石建材项目建设,缴纳矿权费。

"EPC+F(融资)"的模式基于项目不同情况,虽然各有差异,但实际上都是承包商承担了融资的功能,故而此模式风险较大,需要承包人根据项目的股东情况、矿企的性质、市场前景以及经济指标进行风险综合评估,否则承包商会"血本无归"。

3. "EPC+F"模式法律合规要点

(1)"EPC+F"模式不适用于政府投资项目

"EPC+F"模式本质还是垫资施工,2019年《政府投资条例》提出"政府投资项目不得由施工单位垫资建设"这一规定已经将政府投资项目适用"EPC+F"模式排除在外,同时各大建筑央企也明确禁止"垫资施工",或是限制"垫资施工",那如何理解"政府投资项目不得由施工单位垫资建设"内涵呢?

一要明确"政府投资项目"的边界。关于政府投资项目,《政府投资条例》规定很明确,即《政府投资条例》第二条,本条例所称政府投资,是指在中国境内使用预算安排的资金进行固定资产投资建设活动,包括新建、扩建、改建、技术改造等。也就是说,凡是在中国境内使用预算安排的资金进行固定资产投资建设活动的,都属于"政府投资",都要受到《政府投资条例》的规范和约束,这是原则性规定。

在具体表现形式上,《政府投资条例》第九条规定,政府采取直接投资方式、资本金注入方式投资的项目(以下统称"政府投资项目"),项目单位应当编制项目建议书、可行性研究报告、初步设计,按照政府投资管理权限和规定的程序,报投资主管部门或者其他有关部门审批。亦即典型的表现形式是直接投资方式和资本金注入方式。

二是禁止的对象是施工单位。《政府投资条例》所禁止的是施工单位垫资,在理解"施工单位"时应当作限缩性解释,如果是其他类型单位投入的资金则不应当被认定为禁止垫资的范畴。如某政府投资的砂石项目,某重工装备类的企业为中标自带设备垫资是否属于禁止类呢?

判断是否属于《政府投资条例》禁止情况需要从两个构成要件来看：一要明确是否为政府投资项目，是否符合前提条件；二要判断是否为"施工单位"，若该重工企业只是提供设备而不施工，笔者认为这是属于设备延期支付，但是如果合同中明显包含了施工的内容且该重工装备企业也具备相应的施工资质，显然符合"施工单位"的特点。

（2）"EPC＋F"模式支付风险

"EPC＋F"模式关键在于"F"，往往因为建设方或者投资方缺乏现金流而不得已采用的方式，此类项目的风险主要是"垫资"的风险，因此作为承包人必须防止建设方"空手套白狼"。

一是合理采取支付担保措施。在砂石建材项目建设中，有些业主资金缺乏，业主往往是以销售砂石骨料作为支付建设期工程款、设备款的来源，因此承包商必须格外关注支付问题，如设定母子公司支付担保、应收账款转让等，这些都是可以采取的措施。当然，由于建筑领域一直处于甲方市场，大部分情况下，业主方不会提供任何担保或是增信措施，承包方只有干或者不干的选择，这时候就需要承包方基于市场和商业风险综合考量。

二是关注矿产资源质押。砂石建材项目具备高投入、高风险、高回报特点，高投入使投资方在矿产资源的勘探、开采、技术改造等各个阶段，都需要投入大量的资金。因此，投资方普遍面临资金压力，迫切需要多元化的融资支持。较为常见的做法是，将矿权进行质押贷款，此时的承包方在自身垫资的同时应当要格外关注矿权抵押的状态或变动，发现异常应当及时止损。

（三）"砂石资源＋特许经营项目"模式

1. 海阳市某港口绿色矿山及配套基础设施项目"砂石资源＋特许经营项目"模式

海阳市某港口绿色矿山及配套基础设施项目位于海阳市境内，项目建设内容包含港口建设、绿色矿山建设两部分。其中港口建设项目包含建设两个 5 万 t 泊位、防波堤工程、5 万 t 级航道及配套工程四个子项目，绿色矿山项目包括露天采场、排土场、骨料厂等。

项目合作期 25 年，港口项目建设期 3 年，运营期 22 年。绿色矿山项目建设期 1 年，运营期 15 年。项目合作总投资约 35.1 亿元，其中：港口工程总投资 26.7 亿元，绿色矿山项目总投资 8.57 亿元。

项目采用"矿产资源开发利用＋BOT"模式。政府授权港航服务中心为本项目实施机构，平台公司水务集团为政府方出资代表。由实施机构通过公开招标选取社会投资人，政府方出资代表和中标社会资本方共同出资组建项目公司。项目公司依法竞买取得采矿权，负责项目投资融资、勘查设计、建设、运营维护，合作期满，社会投资人通过股权原值有偿转让实现退出。

2."砂石资源＋特许经营项目"模式分析

"砂石资源＋特许经营项目"模式，一般主要适用于一些经营性较差的基础设施类项目，当基础设施项目经营性收益不能完全覆盖投资成本，将砂石骨料出售反哺投资，实现盈收平衡，交易结构见图2.1-2。

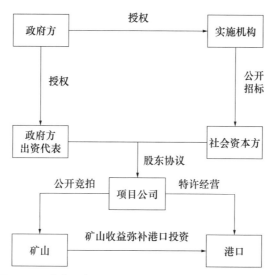

图 2.1-2 "砂石资源＋特许经营项目"模式交易结构

步骤1： 政府授权职能主管部门作为项目实施机构，负责项目的实施以及资源补偿的确定。

步骤2： 政府职能部门通过招商引资引进社会资本，一般通过公开招标的方式。

步骤3： 社会资本向金融机构贷款，引进建设资金。

步骤4： 社会资本与政府方出资代表（地方平台公司）成立项目公司，项目公司获取特许经营权及竞拍砂石矿权，项目公司负责特许经营和砂石项目投资、施工建设、运营维护，特许经营项目付费差额部分由销售砂石弥补。

步骤5： 特许经营期满后，社会资本方以股权转让的形式向政府职能部门移交矿山项目和基础设施项目经营权，从而退出项目。

3."砂石资源＋特许经营项目"法律合规性要点

（1）"砂石资源＋特许经营项目"模式的合法性

砂石资源出让能否与特许经营捆绑一起，这是项目存在的重大合规性问题，也是很多项目在立项时面临的问题，尤其是央国企作为投资主体时需要考量的问题。

在当下的法律体系中，该模式找不到相关法律依据，既没有相应的支持性法律法规，也没有禁止性规定。因此，在论证该模式合法合规性时主要法律依据是《矿产资源法》《矿业权出让转让管理暂行规定》以及《基础设施和公用事业特许经营管理办法》，更多的是地方性政策依据。

从采矿权的角度来分析，矿山资源属于国家所有，其开发和使用方式受到《矿产资源法》及《矿业权出让转让管理暂行规定》等法律法规规制，在设计该模式时矿权的取得必须符合矿权出让法定条件。

从特许经营的角度来分析，根据《基础设施和公用事业特许经营管理办法》规定，将能源、交通运输、水利、环境保护、市政工程等基础设施和公用事业领域经营权授权许可给具备相应资格的主体，因此经营项目要具备特许经营的条件。

由于满足上述两大基本条件，结合大量的实际操作案例，普遍观点认为该模式不存在违反法律法规及相应的禁止性规定。

（2）"特许经营"的合规性

在"矿山资源＋特许经营项目"操作模式下，除了要关注砂石资源本身问题，还要格外关注项目特许经营许可合法合规性。

该模式下，合规的另一必要条件是"特许经营"项目本身具有"收益性或公共资源可以有偿化"，如果项目不具有特许经营性质，而是与其他片区开发政府付费项目捆绑或者与商业地产项目捆绑，则可能有"违规"之嫌疑。

（3）项目必须是"公开竞价"

特许经营具有垄断与排他性，与市场准入紧密联系，其直接决定哪些市场主体可以进入市场进行商业活动。因此政府方需通过公开采购的方式引入社会资本方，授予其特许经营权，避免影响市场公平竞争。在此模式下，社会资本方只有以公开竞价的方式进入，才能获得双重身份，中标的社会资本方既是矿权出让的中标人，也是获取特许经营的社会资本方。

关于"公开竞价"本身内涵包含两个方面：一方面，砂石矿产资源必须以公开竞价的方式取得；另一方面，政府特许经营必须通过公开竞价的方式选择社会资本方。也就是"砂石资源＋特许经营项目"采用公开竞价实质是"两标并一标"，将两次公开招标合二为一。

（四）"砂石资源＋投资项目"模式

1. 高县某建筑石料用灰岩项目"矿山资源＋投资项目"模式

2022年5月20日，四川某市公共资源交易中心发布公告，拍卖出让一宗建筑石料用灰岩采矿权，拟出让23年，起始价3802万元。

该项目矿区位于四川省境内,矿区面积 0.1214km², 可信储量 1827.65 万 t。

公告要求:竞买人必须承诺在政府指定园区内,投资建设绿色智能制造建材产业基地(包括但不限于年产 20 万 m³ 的装配式建筑(市政或房建)生产基地、100 万 m³/年以上的高性能特种混凝土及相关产业),总投资额不低于 5 亿元人民币。竞得人须承诺按项目建设相关规划及《矿石行业绿色矿山建设规范》DZ/T 0316—2018 开展矿山建设。

2."砂石资源+投资项目"模式分析

近年来,随着砂石销量攀升,基础设施建设对砂石骨料需求激增,各地政府也关注到不能直接简单地"卖矿",让矿企白白赚走利润,再加上地方政府受限于财政状况、中央关于地方债务管控政策等,地方政府在大型基建投资中缺乏资金,政府在出让砂石骨料的同时也提出了要求,摘牌的社会资本方必须承诺在当地政府投资建设相应的项目,"砂石资源+投资项目"模式应运而生,"砂石资源+投资项目"模式交易结构见图 2.1-3。

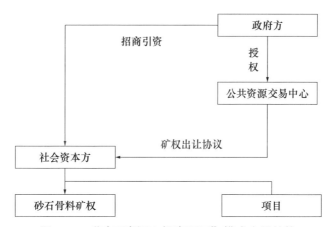

图 2.1-3 "砂石资源+投资项目"模式交易结构

步骤 1:政府方通过招商引资的方式确定潜在的社会资本方,并制定相应的项目方案。

步骤 2:公共资源交易中心发布矿权招拍挂公告,并将投资项目作为矿权出让的基本条件。

步骤 3:中标的社会资本方与政府方签订《矿权出让协议》,承诺在获取矿权后另行投资一定规模的项目。

步骤 4:社会资本方获取矿权后,按照《矿权出让协议》中的投资约定,投资建设项目。

3."砂石资源+投资项目"模式表现形式

(1)矿山资源对价模式

矿山资源对价模式是指地方政府通过出让砂石矿产资源的采矿权,换取社会资本方承担基础设施项目建设的义务或投资相应的项目。该模式下，社会资本方与政府方签订《矿权出让协议》，协议中约定社会资本方在获取矿权后将承担一定的投资项目作为《矿权出让协议》的附随义务。当前经济形势下，随着砂石资源储量不断减少，地方政府财政吃紧，"砂石资源"对价模式越来越受到各地政府的欢迎。

2023年6月9日，云浮市某建筑用糜棱岩（片麻岩类）矿采矿权在广东省云浮市公共资源交易中心成功竞出。该矿年生产规模1000万 m^3，出让年限25年，起拍价22亿元。最终成交价22亿元，竞得人为云浮市某建材有限公司。

值得注意的是，根据公告要求，采矿权竞得人须负责出资建设矿区道路，估算总投资4亿元，土地的租金、青苗补偿款等补偿费用约7亿元。还须每年支付矿权道路养护费200万元、云浮市云城区人民政府乡村振兴建设资金100万元、安塘街道办乡村振兴建设资金50万元、思劳镇人民政府乡村振兴建设资金150万元。

（2）资源补偿模式RCP（Resource－Compensate－Project）

资源补偿模式是指政府通过特许权协议，授权投资者（一般组建项目公司）进行项目的融资、设计、建造、运营和维护，并向使用者收取适当的费用，以收回项目部分投资，特许期满后项目公司将项目无偿移交给政府；同时，政府以对项目公司进行补偿的方式将砂石矿山资源的开发权出让给项目公司，以捆绑的方式提高项目公司的整体盈利能力，以确保项目投资者获得合理回报，调动投资者的积极性。

4. "砂石资源＋投资项目"模式法律合规要点

（1）"砂石资源＋投资项目"模式合法性

国家层面上并没有直接关于砂石资源捆绑投资项目的立法和政策性文件，也没有相关禁止性规定，属于地方政府砂石资源出让模式创新，该模式起源于浙广一带，以广东、福建、浙江等为甚。该模式的合规性还要看当地政府的政策倾向，是否有相应的政策文件或是领导人的支持，但也有地方政府出台文件禁止基础设施建设转嫁给企业。

据砂石骨料网报道，浙江省"甬台温高速公路至沿海高速公路三门联络线（上三高速公路东延段）"项目中：

2019年11月8日，时任浙江省省长袁家军赴三门调研，听取"项目＋资源"的建设模式汇报后，明确在三门联络线项目采用该模式先行先试。此外，浙江省常务副省长冯飞、副省长高兴夫、副省长陈奕君分别作出批示或到实地调研，要求深入研究、积极探索。

2020年5月27日，浙江省副省长刘小涛带领该省发改、省自然资源厅、省交通运输厅等部门到三门召开项目汇报会，基本同意该项目招标投标采取统一方案、统一平台、统一主体、统一监管的方式以及政府性项目转为经营性项目。

根据最新信息，该联合招标项目拟于近期发布招标文件。三门县地处浙江省六大砂石基地之一的"温台沿海内侧"地区，"砂石资源＋项目"既能解决基建项目资金问题，又能结合规划布局砂石矿点。

（五）"砂石国有化"模式

1. "河砂国有化"模式

（1）江西省"统一经营"河砂

据砂石骨料网[①]了解，江西省大力探索河砂统一经营模式，已逐步实现河道采砂"统一经营"。

2009年起，九江市开启全省河道采砂统一经营管理之先河，针对过去鄱阳湖采砂多头管理和"有责即推，有利则争"的现象，成立了砂管局，推出鄱阳湖采砂"统一组织领导、统一开采经营、统一规费征收、统一综合执法、统一利益分配"的"五统一"管理模式，并组建国有赣鄱砂石公司，走出了一条实现鄱阳湖砂石资源保护开发的新路子。

2011年，继九江市实行河道采砂统一经营管理之后，南昌市组建南昌赣昌砂石有限公司，对赣江下游河道采砂实行统一经营管理模式，并重拳出击对南昌段河道采砂乱象进行专项治理，取得了突出成效。

2016年，鹰潭市也在全市范围内启动河道采砂政府统管模式。为固化政府对河道砂石统一开采的管理模式，2017年出台实施的《江西省河道采砂管理条例》明确，县级以上人民政府可以决定对本行政区域内的河道砂石资源实行统一经营管理。

2017年，抚州市将河道砂石开采权直接许可给江西赣抚建材资源开发有限公司，实施了河道采砂统一经营管理。

2018年底吉安市出台实施方案，对河道采砂实行统一经营管理。目前，环鄱阳湖区及省内河道采砂大市基本实行了统一经营管理。

2016年9月22日江西省第十二届人民代表大会常务委员会第二十八次会议通过《江西省河道采砂管理条例》（以下简称"《条例》"），《条例》明确规定县级以上人民政府可以决定对河道砂石资源实行统一经营管理。

江西省大力推行河道采砂政府统一经营管理模式，对河道采砂实行了有效监管，受到各界高度认可，各地纷纷效仿。

（2）湖北省授权地方可采取国营采砂和市场化采砂

2018年2月，湖北省人民政府法制办公室公布《湖北省河道采砂管理条例》（征求意

[①] 砂石骨料网，推进全省河道砂石由政府统管——江西省河湖局：全省河道采砂正逐步实现"一统江湖"。

见稿），规定河道采砂许可应当通过招标、拍卖等竞争方式确定采砂人，县级以上人民政府决定实行统一经营管理的除外，明确了未来湖北省各地方可根据本地情况采取国营采砂或者市场化采砂手段。

2018年12月，黄冈市印发《关于加强全市黄砂生产经营运输管理的意见》，明确黄冈市黄砂经营管理实行"六统一联"模式（统一规划、统一设点、统一价格、统一销售、统一稽查、统一车型、联合执法）和"三权分离"模式（黄砂经营权、采砂许可审批权、黄砂生产权三权分离），依法、规范、有序开发利用黄砂资源。其中统一价格即各县（市、区）组建国有黄砂经营公司，根据销售情况统一销售价格。

（3）湖南岳阳统一管理砂石资源

2016年以来，汨罗市河道砂石综合执法局积极响应国家、省市关于河道采砂管理实现生态环保、优化产能结构，提效益减产能的号召，决定于2017年2月收回湘江汨罗段的砂石开采经营权，并正式成立湘汨资源开发有限公司，实现国有化经营，进一步加强砂石资源管理，促进砂石资源有序开发利用。

2018年2月，岳阳市人民政府印发《岳阳市洞庭湖生态环境专项整治三年行动实施方案（2018—2020年）》，明确要通过整治非法采砂以及非法砂石码头来整顿湖区采砂秩序的规划。全面禁止东洞庭湖自然保护区等水域采砂；全面清理整顿采砂运砂船只；严格砂石交易管理；严厉打击非法采砂行为；全面禁止新增采砂产能；严查公职人员纵容包庇非法采砂行为；从严控制采砂范围和开采总量，鼓励国有企业参与砂石资源开采权出让。

（4）广东阳江市设立国有采砂企业统一采销全市河砂

2017年9月5日，广东省阳江市发布《河道采砂暂行办法》，该办法规定，阳江市政府授权的河砂开采和销售国有企业单位持相关文件申领采砂许可证办理相关手续，按照规划开采，并面向市场统一销售。销售方式包括挂牌、拍卖、招标、零售等。河砂销售价格应在综合考虑成本、缴纳各种费用及适当的利润基础上根据市场价格的波动等因素确定。

据水利部河湖司[①]了解，截至2022年7月全国已有16个省份开展了相关实践探索。

2. "河砂国有化"模式分析

"河砂国有化"实际上是政府将河砂资源许可给国有公司，在地方国有企业转型及防范风险的大背景下，多地政府将河道砂石资源配置给当地国有企业以扩大其经营性业务收入并助力城投企业转型。

---

① 水利部河湖管理司，开展统一开采管理有效破解河道采砂监管难题。

从相关案例来看，目前"河砂国有化"主要有以下几种路径：

路径一： 地方政府无偿将一定年限的砂石开采经营权授予地方国有公司或者平台公司。

路径二： 地方国有公司通过公开竞拍方式获取河道采砂权。

路径三： 地方政府将砂石采砂权无偿划拨给地方国有公司，但未授予开采权，仅可从事砂石二级销售业务。

3. "砂石国有化"模式法律合规要点

（1）"砂石国有化"模式"国有化"的合法合规性

1988年发布的《水法》和《河道管理条例》明确了地方政府的管理权责，即河道采砂活动须由河道主管机关及其他有关部门批准，但并未明确规定砂石须收归国有的事项。

2017年1月江西省率先发布《江西省河道采砂管理条例》，明确规定县级以上人民政府可以直接管理属地河道砂石资源，实行统一调配、统一定价、统一销售。

继江西之后，收回河道开采权、成立国营平台统一开采销售的砂石国有化管理模式逐步为众多区域诸如湖北、四川、海南等地接受并进一步推广。

因此，关于"河砂国有化"合法合规的依据主要是《水法》和《河道管理条例》及地方性法规，在此语义下，"河砂国有化"的"国有化"有两层含义：一是在从权属上，河砂归国家所有；二是从处置方式上，县级以上人民政府统一处置，并赋予地方政府处置权。

（2）开采河砂是否需要办理采砂许可

根据当前法律法规及地方政策，河砂开采应当办理行政许可。

一是河砂属于矿产资源。《矿产资源法》及《矿产资源法实施细则》中规定河砂属河流沉积天然石英砂，主要成分为二氧化硅，经长期地质作用形成，且《矿产资源分类细目》共列举50余种非金属类矿产，其中就含有天然石英砂。因此，河砂属于我国法律规定的矿产资源。依据《矿产资源法》，将河流江砂纳入矿产实行管理。

二是国家实行河道采砂许可制度。2002年修订的《水法》中明确规定国家实行河道采砂许可制度。河道采砂许可制度实施办法，由国务院规定。各地为规范河道砂石管理工作分别以地方性法规、政府规章等形式出台了河道砂石管理方面的规定，其中对于行政许可类型以及行政许可方式等明确了具体要求。

三是各地实践证明需要办理采砂许可。地方性法规中，各省份规定河道采砂应当办理采砂许可证。湖北等个别省份规定取得河道砂石开采权的单位和个人应依法缴纳矿业权出让收益，陕西省规定河道采砂的单位和个人应缴纳河道砂石资源费，不再缴纳河道采砂管理费和矿产资源补偿费。

此外，各地采砂条例或管理办法规定，从事吹填固基、清淤疏浚、河道整治等活动涉及采砂的，应当报经有管辖权的水行政主管部门或者流域管理机构批复同意，不需要办理河道采砂许可证。

从实务工作来看，越来越多的城投企业既无采砂许可也无采矿许可，而是直接获得区县及以上政府的授权，然后以河道清淤的名义开展砂石业务，但河道清淤及砂石开采实际存在一个相对模糊的边界，这也是值得相关政府部门完善监管的部分。

在许可方式上，各地主要采取以下三种做法：一是依据采砂申请予以许可，若申请人符合采砂申请即可从事采砂活动；二是通过公开招标、拍卖等公平竞争的方式予以出让。如安徽省部分区县由水行政主管部门通过招拍挂等方式公开出让河道采砂权，中标人或买受人取得采砂权后获得采砂许可证；三是实行采砂统一经营管理。如江西省部分地市专门成立国有企业负责河道砂石的统一开采和经营；湖南省部分区县采取"采售分离"的模式，即砂石开采加工实行劳务招标或由社会采砂业主联合体负责，成品销售则由国有公司统一开展，这在一定程度上有利于解决河道采砂"小、散、乱"的问题。

（六）资产收购模式

1. 某民企资产收购砂石骨料企业案例

据砂石骨料网①获悉，2023年12月，江西瑞昌市国凯矿业有限公司以15040万元（约1.5亿元）接盘九江顺达非金属矿业有限公司芭茅岗石灰岩矿。2022年发布的采矿权出让收益评估报告显示，芭茅岗石灰岩矿评估计算利用保有储量888.4万t，可采储量751.87万t，矿山生产能力160万t/年，矿山服务年限4年9个月，评估基准日的评估值为1101.56万元。

据了解，该矿于2019年1月21日由江西信达矿业咨询服务有限公司进行过一次出让收益评估，评估可采储量1230.19万t，生产规模160万m^3/年，矿山服务年限5年8个月，评估价款1548.63万元，但价款未缴纳。因评估有效期为一年，故在2022年重新评估进行有偿处置。

2. 资产收购模式分析

资产收购模式主要是指直接收购探矿权或采矿权的方式，也就是通常所说的探矿权、采矿权转让，是砂石骨料项目在二级市场获取砂石矿权的一种商业模式。

资产收购（矿权转让）模式的优点在于法律关系简单明确，便于收购方尽职调查，只需进行资产评估和转让即可，但是缺点依然很明显，我国法律限制了矿权转让，基于行政审批手续繁琐、程序复杂，因此正常情况下很少采用资产收购的方式，但是并不排除资产

---

① 砂石骨料网，[国企接盘]估值1101万、转让1.5亿！江西九江一石灰岩矿公布转让结果。

收购方式作为获取矿权的一种重要途径。

随着国家环保政策趋严，各地政府打击砂石"小作坊"，一些小的砂石骨料企业纷纷关闭，资产收购方式不仅是政府规范砂石市场秩序的一种有效手段，同时也是大型龙头砂石企业进行砂石资源整合、并购做大做强的一项重要手段。资产收购模式交易结构见图 2.1-4。

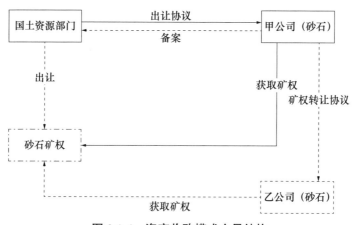

图 2.1-4　资产收购模式交易结构

步骤 1： 甲公司作为砂石矿山投资主体，通过招拍挂方式获得砂石骨料的采矿权，缴纳相关税费，立项报批。

步骤 2： 因政策性调整或生产经营困难，甲公司无法对已获取的砂石矿产资源进行开采或持续经营。

步骤 3： 甲公司已经满足矿权转让法定条件。

步骤 4： 甲公司就转让矿权事项获得当地政府部门同意。

步骤 5： 甲乙公司双方签订矿权转让协议，并完成相应的登记备案手续。

3. 资产收购模式法律合规要点

（1）资产收购模式的合法性

如上所述，砂石资产收购实际上是收购采矿权，而矿权转让受到法律的限制，只有达到一定条件才能实现矿权的转让。根据《矿产资源法》《探矿权采矿权转让管理办法》《矿产资源开采登记管理办法》的规定，矿权的转让必须具备以下条件：

时间上限制：转让采矿权"矿山企业投入采矿生产满 1 年"，这里的 1 年是指投入采矿生产，处于建设阶段未实质投产是不能转让的。

投入上限制：按照国家有关规定已缴纳采矿权使用费、采矿权价款、矿产资源补偿费和资源税。也就是说，矿权所有人已经完成了实质上的投资。

受让人限制：受让人为营利法人，两年内不存在吊销采矿许可证。这就排除了自然人受让采矿权的问题，同时还要求采矿许可证存续状态，间接说明了受让人必须是具备采矿能力的营利法人，从而保证了国家矿权资源有效利用。

登记条件限制：根据《国土资源部关于完善矿产资源开采审批登记管理有关事项的通知》，有下列情形之一的，采矿权不得办理转让变更登记：① 采矿权部分转让变更的；② 同一矿业权人存在重叠的矿业权单独转让变更的；③ 采矿权处于抵押备案状态且未经抵押权人同意的；④ 未按要求缴纳出让收益（价款）等费用，未完成矿山地质环境恢复治理义务的；⑤ 采矿权被国土资源主管部门立案查处，或法院、公安、监察等机关通知不得转让变更的；⑥ 除母公司和全资子公司之间的采矿权转让变更外，以协议出让方式取得的采矿权未满十年不得转让变更，确需转让变更的，按协议出让采矿权要件要求及程序办理。

（2）"合作开采"与违规"资产收购"的界限

我国的法律并不禁止矿权开采合作经营行为，根据《矿产资源法》第六条的规定，已取得采矿权的矿山企业，可以与他人合资、合作经营。《矿业权出让转让管理暂行规定》第四十二条对此予以更进一步明确，合作开采经营是指矿业权人引进他人资金、技术、管理等，通过签订合作合同约定权利义务，共同开采矿产资源的行为。

但"矿权合作经营"与"资产收购"往往界限十分模糊。有时虽然在形式上符合"矿权合作经营"的表征，但实质上是违规的"资产收购"，如在湖南省岳阳市灏东砂石有限公司（以下简称"灏东砂石公司"）非法采矿案中，灏东砂石公司未经法定程序，未经政府批准将取得的采砂权以合作协议的形式转让给荣湾公司。经法院判决，法院认为矿权转让行为系违法，转让行为无效，马某龙和胡某清等人在明知荣湾公司未取得《湖南省河道采砂许可证》的情况下，以荣湾公司的名义组织采砂工程船在岳阳东洞庭湖水域采砂的行为属无证采砂，构成非法采矿罪。

（3）资产收购模式尽职调查要点

一是要调查标的公司采矿权的历史沿革、矿权取得的合法性、资源存储、存续状态、用林用地合法合规性。

二是标的公司采矿权必须符合转让条件并且经过矿政管理部门审批。

三是要了解矿权所在地的政府态度。由于矿产资源开发属于政府强监管行业，需与当地政府进行充分沟通，了解其对于矿权人变更的态度。

四是要对附属设施进行尽调。由于砂石企业的生产经营不单独依赖于矿权本身，还需要加工厂房、设备、土地和道路等设备设施的支撑，该等资产一般是由原矿权人进行投资建设或者从当地村民手中流转取得，转让采矿权时也需要一并考虑。

综上，由于采矿权转让在实践中需要政府部门审批，审批有条件限制并且存在不确定性，且除了采矿权问题，还需要解决一系列资产并购存在的问题，一般直接采用资产收购模式投资砂石开采项目的企业相对较少。

（七）股权收购模式

1. 冀东水泥股权收购模式

据中国砂石协会报道，2019年12月9日，冀东水泥发布公告，拟以现金方式收购冀东砂石骨料有限公司所持冀东发展泾阳建材有限责任公司100%股权和涞水京涞建材有限责任公司85%股权。

公告显示，唐山冀东水泥股份有限公司（以下简称"公司"或"本公司"）于2019年11月29日召开第八届董事会第二十六次会议，审议通过了《关于收购冀东砂石骨料有限公司所持冀东发展泾阳建材有限责任公司100%股权和涞水京涞建材有限责任公司85%股权的议案》，同意公司控股子公司金隅冀东水泥（唐山）有限责任公司（以下简称"金冀水泥"）以现金方式收购冀东砂石骨料有限公司所持冀东发展泾阳建材有限责任公司（以下简称"泾阳建材"）100%股权和涞水京涞建材有限责任公司（以下简称"京涞建材"）85%股权。根据有权国有资产管理机构备案的评估值结果，泾阳建材100%股权交易价格为15125.72万元，京涞建材85%股权交易价格为5098.43万元。

泾阳建材100%股权及京涞建材85%股权陆续完成了工商变更登记手续。工商变更完成后，公司控股子公司金冀水泥持有泾阳建材100%股权、持有京涞建材85%股权。①

2. 股权收购模式分析（图2.1-5）

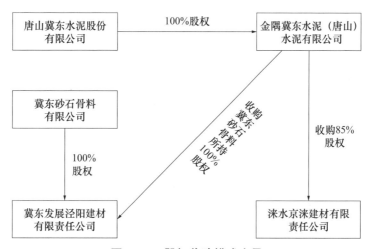

图2.1-5 股权收购模式交易

---

① 中国砂石协会，超2亿元，冀东水泥收购两家企业，疑扩大砂石业务。

（1）金隅冀东水泥（唐山）水泥有限公司为唐山水泥股份有限公司全资子公司。

（2）冀东砂石骨料有限公司持有冀东发展泾阳建材有限责任公司100%股权。

（3）冀东砂石骨料有限公司与金隅冀东水泥（唐山）水泥有限公司签订《股权转让协议》，冀东砂石骨料有限公司向金隅冀东水泥（唐山）水泥有限公司转让其所持冀东发展泾阳建材有限责任公司100%股权。

（4）涞水京涞建材有限公司股东与金隅冀东水泥（唐山）水泥有限公司与签订《股权转让协议》，向金隅冀东水泥（唐山）水泥有限公司转让所持公司85%股权。

（5）通过股权收购的形式金隅冀东水泥（唐山）水泥有限公司间接持有了两个砂石骨料企业的采矿权，并有实际控制权。

3. 股权收购与资产收购的界定

股权收购模式与资产收购模式都是为了实现矿权的主体的变更，但二者所适用的法律、交易的主体、标的、法律效果有着很大区别。

一是适用的法律不同。股权转让行为所适用的法律依据是《公司法》和《公司登记管理条例》等；而资产收购主要适用的是《矿产资源法》和《探矿权采矿权转让管理办法》等矿产资源管理法律法规。

二是交易的主体和客体不同。股权转让是矿山企业股东与第三人之间的股权交易行为，交易的客体是股权，而资产收购是矿山企业与企业之间的交易，交易的客体是采矿权。

三是产生的法律效果不同。股权转让的法律效果是受让人成为矿山企业的新股东，享有股东权利，矿业权持有人并未发生变更；资产收购则使矿业权持有人发生变更，受让人成为新的矿业权人，这是本质的区别。

尽管矿企股权转让和资产收购有清晰的界限，但是现实中少数政府为防止矿企"投机倒把"、倒卖矿权，从实质审查的标准明确规定未经政府部门同意，矿企不得股权转让。

（八）废石和尾矿再利用模式

废石和尾矿是采矿过程中产生的废弃物，但它们并非真的"废"物、毫无价值，实际上，通过科学合理的再利用方式，这些废弃物可以转化为有价值的资源，为环境保护和经济发展作出贡献。废石和尾矿再利用主要有充填采矿区模式、制备建筑材料模式、土地复垦模式等。

1. 云浮市云硫矿废石和尾矿再利用模式

云浮市某资源化利用云硫矿尾矿砂生产绿色环保建材建设项目（以下简称"项目"）由云浮市某环保新材料有限公司投资建设，项目总占地面积39970m^2，主要回收矿业公司生产过程中的硫铁矿尾矿砂，并利用水泥、聚合物乳胶粉等材料生产常规绿色环保建材及新型材料 54 万 t/年（约 25 万 m^3/年），高端绿色环保建材及新型材料约 30 万 t/年（约 14 万 m^3/年），工艺品类产品 2 万 t/年（约 1 万 m^3/年）。

2. 废石和尾矿再利用模式分析

本书所介绍的废石和尾矿再利用模式主要是指利用尾矿废石再加工成砂石骨料，从而提升尾矿废石附加值的一种商业模式，废石和尾矿加工砂石骨料的模式分析如下：

步骤 1：矿山企业在开发利用中存在大量过剩的废渣、尾矿，或政府部门通过行政手段获得大量的废石、弃渣，且废石、弃渣符合砂石骨料加工要求。

步骤 2：矿山企业或政府通过发包、招标的形式引入砂石企业合作方。

步骤 3：矿山企业、政府与合作方签订合同，以投资或加工的方式生产砂石骨料。

步骤 4：砂石企业通过施工获得工程款，或以股东的身份获得砂石销售利润。

3. 废石和尾矿再利用模式合法合规性

（1）废石和尾矿再利用模式合规性依据

长期以来，国家出台了一系列政策鼓励废石、尾矿在内的资源综合利用，并相继出台了一系列政策文件支持和鼓励废石及尾矿再利用。

1985 年发布《国务院批转国家经委〈关于开展资源综合利用若干问题的暂行规定〉的通知》中就明确规定，国家政策鼓励和引导资源综合利用。

1996 年发布《国务院批转国家经贸委等部门关于进一步开展资源综合利用意见的通知》中规定，资源综合利用主要包括：在矿产资源开采过程中对共生、伴生矿进行综合开发与合理利用；对生产过程中产生的废渣、废水（液）、废气、余热、余压等进行回收和合理利用；对社会生产和消费过程中产生的各种废旧物资进行回收和再生利用，并且对资源综合利用制定了一系列的奖惩政策。

《国家发展和改革委员会、财政部、国家税务总局关于印发〈资源综合利用目录（2003 年修订）〉的通知》中规定，在矿产资源开采加工过程中综合利用共生，伴生资源生产的产品是资源综合利用的重要表现，其中具体规定"利用采矿和选矿废渣（包括废石、尾矿、碎屑、粉末、粉尘、污泥）生产的金属、非金属产品和建材产品"。

2008 年颁布的《循环经济促进法》（2018 年修订）规定，国家鼓励发展循环经济。循环经济的主要表现是在生产、流通和消费等过程中进行的减量化、再利用、资源化活动。第二十二条第 2 款规定，矿山企业在开采主要矿种的同时，应当对具有工业价值的共生和伴生矿实行综合开采、合理利用。对必须同时采出而暂时不能利用的矿产以及含有有用组分的尾矿，应当采取保护措施，防止资源损失和生态破坏。第三十条规定，企业应当按照国家规定，对生产过程中产生的粉煤灰、煤矸石、尾矿、废石、废料、废气等工业废物进行综合利用。

2010年国家发展改革委、科技部、工业和信息化部、国土资源部、住房和城乡建设部、商务部发布的《中国资源综合利用技术政策大纲》中规定，为进一步推动资源综合利用，提高资源利用效率，发展循环经济，建设资源节约型、环境友好型社会，在煤矿开采和工业领域明确鼓励和推广矸石充填采煤技术和煤矸石生产建筑材料技术，在有色金属行业推广尾砂充填、废石充填、尾砂膏体充填等充填法采矿技术和工业冶炼废渣的综合利用技术，在建材行业推广石材加工碎石和采矿废石生产人造石材技术，并且明确规定使用这些技术的项目在增值税和企业所得税上予以税收优惠。

2020年国家发展改革委等15部委联合印发的《关于印发〈关于促进砂石行业健康有序发展的指导意见〉的通知》"积极推进砂源替代利用"中规定，支持废石尾矿综合利用。在符合安全、生态环保要求的前提下，鼓励和支持综合利用废石、矿渣和尾矿等砂石资源，实现"变废为宝"。

2022年《工业和信息化部、国家发展和改革委员会、科学技术部、财政部、自然资源部、生态环境部、商务部、国家税务总局关于印发加快推动工业资源综合利用实施方案的通知》中规定，推动工业固废按元素价值综合开发利用，加快推进尾矿（共伴生矿）、粉煤灰、煤矸石、冶炼渣、工业副产石膏、赤泥、化工废渣等工业固废在有价组分提取、建材生产、市政设施建设、井下充填、生态修复、土壤治理等领域的规模化利用。在京津冀及周边地区，建设一批全固废胶凝材料示范项目和大型尾矿、废石生产砂石骨料基地。在黄河流域，着力促进煤矸石、粉煤灰等固废通过多式联运跨区域协同利用。在长江经济带，利用水运优势，拓宽磷石膏、锰渣综合利用产品销售半径。

（2）开采过程中废石和尾矿资源利用问题

一般情况下，矿山企业在获取矿权后，开采后的废石需要按照规定处置或合理利用是属于企业自主范畴，采矿权人回收利用其采矿废石，无须另行办理砂石采矿登记，可直接将采矿废石用于生产机制砂。

2011年《国土资源部关于进一步完善采矿权登记管理有关问题的通知》第三十五条规定，采矿权人可以在采矿许可证有效期内依法回收利用其尾矿资源和采矿废石，无须另行办理采矿登记；形成尾矿资源和采矿废石的采矿权已经灭失的，登记管理机关应在保障安全和保护环境的前提下，按新立采矿权的程序出让尾矿资源采矿权。

部分省（区、市）在砂石资源供应矛盾紧张情况下，也出台政策明确支持采矿权人在采矿许可证有效期内有权利用废石。但有些省会有差异，如河南、青海等省份规定采矿权人在采矿许可证许可有效期内依法回收利用其尾矿资源和废石废渣，不再另行办理采矿登记，但需要按照评估价值或者市场基准价（基准率）缴纳矿业权出让收益。

（3）矿权到期后的矿山废石资源利用

对于采矿权已经灭失的矿山，在原来开采和选矿过程中已经形成的废石归属国家，原采矿权人已经无权进行资源化再利用，拟对这些废石资源再利用的，需要矿产资源主管部门按照新设立采矿权的程序，通过招拍挂的方式重新出让砂石采矿权。

2011年《国土资源部关于进一步完善采矿权登记管理有关问题的通知》中规定，形成采矿废石的采矿权已经灭失的，登记管理机关应在保障安全和保护环境的前提下，按新立采矿权的程序出让尾矿资源采矿权。如2020年《福建省自然资源厅关于贯彻落实推进矿产资源管理改革若干事项的意见》规定，形成采矿废石的采矿权已经灭失的，在保障安全和保护环境的前提下，经县级人民政府纳入公共资源交易平台进行公开有偿处置后可利用其采矿废石。广西壮族自治区相关政策规定，形成尾矿资源和采矿废石的采矿权已经灭失的，在保障安全和保护环境的前提下，采矿废石由县级以上人民政府纳入公共资源交易平台销售。

（4）新立采矿权中历史遗留"废石"资源的处理

矿山新立采矿权时，若矿区范围内存在"废石"，原则上"废石"应当属于矿区范围内资源，矿产资源主管部门应当在核实储量和确定开发利用方案基础上一并征收砂石资源采矿权出让收益。

从划定矿区范围来讲，根据《国土资源部关于完善矿产资源开采审批登记管理有关事项的通知》规定，矿区范围内涉及多个矿种的，应当按经评审备案的矿产资源储量报告的主矿种和共伴生矿种划定矿区范围，并对共伴生资源进行综合利用。

从矿权出让的角度来讲，在矿权出让时一并考虑"尾矿"更加有利于矿权的管理，因为即使在新矿设立时未一并考虑，根据我国法律规定，在后期发现有"尾矿"时也会采用协议出让方式出让给主矿权人。

从资源综合利用的角度来讲，在出让矿山时，明知会产生或存在大量废石，且这些废石可以作为砂石资源利用，在出让采矿权时一并出让，从维护矿产资源国家所有者权益和保护市场主体公平利益角度都是合理的，避免了重复行政许可工作。

（5）尾矿库闭库前对尾矿资源的再利用

尾矿库闭库是指对停用或废弃的尾矿库采取一系列工程措施，以确保其长期安全稳定，防止发生溃坝、泄漏等安全事故，从而保护环境，确保人民生命财产安全。在现实中有部分尾矿库中的尾矿和弃渣是可以进一步加工成砂石骨料，从而变废为宝的，亦即通常所说的尾矿库闭库前对尾矿资源的再利用。

尾矿闭库前矿权所有权人有权对尾矿进行回采和资源再利用，无须重新办理采矿许可，一旦尾矿闭库，则尾矿库的权属发生变化，原所有权人无权回收尾矿资源。

尾矿回采再利用应当进行回采勘查、安全预评价和回采设计，回采设计应当包括安全设施设计,并编制安全专篇。回采安全设施设计应当报安全生产监督管理部门审查批准。在尾矿回采过程中最重要的是不能因为尾矿回采作业影响尾矿坝的安全。

将尾矿回采作为砂石资源利用,有利于缓解尾矿堆存所带来的环境污染和安全隐患,符合国家鼓励开展尾矿综合利用,实现尾矿变废为宝的政策规定,无须再次缴纳矿业权出让收益,但可能会根据地方政策缴纳相应的税费。

(九)"工程项目自建自用"模式

"工程项目自建自用"模式是指在工程项目红线范围内由建设方自己建设砂石骨料系统,生产的砂石骨料用于工程项目范围内而无须办理采矿权的一种模式。

1. 南崇铁路4标某项目机制砂石生产线"工程项目自建自用"模式

南崇铁路某标段全线长26.2km,砂石料需求巨大,外购材料不仅费时费钱还频繁出现"千金难买一车料"的情况,为保证工程建设顺利开展,项目建设有持续稳定的材料输入,按时、保质、保量地完成工程建设,有效降低建设成本,补齐材料对外依赖短板,在当地政府的大力支持下南崇铁路某标段决定自建碎石加工厂及机制砂石生产线,自采自用以满足项目施工所需的砂石料,项目投产后具有良好的经济效益和社会效益。该项目采用自建砂石场的模式,自采自用以满足项目施工所需约60万 m^3 砂石料的供应。根据加工成本测算,该项目预计自加工碎石60万 m^3,预计降低成本733.8万元,取得较好的经济效益。

2. "工程项目自建自用"模式分析

步骤1: 项目建设方(业主)在项目建设初期立项阶段初步设计文件中明确,在项目建设范围内,砂石骨料作为本项目建设内容之一。

步骤2: 根据获批的立项文件及初步设计文件划定红线范围并办理相应的行政许可文件。

步骤3: 项目建设方自己建设砂石系统或发包给承包商建设砂石系统。

步骤4: 已建成的砂石骨料系统为本项目供应砂石骨料(采取直供或销售给各承包人)。

3. "工程项目自建自用"法律合规要点

(1)工程项目砂石自建自用是否需要办理采矿许可证、缴纳矿产资源补偿费问题

根据《矿产资源法实施细则》的规定,建设工程项目施工所用砂、石、土实际属于矿产资源。那么,在施工中因工程需要动用或采挖砂、石、土是否需要办理采矿许可证?

关于工程"采挖砂、石、土"的问题,《矿产资源法》等法律法规未有明确规定,最早相关规定要追溯至《国土资源部关于开山凿石、采挖砂、石、土等矿产资源适用法律问题的复函》(以下简称"190号复函"),该文明确规定,建设单位因工程施工而动用砂、

石、土，但不将其投入流通领域以获取矿产品营利为目的，或就地采挖砂、石、土用于公益性建设的，不办理采矿许可证，不缴纳资源补偿费。对于建设单位在上述范围内采挖砂、石、土进行销售或用于其他工程建设项目的，必须依法办理采矿登记手续并缴纳矿产资源补偿费。需在工程建设项目批准占地之外范围开采砂、石、土用于上述公益性建设的，以营利为目的开采上述及其他矿产资源的单位、个人，均应按照矿产资源法及其配套法规的有关规定办理采矿登记手续，领取采矿许可证。

从190号复函来看，工程项目范围内"采挖砂、石、土"是否办理采矿证和缴纳矿产资源补偿费，主要分为以下几种情形：

一是建设单位因工程施工"采砂"且不流通获利，或就地采砂用于公益性建设的不需要办理采矿许可证，不缴纳资源补偿费。2023年4月10日，自然资源部发布《自然资源部关于规范和完善砂石开采管理的通知》，该通知明确规定："经批准设立的能源、交通、水利等基础设施、线性工程等建设项目，应按照节约集约原则动用砂石，在自然资源部门批准的建设项目用地（不含临时用地）范围内，因工程施工产生的砂石料可直接用于该工程建设，不办理采矿许可证。"结合法律实务，"因工程施工"和"就地"是指在工程建设项目批准用地范围内，因工程需要动用或采挖砂、石、土用于本工程建设。"异地"是指在工程建设项目批准用地之外范围。

二是建设单位在工程建设项目批准占地范围外开采砂、石、土用于上述公益性建设的，应按规定办理采矿许可证，并缴纳相应的税费。

随着基础设施建设的不断发展，各省市也陆续出台了地方性规范文件，如广东省于1998年11月27日发布的《广东省采石取土管理规定》，江西省于2006年9月22日发布的《江西省采石取土管理办法》，以及后续各省市发布的一些政策文件，如《贵州省人民政府办公厅关于加强砂石土资源开发管理的通知》《海南省砂石土矿产资源管理若干规定》等，关于建设工程项目采砂有了进一步规定。

（2）工程项目砂石自建自用"富裕"部分不可变相销售

建筑用砂石土资源是基础性矿产资源，工程建设项目采挖出来的砂石土资源属国家所有，不因其所依附土地的所有权或者使用权的不同而改变，这是基本原则。现实中，有很多项目存在砂石"富余"的情况，那么针对"富余"部分是否可以对外销售呢？

2019年12月17日，自然资源部印发的《关于探索利用市场化方式推进矿山生态修复的意见》规定，对地方政府组织实施的历史遗留露天开采类矿山的修复，因削坡减荷、消除地质灾害隐患等修复工程新产生的土石料及原地遗留的土石料，可以无偿用于本修复工程；确有剩余的，可对外进行销售，由县级人民政府纳入公共资源交易平台，销售收益全部用于本地区生态修复，涉及社会投资主体承担修复工程的，应保障其合理收益。土石料利用方案和矿山生态修复方案要在科学评估论证基础上，按"一矿一策"原则同步编制，经县级自然资源主管部门报市级自然资源主管部门审查同意后实施。

2020年3月25日，国家发展改革委、工业和信息化部等15部门印发的《关于促进砂石行业健康有序发展的指导意见》规定，对经批准设立的工程建设项目和整体修复区域内按照生态修复方案实施的修复项目，在工程施工范围和施工期间采挖的砂石，除项目自用外，多余部分允许依法依规对外销售。

2021年10月25日，国务院办公厅印发的《关于鼓励和支持社会资本参与生态保护修复的意见》规定，按照生态保护修复方案及其工程设计，对于合理削坡减荷、消除地质灾害隐患等新产生的土石料及原地遗留的土石料，河道疏浚产生的淤泥、泥砂，以及优质表土和乡土植物，允许生态保护修复主体无偿用于本修复工程，纳入成本管理；如有剩余的，由县级以上地方政府依托公共资源交易平台体系处置，并保障生态保护修复主体合理收益。

海南省自然资源和规划厅等6部门发布的《关于规范工程建设项目采挖砂石土资源管理的通知》中提出，工程建设项目在批准的用地红线范围内及施工期间，因工程需要对施工场地进行开挖、掘进、削坡、平整等所产生的砂石土资源，无须办理采矿登记，采挖出的砂石土资源可用于本工程建设项目，剩余砂石土资源由市县政府依法处置，处置收益纳入财政统一管理。

由此可以看出，工程项目采砂原则上只能自用，剩余的由县级人民政府纳入公共资源交易平台处置，项目单位和个人不得擅自对外销售或者变相销售。

第二节　项目融资方式

资金是项目建设最基本的资源，没有资金，项目就无法启动，资金不足，项目就可能中断，资金不及时，项目就可能延期，只有筹集到所需资金，项目才能得以推进。绿色砂石建材项目"投建营"也不例外，砂石企业需要开展对外融资为项目筹集资金。

一、项目融资概述

（一）项目融资的概念

项目融资是项目获取资金的一种融资手段或方式，是以项目的名义筹措一年期以上的资金，以项目运营收入承担债务偿还责任的融资形式。一般情况下，本书中项目融资中的"项目"主要指的是"项目公司"，如无特别说明不包含工程项目。

（二）项目融资的特点

1. 相对独立性

项目公司是独立于发起人的一个经济实体（独立法人），项目公司是融资的主体，通过融资方式获得的资金也是用于项目建设。

2. 现金流导向性

项目融资是以项目本身的现金流量和资产作为融资安排的基础，而不是完全依赖项目的投资者或者发起人的资信。由于是以项目现金流为导向，融资的金额、融资的期限、还款计划均是以项目本身的现金流来确定，所以融资的期限要比普通的贷款期限长，以基础设施领域中的 PPP 项目融资为例，项目贷款期限有的可以长达十年以上。

3. 追索的有限性

在传统公司融资方式下，公司将对项目的全部借款承担全部的还款责任，若项目投资失败，公司将承担连带责任。在项目融资情况下，发起人以认缴资本承担有限责任，项目的大部分资金需要进行融资，项目公司以其财产承担无限责任。在实务中，融资机构发放资金的前提则是要求项目发起人实缴认缴资本，而发起人实缴资本后，若将来项目公司达不到还款目标，若无股东担保，融资机构是无法向发起人进行追索的。

4. 用途的局限性

有别于一般的资金用途，项目通过融资方式所获得的资金主要用于项目建设本身，并要求必须按照项目概算内容或协议约定的用途使用资金，具有很强的限定性，一般会通过账户监管监督项目公司使用资金。一方面有利于实现项目成本最优化，实现价值最大化；另一方面确保项目目标的实现，达到成果性目标。

二、项目融资主要模式

随着市场经济的发展，金融不断创新，项目融资的方式也各种各样，根据不同的标准，项目融资的方式也各不相同。按所筹资金的权益性质不同，可以分为权益性融资和债务性融资；按筹资活动是否通过金融机构，可以分为间接融资（如银行贷款）和直接融资（如发行债券）；按资金取得方式不同，可以分为私募和公募；按资金来源不同，可以分为外部融资和内部融资。

（一）权益性融资和债务融资

1. 权益性融资

权益性融资是指通过股权发行、转让股权等方式进行筹集资金，一般情况下新成立的项目公司股东认缴资本作为项目资本金，即典型的股权融资。权益性融资的优点是不会增加公司的负债，缺点是对股东的资金流要求较高，股东需要筹集资金。

2. 债务性融资

债务性融资也叫债权融资，是指企业通过借钱的方式进行融资，债权融资所获得的资金，企业首先要承担资金的利息，另外在借款到期后要向债权人偿还资金的本金。简单地讲，债务性融资就是向银行等金融机构借钱，在资产负债表上体现债务的一种融资方式。债务性融资优点是手续简便，成本相应较低，但是一般需要担保，增加企业的资产负债率。

（二）外部融资和内部融资

1. 外部融资

外部融资是指企业从外部渠道筹集资金的方式。它主要包括银行贷款、股权融资、债券发行、商业信用等融资方式。外部融资的优势在于能够快速筹集大量资金，支持企业的扩张和发展。然而，其也可能增加企业的财务风险，如利率波动、偿债压力等，并可能影响企业的控制权和经营决策。

2. 内部融资

内部融资则是指企业利用自身经营活动中产生的资金来进行再投资或扩大生产规模的方式。内部融资的主要来源包括留存收益、折旧与摊销、应收账款管理等。内部融资的优势在于其成本相对较低，且不会增加企业的财务风险。此外，内部融资还能保持企业的独立性和控制权。但内部融资具有局限性，其规模可能受到企业经营状况和盈利能力的限制，有时可能无法满足企业快速发展的需求。

三、绿色砂石建材项目融资模式的选择

1. 项目融资方式选择考量因素

资金是企业经营和存续的血液，缺乏资金的项目将难以为继，项目融资的方式多种多样，但是哪些融资方式才适合自己的项目，或者说通过哪种项目才能有效融资，影响因素诸多。有的与项目本身的性质、现金流、投资方相关，有的与外部因素如政策、融资机构、融资成本、融资期限等有密切的关系，简单来讲：

（1）项目效益

企业以营利为目的，项目融资也是为了企业实现盈利，这是企业的本质，项目效益越好，项目融资的可融性就越强。对于投资人而言，项目效益越好、利润越高，获得满意的投资收益率，就越有投资的意向。同理，对于资金提供方而言，项目的效益越好，项目的回款就越稳定、期限越短，抗风险的能力也就越强，就更愿意提供资金。因此，项目的效益是项目融资首要考量的因素。

（2）项目资金结构

做项目就会需要资金，只不过这些资金是投资人自有资金或是通过融资的资金，但往往是二者相结合，即投资人发起公司注入一定比例的项目资本金作为项目的启动资金，项目成立后再向金融机构进行融资。项目资金结构是指项目各种资金的构成比例关系，即项目资本金与债务资金相互成比例。项目资本金比例高，则需要的外部资金较少，相反项目就需要大量的外部融资。当然，资本金的比例也在一定程度上决定了融资的规模。

（3）项目发起人

项目发起人在项目融资中扮演着至关重要的角色，他们是项目的推动者和主要决策者，通常负责项目的初始构思、策划和资金筹措。发起人的信誉、经验和实力对项目能否成功获得融资以及项目的长期运营都是重要的考虑因素。而在实际过程中，发起人的身份性质、所处行业领域、政商关系同样也是影响项目融资的重要因素。

（4）现金流

现金流是项目融资中的核心要素之一。稳定且可预测的现金流是确保项目能够持续运营并按时偿还贷款的关键。在项目融资中，投资者和金融机构最关注的是项目的现金流情况，他们希望看到项目能够产生足够的现金流来覆盖运营成本、偿还债务，并为投资者提供合理的回报。

（5）担保安排

担保安排是项目融资中的重要环节，其能够为投资者和金融机构提供一定的风险保障。担保可以多种形式存在，如抵押、质押或第三方保证等。在项目融资中，担保安排通常用于确保贷款的偿还。如果项目方无法按时偿还贷款，投资者或金融机构可以依据担保协议采取相应的法律措施来保护自己的权益。因此，担保安排能够降低投资风险并增强投资者信心。同时，担保安排还能够提高项目的信用评级，从而有助于项目方以更低的成本获得融资。一个强有力的担保能够为项目方争取到更优惠的贷款条件和利率。

2. 绿色砂石建材项目融资模式的选择

在实务中，绿色砂石建材项目可以选择的融资渠道和金融工具种类繁多，需要根据项目规模、建设周期、行业周期等因素，灵活运用各种融资模式，构建项目全生命周期综合金融成本低、资金保障实、融资风险少的最优模式。

尽管在理论上融资模式各种各样，但是在实际操作中，绿色砂石建材新项目主要采用资本金注入、银团贷款、融资租赁等几种模式。

四、绿色砂石建材项目典型融资模式案例

（一）银团贷款

1. 银团贷款概述

根据国家金融监督管理总局发布的《银团贷款业务管理办法》（2024年征求意见稿）规定，银团贷款是指由两家或两家以上银行基于相同贷款条件，依据同一贷款协议，按约定时间和比例，通过代理行向借款人提供的本外币贷款或授信业务。

银团贷款是银行贷款业务的一种重要模式，实质上是组合贷，多家银行提供资金支持，具有资金额大、期限长的特点。作为一款具有较强市场标准、分散信贷风险的产品，银团贷款近年来得到监管部门高度重视，先后出台了多项支持政策。

2011年8月，中国银行保险监督管理委员会（以下简称"银保监会"）发布《银团贷款业务指引》，明确指出大型集团客户、大型项目融资和大额流动资金融资鼓励采取银团贷款方式。

2015年8月，银保监会和国家发展改革委联合印发《关于银行业支持重点领域重大工程建设的指导意见》，明确指出鼓励银行业金融机构实施银团贷款，分别从支持重大工程项目建设和分散信贷风险的角度，进一步强调了加大银团贷款供给的重要性和紧迫性。

2024年3月22日，国家金融监督管理总局发布《银团贷款业务管理办法》（2024年征求意见稿），进一步加强银团贷款的管理。

2. 银团贷款具体模式

（1）分组银团贷款模式

分组银团贷款是指银团成员不同种类通过贷款分组，在同一银团贷款合同中向客户提供不同期限或者不同种类贷款的银团贷款操作方式。国内分组银团贷款模式最为常见，主要是由于国内各银行在贷款的审批政策、规模控制、利率等方面存在较大不同，各家银行较难采用统一的贷款审批条件对某一借款人提供授信。在分组银团贷款的模式下，分组也有所限制，根据《银团贷款业务管理办法》（2024年征求意见稿）第十六条要求，分组银团贷款一般不超过三个组别，且各组别原则上有两家或者两家以上银行参加。

银团贷款中分组较为常见的是因为个别利率、账期有所差异，一般会把相同条件的银

行放在同一组，通过不同的组合，合理安排资金规模和账期，从而达到融资的目的。

银行的贷款种类很多，而企业不同阶段或基于不同用途贷款的方式也有所不同，我们通常见到的有固定资产贷款、流动性支持贷款等。在项目融资过程中，项目启动可能需要项目贷，而在生产运营中可能需要信用贷或者流动性支持贷款，因此在银团贷款过程中，有时会根据企业需要将不同种类的贷款进行组合，合理安排资金。

（2）分层级银团贷款模式

分层级银团贷款模式主要是针对特大型项目融资或是特大型企业项目融资所提供的一种融资工具。在分层级银团贷款模式中，通常采取总银团＋子银团的模式，即所有的银行与借款人共同签署一份总的银团贷款合同，对所有项目均适用的贷款条件和安排进行约定，并在总银团贷款合同下对子银团贷款安排进行约定。再由对同一个项目提供融资的贷款人与借款人按照总银团贷款合同的约定签署子银团贷款合同，对该项目的特别安排进行约定。

（3）参与型银团模式

根据2016年中国人民银行办公厅印发的《中国人民银行关于发布〈银团贷款业务技术指南〉行业标准的通知》中发布的《银团贷款业务技术指南》，参与型贷款模式包括资金参与模式与风险参与模式。

资金参与模式是指牵头行及其他贷款人与借款人签订双边贷款合同，牵头行或者其中之一的参贷行（以下简称"授予行"）再与参加行签订参与协议，参加行按照参与份额将款项划入银团或授予行指定的账户，由银团或授予行向借款人发放贷款；参加行与借款人之间没有直接的债权债务关系，仅由授予行在借款人偿还的贷款本息范围内对参与人承担偿还本息的义务。

风险参与模式与资金参与模式类似，但是授予行仅转让全部或部分借款人信用风险，而一般不转让贷款债权。作为承担风险的对家，参与行向授予行收取承担相应风险部分的风险参与费；该模式涉及金融机构间的违约风险，适合贷款规模较小但风险承受能力高的银行。

3. 银团贷款的办理流程

根据《银团贷款业务指引》（2011年修订）规定及《银团贷款业务管理办法》（2024年征求意见稿），以中国建设银行为例[①]，银团贷款的流程大致可分为获取委托、银团筹组和协议执行阶段，各个阶段根据银行政策、融资规模不同所需要的工作也有所不同，主要流程见表2.2-1。

---

① 中国建设银行公司业务／直接银团。

银团贷款主要流程　　　　　　　　　　　　　　　　　　　　表 2.2-1

阶段	流程	工作内容
阶段一：委托	01 发起银团贷款	由借款人或银行发起银团贷款，牵头行应当与借款人谈妥银团贷款的初步条件，并获得借款人签署的银团贷款委托书
阶段二：筹组银团	02 尽调及前洽谈	牵头行应当按照授信工作尽职的相关要求，对借款人或贷款项目进行贷前尽职调查，并在此基础上与借款人进行前期谈判，商谈贷款的用途、额度、利率、期限、担保形式、提款条件、还款方式和相关费用等
	03 编制银团信息备忘录	银团贷款信息备忘录内容主要包括：银团贷款的基本条件、借款人的法律地位及概况、借款人的财务状况、项目概况及市场分析、项目财务现金流量分析、担保人和担保物介绍、风险因素及避险措施、项目的准入审批手续及有资质环保机构出具的环境影响监测评估文件等。银团贷款信息备忘录由牵头行分发给潜在参加行，作为潜在参加行审贷和提出修改建议的重要依据
	04 聘用中介机构编写资料并进行合规性论证	为提高银团贷款信息备忘录等银团贷款资料的独立性、公正性和真实性，牵头行可以聘请外部中介机构如会计师事务所、资产评估事务所、律师事务所及相关技术专家负责评审编写有关信息及资料、出具意见书
	05 发出邀请函	牵头行与借款人协商后，向潜在参加行发出银团贷款邀请函，并随附贷款条件清单、信息备忘录、保密承诺函、贷款承诺函等文件
	06 潜在性决定是否参加	收到银团贷款邀请函的银行应按照"信息共享、独立审核、自主决策、风险自担"的原则，在全面掌握借款人相关信息的基础上作出是否参加银团贷款的决定。银团贷款信息备忘录信息不能满足潜在参加行审批要求的，潜在参加行可要求牵头行补充提供相关信息、提出工作建议或者直接进行调整
	07 通知各银团成员贷款份额	牵头行应根据潜在参加行实际反馈情况，合理确定各银团成员的贷款份额。在超额认购或认购不足的情况下，牵头行可按事先约定的条件或与借款人协商后重新确定各银团成员的承贷份额
阶段三：协议执行	08 签署协议和提款	拟订并签署贷款合同，落实提款先决条件后可支用贷款，同时，代理行按约定进行贷款管理

4. 安徽某石灰岩砂石建材项目银团贷款融资模式

2016 年某砂石建材项目公司通过竞拍取得安徽某灰岩矿采矿权，建设期约 2 年，运营期约 30 年。项目配套建设"矿山开采加工系统""物流廊道运输系统""码头堆存装船系统"等工程，总投资近 100 亿元，是全国最大的砂石骨料生产基地，产品主要是建筑用砂石骨料、机制砂等。

2017 年，在贯彻五大新发展理念大背景下，大批环保不达标或是审批手续不齐全的砂石矿山企业被关停，大量非法码头被取缔，砂石骨料供不应求，市场行情大好。

2018 年 5 月，中国工商银行安徽省分行、中国农业银行安徽省分行、中国建设银行安徽省分行、中国银行安徽省分行、徽商银行池州分行、中国民生银行合肥分行 7 家参团银行与某砂石建材项目公司签订银团贷款协议。某砂石建材项目公司以项目投产后预期产生的净现金流量作为还款来源，采用银团贷款方式解决项目建设资金问题。

（二）融资租赁

1. 融资租赁概述

在国际上，融资租赁是最普遍、最基本的非银行金融形式。其是指出租人根据承租人对租赁物的特定要求和对供货商的选择，出资向供货商购买租赁物，同时出租人与承租人签订租赁合同，将租赁物租给承租人使用，承租人则分期向出租人支付租金。融资租赁目的主要是满足承租人资金融通的需要，出租人仅按照承租人对租赁物的特定要求和对供货商的选择，以"融物"的形式给承租人提供融资便利。

2. 融资租赁模式

实践中，融资租赁常见的融资租赁模式主要有：直接融资租赁、售后回租和其他融资租赁方式。其他租赁方式主要包括转租赁、杠杆租赁、合成租赁等，主要分类见表2.2-2。

融资租赁模式分类 表 2.2-2

业务类型	交易结构
直接融资租赁	承租人通过指定设备和厂家的方式让出租人融资购买设备，后将设备交由出租人使用并收取租金，租赁期满后出租人转移设备的所有权方式
售后回租	承租人将自制或外购资产出售给出租人，然后向出租人租回并使用
委托租赁	出租人接受委托人的资金或租赁标的物，根据委托人的书面委托，与委托人指定的承租人办理融资租赁业务
转租赁	以同一租赁物为标的物而进行多次融资租赁。在转租赁业务中，上一租赁合同的承租人同时又是下一租赁合同的出租人，转租人向其他出租人租入租赁物件再转租给第三人，转租人以收取租金差为目的
经营性租赁	承租人基于规避设备存在的风险、表外融资、利用税收优惠政策等原因，而将租赁物的风险与收益转嫁给出租人
杠杆租赁	由某家融资租赁机构牵头，成立一个脱离融资租赁公司主体的机构，注资20%以上的资金，其他80%的资金来源于银行或社会闲散资金，为租赁项目融资
风险租赁	出租人以租赁债权和投资的方式将设备出租给承租人，以获得租金和股东权益收益作为投资回报
三三融资租赁	承租人的首付款不低于租赁标的价款的30%，余款在不长于租期一半的时间内分期支付租赁公司所需融资款总额的30%
融资性经营租赁	在融资租赁计算租金时留有超过10%的租赁物余值，租期结束后，承租人对租赁物可以选择续租、退租、留购
项目融资租赁	承租人以项目本身的财产及收益为保证，与出租人签订融资租赁合同，出租人放弃对承租人项目以外的财产和收益追索权，租金的收取只能以项目的财产及收益来确定
销售式租赁	设备生产商或流通部门以自己所属或控股的租赁公司来进行融资租赁，以期许销售自己的设备
合成租赁	租赁公司除了提供金融服务外，还提供企业运营管理、资产配套优化、其他投融资等服务，为企业打造全方位的租赁服务方式
百分比租赁	出租人实际参与了承租人的经营活动，由承租人向出租人缴纳一定的租金后，剩余租金按承租人营业收入比例提取

3. 典型融资租赁交易结构

最基本的融资租赁模式一般涉及三方主体，有两大基础合同。三方主体包括出租人、承租人和供货人，两大合同则是融资租赁合同和获取标的物所有权合同。在一个典型的交易过程中，承租人选择租赁物和供货人，出租人据此购买租赁物，出租给承租人，这是融资租赁交易行为的基本架构，基本交易结构见图2.2-1。

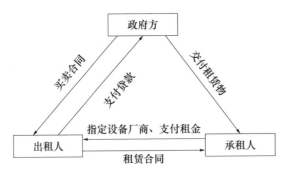

图 2.2-1　融资租赁基本交易结构

在融资租赁基本模式的基础上，演变出多种更复杂、高级的融资产品，比如杠杆租赁、项目租赁、风险租赁、资产证券化等。这些新产品牵涉的主体更加多元，导致融资租赁交易中的法律关系更加复杂，然而基本的融资租赁合同法律关系的性质并未因此而发生根本性变化，其主体仍为出租人和承租人。当前，我国融资租赁企业的主要业务模式为售后回租，在其他国家被普遍采用的较为复杂或更加高级的融资租赁业务模式在国内数量较少。

4. 青海省某石灰岩砂石建材项目融资租赁案例

青海省某石灰岩砂石建材项目，总投资12000万元，占地33333m^3，建设砂石骨料生产线2条，配套建设环保、安全、供电等附属设施。项目以矿山废石为原料，采用破碎、分选等工艺，年产600万t砂石骨料，主要用于建筑、铺路等。由于项目资金短缺，某砂石建材项目公司砂石骨料生产线设备采购拟采用融资租赁方式融资。

2019年8月2日，上海某融资租赁公司（以下简称"租赁公司"）与某砂石建材项目公司签署了《融资租赁协议》，协议约定：租赁公司依据某砂石建材项目公司制定的选择购买砂石骨料破碎设备，租赁公司将购买的设备通过融资租赁的方式提供给某砂石建材项目公司某砂石骨料生产线使用，租金按租金支付表约定的期限和金额支付。同时，某砂石建材项目公司的股东B公司提供担保，认可租赁协议的约定并承担连带保证责任。

项目投产后，由于砂石行业行情较好，某砂石建材项目公司现金流较充足，2023年5月，某砂石建材项目公司提前偿还融资的租赁款。

（三）信托

1. 信托概述

信托，作为一种特殊的财产管理制度和法律行为，其核心理念是"受人之托，代人理财"，即信托公司作为受托人向社会投资者发行信托计划产品，为需要资金的企业募集资金，信托公司将其募集资金投入需要资金的企业，需要资金的企业再将融入的资金投入相应的项目中，由其产生的利润（现金流）支付投资者信托本金及其红利（利息）。

信托融资是一种基于信任关系的融资方式，是间接融资的一种方式，企业通过金融机构的媒介，由最后信托公司向最后贷款人进行的融资活动。砂石建材项目本质上属于矿山投资项目，具有高投入、高风险、高回报的特点，因此在建设、运营过程中需要大量的资金，相比其他融资方式，信托融资具有条件限制少、方式灵活的特点。

2. 信托融资的特点

信托融资是指委托人基于对受托人的信任，将其财产权委托给受托人，由受托人按委托人的意愿以自己的名义，为受益人的利益或特定目的，对信托财产进行管理和处分的行为。这一融资方式具有以下显著特点：

（1）灵活性

信托融资能够根据融资方的具体需求，制定个性化的融资方案，满足不同的融资条件和期限要求。

（2）低成本

相比其他融资方式，信托融资有时能够提供更低的融资成本，特别是对于那些难以通过传统渠道获得资金的项目或企业。

（3）风险隔离

信托财产具有独立性，能够有效隔离委托人的其他财产风险，为融资方和投资者提供一定程度的保障。

（4）资金来源多元化

信托公司可以通过发行信托产品广泛吸纳社会资金，为融资方提供多元化的资金来源。

3. 信托融资模式

信托融资有资金信托贷款、股权信托、债权信托、受益权转让信托、融资租赁信托等多种运用方式，矿产资源项目信托融资从投资方式来看，大致可分为贷款型、股权型、权益型及组合型，最常见的基本模式主要是贷款模式和股权模式，同时存在贷款模式和股权模式并存的混合模式。

(1)贷款模式

信托贷款模式本质上是一种非银行贷款方式,在矿企信托贷款中仍然需要相应的担保,一般采取矿权抵押和股权抵押方式,最终矿企还本付息,信托贷款模式具有周期短、成本低的特点。由于不需要银行授信,所以该模式成为中小型砂石骨料企业较为热衷的一种有效方式,但该模式的缺点也比较突出,容易推高矿企的资产负债率。信托贷款模式交易结构见图2.2-2。

图2.2-2 信托贷款模式交易结构

(2)股权模式

信托股权融资模式本质上属于股权融资,也是一种间接融资方式。首先信托公司对项目公司进行尽调并对项目进行评估,信托公司完成内部程序后采用股权收购或是增资扩股的方式进入项目公司增加资本公积,信托公司会根据项目公司管理需求以股东方的名义向项目公司派驻董事、监事或高级管理人员,同时双方约定在一定期限内由股东或是项目公司、第三方进行股权回购从而实现退出。信托股权模式的优点是表外融资,不会推高企业的资产负债率,但是周期长、成本高,对投资方的风险管控要求较高。信托股权融资模式交易结构见图2.2-3。

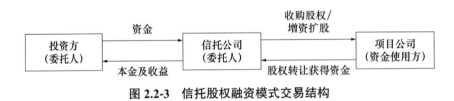

图2.2-3 信托股权融资模式交易结构

4. 浙江省余姚市某砂石建材项目信托融资案例

随着环保监管力度日益加大以及基础设施建设和房地产市场不断发展,砂石骨料作为建筑行业的基础原材料,砂石骨料市场需求持续增长。

为满足市场需求,实现资源有效利用,当地一家实力雄厚的建材企业A公司计划投资建设一条砂石骨料生产线。然而,A公司在自有资金不足以支撑全部项目投资的情况下,决定通过信托融资的方式筹集资金,融资方案如下:

(1)融资主体

项目方A公司引入当地知名的信托公司(以下简称"受托人")制定砂石建材项目集合资金信托计划(以下简称"信托计划")。

（2）融资规模

信托计划总规模为人民币 2 亿元，分期发行，每期募集资金不低于 5000 万元。

（3）融资期限

信托计划期限为 2 年，到期后可根据实际情况选择续期或终止。

（4）预期收益

根据市场情况，设定合理的预期年化收益率，吸引投资者参与。

（5）还款来源

项目方承诺以砂石建材项目的销售收入、利润及其他合法收入作为信托计划的本金和收益还款来源。

（6）风险防范措施

受托人对项目方的经营情况、财务状况及砂石建材项目的可行性进行详细的尽职调查，确保项目的真实性和可靠性。

项目方将其持有的砂石采矿权、生产线设备等核心资产抵押给受托人，为信托计划提供增信措施。

受托人设立专门的监管账户，对募集资金的使用严格监管，确保资金专款专用。

受托人定期对项目方的经营情况、财务状况及砂石建材项目的进展跟踪检查，及时发现并解决潜在风险。

通过信托融资的成功实施，A 公司顺利筹集到砂石建材项目所需的建设资金。随着砂石建材项目的顺利推进和投产，项目方实现了良好的经济效益和社会效益，也为投资者带来稳定的投资回报。

第三章

矿业权设立与取得

第一节 矿业权概述

一、矿业权的相关概念

(一) 矿业权

矿业权是指民事主体经过法定程序,在已经办理授权登记手续的特定矿区范围进行矿产资源的勘查、开采,获取矿产资源用以出售获取利益,排除他人干扰的权利。[①]

根据《矿业权出让转让管理暂行规定》第三条规定,探矿权、采矿权为财产权,统称为矿业权,适用于不动产法律法规的调整原则。依法取得矿业权的自然人、法人或其他经济组织称为矿业权人。矿业权人依法对其矿业权享有占有、使用、收益和处分的权利。在我国矿业权由探矿权和采矿权组成。

(二) 探矿权

探矿权作为矿业权的组成部分,是由矿产资源所有权派生出来的权利之一。探矿权是在依法取得的勘查许可证规定的范围内勘查矿产资源的权利。这种权利使得探矿权人可以在指定的区域内进行矿产资源的勘查工作,以确定该区域是否存在具有经济价值的矿产。

(三) 采矿权

在我国,采矿权又称为矿产资源使用权,是指符合法律、行政法规的民事主体,经过法定程序取得一定范围内的矿产资源开发利用的权利。采矿权是矿业活动的法律基础,其核心在于明确权利人对特定矿区矿产资源开采与利用的权利。根据《矿产资源法实施细则》第六条第2款规定,采矿权是指在依法取得的采矿许可证规定的范围内,开采矿产资源和获得所开采的矿产品的权利。取得采矿许可证的单位或者个人称为采矿权人。

---

① 崔建远. 物权法 [M]. 北京:中国人民大学出版社,2021,389-398。

二、矿业权法律关系

探矿权是采矿权得以实现的前置性权利，而采矿权则是实现探矿权最终目的的手段，二者密切联系。矿业权法律关系的内容包含探矿权和采矿权两个方面，是指由矿业权设立（获取）、变更、转让、消灭等行为所引发的一系列权利义务关系。矿业权作为一种特殊物权，其法律关系的构成较为复杂，涉及行政许可与合同双重属性，以及公法与私权的交叉管理。

（一）矿业权的主体要件

矿业权的主体要件主要涉及具有法律资格的法人或其他组织，这些主体需要符合特定的资质要求，能够独立承担民事责任，并具备进行矿业活动的相关条件。《矿产资源法》第三条第4款规定，从事矿产资源勘查和开采的，必须符合规定的资质条件。第十五条规定，设立矿山企业，必须符合国家规定的资质条件，并依照法律和国家有关规定，由审批机关对其矿区范围、矿山设计或者开采方案、生产技术条件、安全措施和环境保护措施等进行审查；审查合格的，方予批准。

《矿产资源法实施细则》第十一条至第十四条规定，我国分别对国有企业、集体企业、私人企业、个人开办矿山企业有着不同的设立条件，设立矿山企业的前提是必须要满足法律规定的资质要求，同时必须接受相关行政主管部门的审核批准与登记。

从事矿产资源的勘查、开采工作，面临的最大问题是矿产资源多数时候都是隐埋于地下，而地下的地质条件对于矿产的勘查、开采产生了重大的限制。一方面从地质条件来说，矿产资源通常具有隐蔽性，分布不均衡，埋藏深，有些矿产通常附带伴生矿，比如油气资源，通常情况下都是油气水"三相伴生"，存在高压、易燃易爆等自然属性。另一方面则是矿产的勘查、开采工作受制于复杂的自然地质条件，尤其是地下矿山，由于是在深入地下的井下作业，高温高湿，且作业面受制于自然条件，作业场所狭窄，面临塌方、地下暗河、有毒有害气体的威胁，安全生产的潜在威胁因素多，必要投入的资金规模大、技术水平高。基于矿山企业的高投入、高技术水平以及高风险等特征，我国法律对矿山企业的规制要更为严格，有着明确的资质要求，成立矿山企业，必须满足相应的资质条件。

《矿产资源法实施细则》第五章专门针对集体所有制矿山企业、私营矿山企业和个体采矿者作出明确规定，既是对这些矿产资源开发者利益进行合法权益保护，同时通过设置相关责任与义务对其权利作出一定程度的限制。根据该章第三十七条至第四十一条规定，矿业权主体之间在我国的法律地位并不平等，国家出于对国计民生的考虑，对于一些价值更大，关系到国家安全和战略需求的矿产，由国有企业负责勘查、开采。[①]

2023年自然资源部发布的《自然资源部关于进一步完善矿产资源勘查开采登记管理的通知》规定：非油气探矿权人原则上可以是营利法人，也可以是非营利法人中的事业单位法人。油气（含石油、烃类天然气、页岩气、煤层气、天然气水合物）探矿权人原则上应当是营利法人。依法向国家相关机关提出探矿权申请，经机关审批之后取得国家授予的勘查许可证，在证书登记的范围和期限内，按照批准的矿产种类进行矿产资源的勘查。该通知与《矿产资源法实施细则》第六条第2款截然不同，将个人从探矿权申请人中剔除。

总的来说，在深入探讨了矿业权主体要件的多维度信息后，为确保矿业权市场的健康发展，还需重点关注如下几个关键点：

一是必须加强矿权主体资质的审核，确保每一个进入市场的主体都能满足法律法规的要求。

二是应当促进矿业权交易的透明度，通过建立和完善统一的交易平台和信息发布系统，让矿业权交易更加公正、公平和公开。

三是需要提升矿业权主体的社会责任感，鼓励其在追求经济效益的同时，注重生态环境保护和履行其他社会责任。

（二）矿业权的客体要件

矿业权的客体要件主要涉及矿产资源本身，包括其合法性、确定性、安全性和可持续性等要素。这些要件确保了矿业权所指向的具体资源对象符合国家法律规范，且能够在不破坏环境的条件下被合理利用。

1. 矿产资源的合法性

（1）法律认可。矿产资源必须依法登记在册，其开发和利用需获得相关行政主管部门的批准。未经法定程序认定的矿产资源不能成为矿业权的对象。

（2）权利清晰。矿产资源的权属关系应当明确无误，不存在权属争议或重叠现象，这是矿业权交易和行使的前提条件。

2. 矿产资源的确定性

（1）范围明确。矿产资源的地理位置、范围和规模应当具体明确，确保矿业权人能够在特定的区域内进行勘查和开采活动。

（2）储量可靠。矿产资源的储量和质量应当经过专业评估，数据真实可靠，以便矿业

---

① 崔建远，物权法［M］. 北京：中国人民大学出版社，2021，412-413。

权人据此作出投资决策和开发计划。

3. 矿产资源的安全性

（1）安全生产。矿业权所涉及的矿产资源应具备安全生产的基本条件，包括地质条件稳定、不处于自然保护区或禁止开发区等敏感区域。

（2）环境影响。在矿产资源的开发利用过程中，必须考虑其对环境的潜在影响，采取有效措施以减少对生态环境的破坏。

4. 矿产资源的可持续性

（1）节约利用。矿业权人在开发矿产资源时，应当遵循节约原则，采取科学合理的方法提高资源利用率，避免资源的浪费。

（2）综合利用。鼓励矿业权人进行矿产资源的综合利用，即在开采主要矿产的同时，合理开发和利用共生、伴生的矿产，以提高资源利用效率。

（三）矿业权的内容

矿业权的内容主要涉及探矿权和采矿权的授予、行使以及相关的管理活动，包括权利的获取、行使、转让及管理等一系列经济活动的规则和条件。具体来说，矿业权的内容涵盖以下几个方面：

1. 矿业权的授予与取得。矿业权的授予与取得主要是指矿业权的出让过程，是国家作为矿产资源的所有者代表，通过招标、拍卖、挂牌等方式向符合条件的申请人授予矿业权的过程。矿业权人在竞得矿业权后依法办理相关审批登记，最终取得矿产资源勘查与开采的权利。

2. 矿业权的行使。矿业权人享有一系列权利，如排他性的占有权、开采权、销售矿产品的权利等。同时矿业权人也需要承担相应的义务，如缴纳矿业权使用费、依法合理开采矿产资源、保护环境和接受监督管理等。

3. 矿业权的转让与管理。矿业权可以根据法定程序转让给他人。转让过程中应保证权利的清晰、合法，防止非法交易和市场的无序竞争。

第二节　矿业权出让

一、矿业权出让的相关概念

（一）矿业权出让的定义

矿业权出让是指国家将探矿权和采矿权通过法定程序授予符合条件的申请人的过程。

自然资源部于2023年颁行《矿业权出让交易规则》，其明确矿业权出让交易是指县级以上人民政府自然资源主管部门和新疆生产建设兵团所属自然资源主管部门出让矿业权的行为。

在我国，最先对矿业权出让作出定义的规范性文件是国土资源部于2000年颁行的《矿业权出让转让管理暂行规定》，其第四条规定，矿业权出让是指登记管理机关以批准申请、招标、拍卖等方式向矿业权申请人授予矿业权的行为。但2023年发布的《矿业权出让交易规则》专门规定，全面推进矿业权竞争性出让，除协议出让等特殊情形外，矿业权一律按照《矿业权出让交易规则》以招标、拍卖、挂牌方式公开竞争出让。由此可见，申请在先的形式已不符合现行规范性文件要求。

（二）矿业权出让主体

《矿业权出让交易规则》规定，矿业权出让交易主体是指依法参加矿业权出让交易的出让人、受让人、投标人、竞买人、中标人和竞得人。

1. 出让人。即国家自然资源主管部门。作为矿产资源的所有者，国家通过其授权的自然资源部门负责制定和执行有关矿业权出让的政策和法规，确保交易的公开、公平、公正。这些部门负责矿业权的出让工作，确保矿业权交易符合国家的相关法律法规，同时维护国家权益和矿业权人合法权益。

2. 受让人。按照我国现行法律规范，受让人是指符合探矿权、采矿权申请条件或者受让条件，并且能够独立承担民事责任的法人。这说明只有具备一定资质和能力的实体才能参与到矿业权的出让中来，从而确保矿业权开发利用的专业性和安全性。

受让人有权在获得许可的区域内进行矿产的勘探和开采活动，其同时需遵守相关法律规定，合理利用资源，保护环境，当然也享有依法取得收益的权利。

（三）矿业权出让客体

矿业权作为一种特殊的产权形式，其出让行为涉及的客体是探矿权和采矿权。

我国的矿业权其实包含了两层含义，即矿产资源使用权这一权利属性，以及具体的矿产这一资源属性。矿业权的出让是矿产资源管理的重要组成部分，涉及国家对矿产资源的合理开发与保护。矿业权出让客体的规范化管理，有助于维护市场秩序，防止不公平竞争。《矿业权出让交易规则》规定了招标、拍卖、挂牌等交易形式的具体流程和要求，确保了交易的公平性和合法性。通过规范矿业权出让行为，可以有效避免资源浪费和生态破坏，推动矿产资源开发走向可持续性发展道路。

（四）矿业权交易平台

矿业权交易平台是指依法设立的，为矿业权出让、转让提供交易服务的机构。《矿业权出让交易规则》规定，矿业权出让应当依照国家有关规定通过公开的交易平台进行交易，并纳入统一的公共资源交易平台体系。交易平台应当按照本规则组织矿业权交易，全面推行和实施电子化交易，优化交易管理和服务，自觉接受自然资源主管部门的监督和业务指导，加强自律管理，维护市场秩序，保证矿业权交易公开、公平、公正。

地方自然资源主管部门需要进行招标、拍卖、挂牌出让矿业权的，应当按照出让登记管理权限，在同级交易平台或者自然资源主管部门委托的交易平台中进行。自然资源部出让登记权限需要进行招标、拍卖、挂牌出让矿业权的，出让相关工作由自然资源部委托省级自然资源主管部门组织交易平台实施。矿业权作为一种特殊的产权形式，其出让和交易涉及国家资源的合理开发与保护。为此，建立专门的交易平台，规范交易行为，确保交易的公开、公平和公正，是资源管理和市场运作的重要环节。

矿业权出让交易平台不仅要自觉接受自然资源主管部门的监督，还要加强自律管理，维护市场秩序。这包括制定和执行严格的交易规则，建立健全监督机制，以及采取随机方式确定评标专家等，以确保交易的公正性和权威性。其不仅提供了一个公开透明的交易环境，减少了暗箱操作的可能性，还通过规范化的流程，提高了交易效率，降低了交易成本，这对于促进矿产资源的合理开发利用和保护具有重要意义。

二、矿业权出让制度

矿业权出让制度是一套旨在规范矿产资源开发利用的法律法规体系，其涉及矿产资源的出让、转让、审批登记管理等。我国的矿业权出让制度主要有以下几个方面。

（一）实行行政许可制度

在我国，探矿权、采矿权出让都需要依照法定程序经过行政许可后方能获取。《矿产资源法》第五条规定，勘查、开采矿产资源，必须依法分别申请、经批准取得探矿权、采矿权，并办理登记。《矿产资源法实施细则》第五条规定，国家对矿产资源的勘查、开采实行许可证制度。勘查矿产资源，必须依法申请登记，领取勘查许可证，取得探矿权；开采矿产资源，必须依法申请登记，领取采矿许可证，取得采矿权。

1. 探矿权授予主体

《矿产资源勘查区块登记管理办法》规定，矿产资源的勘查许可授予主体为国务院地质矿产主管部门和省、自治区、直辖市人民政府地质矿产主管部门两级。

2. 采矿权授予主体

《矿产资源开采登记管理办法》规定，矿产资源的开采许可由国务院，省、自治区、直辖市，市，县四级地质矿产主管部门审批登记，并颁发采矿许可证。其中，矿区范围跨县级以上行政区域的，由所涉及行政区域的共同上一级管理机关审批登记，颁发采矿许可证。

（二）实行信息化登记制度

矿产资源信息化登记制度是一项通过信息技术手段对矿产资源的勘查、开发利用等情况进行登记管理的制度。在传统的矿产资源管理模式中，信息传递、更新和共享存在一定的局限性，这可能导致资源配置效率低下，难以实现资源的合理利用和有效保护。为解决上述问题，矿产资源信息化登记制度应运而生，其依托现代信息技术，如地理信息系统（GIS）、数据库管理系统和网络技术等，对矿产资源的相关信息进行采集、存储、管理、分析和应用。

自然资源部于2020年出台了《矿业权登记信息管理办法》。该管理办法出台主要是为了自然资源主管部门获取统一编码、开展服务和实施监测。规定全国勘查许可证号、采矿许可证号实行统一编码制度，以便于更加规范地管理。其中矿业权登记信息系统，是指由自然资源部统一开发、维护、管理，用于自然资源主管部门获取统一编码、公示公开矿业权相关信息的互联网应用程序。

实行矿产资源信息化登记制度的好处：一是实现了信息的实时更新和快速传递。通过建立统一的矿产资源信息数据库，各相关部门能够及时准确地获取和更新资源信息，从而作出更为合理的决策。二是提高了资源管理的透明度。公众可以通过信息系统查询矿产资源勘查、开发和利用情况，这不仅有助于公众对资源管理的理解，还能够加强社会监督。三是信息化登记促进了资源的合理配置和高效利用。通过对资源信息的深入分析，可以更好地评估资源潜力,优化资源配置,提高资源利用效率。四是信息化登记加强了对矿产资源的监管能力。利用信息技术手段,可以实现对矿产资源开发利用的全过程监控,及时发现和处理违法违规行为,保护资源和环境。

(三)实行有偿使用制度

《矿产资源法》第五条明确规定了国家实行探矿权、采矿权有偿取得制度。矿产资源有偿使用制度是指矿产资源的使用者需向国家支付一定的费用,以获得矿产资源勘查、开发和利用的权利。这种制度的实施是为了体现国家对矿产资源的所有权,以及促进资源的合理开发和有效利用。2023年财政部、自然资源部、国家税务总局联合印发的《矿业权出让收益征收办法》(以下简称"《征收办法》")第二条规定,矿业权出让收益是国家基于自然资源所有权,将探矿权、采矿权出让给探矿权人、采矿权人而依法收取的国有资源有偿使用收入。矿业权出让收益包括探矿权出让收益和采矿权出让收益。

《征收办法》规定了矿业权出让收益的征收原则、征收对象、征收方式、费用用途及监督管理等主要内容。

1. 征收原则。矿业权出让收益的征收主体原则上按照矿业权属地征收。矿业权范围跨市、县级行政区域的,具体征收机关由相关省(自治区、直辖市、计划单列市)税务部门会同同级财政、自然资源主管部门确定;跨省级行政区域,以及同时跨省级行政区域与其他我国管辖海域的,具体征收机关由国家税务总局会同财政部、自然资源部确定。矿业权出让收益为中央和地方共享收入,由中央和地方按照4∶6的比例分成,纳入一般公共预算管理。

2. 征收方式。按竞争方式出让探矿权、采矿权的,在出让时征收竞争确定的成交价;在矿山开采时,按合同约定的矿业权出让收益率逐年征收采矿权出让收益。矿业权出让收益率依据矿业权出让时《矿种目录》规定的标准确定。按协议方式出让探矿权、采矿权的,成交价按起始价确定,在出让时征收;在矿山开采时,按矿产品销售时的矿业权出让收益率逐年征收采矿权出让收益。矿业权出让收益=探矿权(采矿权)成交价+逐年征收的采矿权出让收益。其中,逐年征收的采矿权出让收益=年度矿产品销售收入×矿业权出让收益率。

3. 缴款方式。结合财政部、自然资源部、国家税务总局、人民银行《关于将国有土地使用权出让收入、矿产资源专项收入、海域使用金、无居民海岛使用金四项政府非税收入划转税务部门征收有关问题的通知》的规定,矿业权出让收益由税务部门征缴。其中:按出让金额形式征收的矿业权出让收益,税务部门依据自然资源部门推送的合同等费源信息开具缴款通知书,通知矿业权人及时缴款。矿业权人自收到缴款通知书之日起30日内,按缴款通知及时缴纳矿业权出让收益。分期缴纳矿业权出让收益的矿业权人，首期出让收益按缴款通知书缴纳，剩余部分按矿业权合同约定的时间缴纳。按矿业权出让收益率形式征收的矿业权出让收益，成交价部分以合同约定及时通知矿业权人缴款，矿业权人自收到缴款通知书之日起 30 日内，按缴款通知及时缴纳矿业权出让收益（成交价部分）。按矿业权出让收益率逐年缴纳的部分，由矿业权人向税务部门据实申报缴纳上一年度采矿权出让收益，缴款时间最迟不晚于次年 2 月底。

三、矿业权出让方式

依据《矿业权出让转让管理暂行规定》《探矿权采矿权招标拍卖挂牌管理办法（试行）》《关于进一步规范矿业权出让管理的通知》，探矿权出让的方式包括：招标、拍卖、挂牌、申请在先、协议出让方式，但《关于推进矿产资源管理改革若干事项的意见》（以下简称"《意见》"）明确规定，除协议出让等特殊情形外，矿业权一律按照《矿业权出让交易规则》以招标、拍卖、挂牌方式公开竞争出让。这意味着申请在先的探矿权出让方式已经被废止。采矿权出让方式包括：探矿权转采矿权、招标、拍卖、挂牌、协议出让。《意见》还明确规定严格控制矿业权协议出让。

（一）探矿权出让方式

1. 招标、拍卖、挂牌出让方式

拍卖、挂牌出让方式见表 3.2-1。

拍卖、挂牌出让方式　　　　　　　　　　表 3.2-1

出让方式	拍卖	挂牌
法律依据	《拍卖法》及《矿业权出让交易规则》	《矿业权出让交易规则》
是否公开底价	不公开	公开
报价方式	现场举牌	网上报价
竞买程序	程序相对严格	程序相对简单
参与竞买人数	至少三人	无限制

《探矿权采矿权招标拍卖挂牌管理办法（试行）》规定，探矿权采矿权招标，是指主管部门发布招标公告，邀请特定或者不特定的投标人参加投标，根据投标结果确定探矿权采矿权中标人的活动。招标方式对投标人设置有资质、资金门槛，一般适用于规模大、地质条件复杂的矿产资源的开发利用。

探矿权采矿权拍卖，是指主管部门发布拍卖公告，由竞买人在指定的时间、地点进行公开竞价，根据出价结果确定探矿权采矿权竞得人的活动。该种方式适用于参与竞价者多的矿产资源。

探矿权采矿权挂牌，是指主管部门发布挂牌公告，在挂牌公告规定的期限和场所接受竞买人的报价申请并更新挂牌价格，根据挂牌期限截止时的出价结果确定探矿权采矿权竞得人的活动。该种方式适用于参与矿业权竞买人数可能不多的时候。

2. 协议出让方式

目前我国对协议出让方式进行了严格的条件限制。2017年，中共中央办公厅、国务院办公厅印发《矿业权出让制度改革方案》，首次提出全面推进矿业权竞争性出让，将协议出让的矿产资源严格限制在国务院明确规定的特定勘查开采主体和批准的重点建设项目，以及大中型矿山已设采矿权深部。这说明对于协议出让探矿权已经从原来的5种情形调整为2种，对协议出让的范围进行了严格的限制，其目的是充分发挥市场在资源调配中的作用，以利于矿产资源对经济的促进作用。另外《矿业权出让制度改革方案》中对于协议出让矿产资源的程序和事后的监管作出了更为严格的规定，该方案明确以协议方式出让矿产资源，10年之内矿业权原则上不得转让。且协议出让矿业权必须集体决策，对矿产资源进行价格评估，并对矿业权出让结果进行公示，接受社会监督。

2023年自然资源部发布《自然资源部关于深化矿产资源管理改革若干事项的意见》，文件规定了如下两种情形的协议出让：

（1）稀土、放射性矿产勘查开采项目或国务院批准的重点建设项目，自然资源主管部门可以协议方式向特定主体出让矿业权。自然资源部协议出让矿业权应当征求省级人民政府意见，地方自然资源主管部门协议出让矿业权须报请同级地方人民政府同意。

（2）基于矿山安全生产和矿业权设置合理性等要求，需要利用原有生产系统进一步勘查开采矿产资源（普通建筑用砂石土类矿产除外）的已设采矿权深部或上部、周边、零星分散资源，以及属同一主体相邻矿业权之间距离300m左右的夹缝区域，自然资源主管部门可以直接以协议方式出让探矿权或采矿权。

（二）采矿权出让方式

1. 探矿权转采矿权方式

《矿产资源法》第六条规定，探矿权人有权在划定的勘查作业区内进行规定的勘查作业，有权优先取得勘查作业区内矿产资源的采矿权。此种优先权应是一种排他性的优先权，意味着在同等条件下已进行勘查作业的探矿权人优先于其他竞争者获得采矿权。《矿产资源勘查区块登记管理办法》第十九条规定，探矿权人在勘查许可证有效期内进行勘查时，发现符合国家边探边采规定要求的复杂类型矿床的，可以申请开采，经登记管理机关批准，办理采矿登记手续。《国土资源部关于进一步规范矿业权出让管理的通知》规定探矿权人申请其勘查区块范围内的采矿权，符合规定的，应依法予以批准，切实保护探矿权人的合法权益。

探矿权转为采矿权需遵循一定的步骤，根据矿种的不同，转换程序繁简不一，一般需制定矿区总体规划，申请矿业权范围，提交转换申请等。对需要申请立项，设立矿山企业的，应当根据划定的矿区范围，按照相关文件规定办理。

2. 招标、拍卖、挂牌出让方式及协议出让方式

依据现行规范性文件，采矿权招标、拍卖、挂牌出让方式及协议出让方式与探矿权的基本一致。

四、矿业权出让的流程

依据《探矿权采矿权招标拍卖挂牌管理办法（试行）》《矿业权出让交易规则》《自然资源部关于深化矿产资源管理改革若干事项的意见》的相关规定，矿业权招标拍卖挂牌出让的流程主要包括出让人、竞买意向人及交易平台三个方面。

1. 自然资源主管部门向公共资源交易中心发出交易委托函

依据《矿业权出让交易规则》的规定，以招标、拍卖、挂牌方式出让矿业权，应当按照审批管理权限，在同级公共资源交易平台中进行。公共资源交易平台按照自然资源主管部门下达的委托书或者任务书组织实施。

2. 公共资源交易中心编制出让文件

公共资源交易平台依自然资源主管部门提供的相关材料编制矿业权出让文件。

3. 公共资源交易中心发布出让公告

通过自然资源部门户网站、同级自然资源主管部门门户网站（或政府门户网站）和政府公共资源交易平台发布出让公告，公告日期不少于20个工作日。

4. 竞买人咨询和获取资料

竞买人需要到公共资源交易中心咨询拟出让矿业权的相关信息，查阅相关资料，并领取参与竞买须知等文件。竞买人也可向自然资源主管部门咨询。

5. 竞买人缴纳保证金

有意参加竞买的意向人应在公告规定的截止日前，通过转账方式将足额保证金缴纳到指定账户，且不得由他人代缴。

6. 公共资源交易中心审核确认竞买人资格

公共资源交易中心应当按公告载明的时间、地点、方式，接受投标人或者竞买人的书面申请；投标人或者竞买人应当提供身份证、资信证明等出让文件要求的有效证明材料，并对其真实性和合法性负责。经公共资源交易中心审核，符合公告受让人资质条件的竞买人，取得交易资格。

7. 组织交易及发布交易结果

以招标方式出让的，投标人在规定时间内投标。经合法程序确定中标人，公共资源交易中心发出中标通知书。中标人缴纳服务费。

以拍卖方式出让的，应价最高且不低于底价的竞买人为竞得人。成交人应当与公共资源交易中心签订拍卖成交确认书。成交人缴纳交易服务费。

以挂牌方式出让的，发布挂牌出让公告，竞买人报名、报价，中心更新报价，确定竞得人（报价最高且不低于底价者为竞得人，只有一个竞买人报价且不低于底价的，挂牌成交），竞得人当场与公共资源交易中心签订挂牌成交确认书。竞得人缴纳交易服务费。

公共资源交易平台应当在发出中标通知书或者签订成交确认书后5个工作日内进行信息公示，公示期不少于10个工作日。

8. 签订矿业权出让合同

出让人与中标人或者竞得人根据中标通知书或者成交确认书签订矿业权出让合同。

9. 办理矿业权登记

矿业权出让成交信息公示无异议、中标人或者竞得人履行相关手续后，持中标通知书或者成交确认书、矿业权出让合同等相关材料，向有审批权限的自然资源主管部门申请办理矿业权登记手续。

第三节 矿业权延续、变更及注销

一、探矿权延续、变更、保留及注销

（一）探矿权延续

探矿权延续是指探矿权人在探矿权到期后，依法向有关主管部门申请并获准延长探矿权使用期限的法律程序。依据《矿产资源法》《自然资源部关于深化矿产资源管理改革若干事项的意见》等相关文件的规定，探矿权延续应具备如下条件：

（1）申请人为该勘查项目的探矿权人。

（2）申请人的资金能力与申请的勘查矿种、勘查面积和勘查工作阶段相适应。

（3）申请时间在勘查许可证有效期届满30日前。

（4）勘查项目提高勘查阶段或者按规定缩减相应的勘查面积。

（5）申请人依法履行法定义务，依法依规开展勘查工作。

《矿产资源勘查区块登记管理办法》第十条规定，勘查许可证有效期最长为3年；但石油、天然气勘查许可证有效期最长为7年。需要延长勘查工作时间的，探矿权人应当在勘查许可证有效期届满的30日前，到登记管理机关办理延续登记手续，每次延续时间不得超过2年。探矿权人逾期不办理延续登记手续的，勘查许可证自行废止。按照上述规定，探矿权人在勘查许可证届满后需要继续进行勘查的，应当在许可证有效期满的法定期限前，向勘查登记管理机关递交勘查项目完成情况报告，报送勘查资金投入情况报表及有关文件资料，申请办理延期登记手续。逾期不办的，勘查许可证自行作废。探矿权申请延期没有次数限制，但每次延续时间不得超过2年。探矿权延续后，其探矿权使用费和最低勘查资金投入应连续计算。

依据《自然资源部关于深化矿产资源管理改革若干事项的意见》的规定，探矿权新立、延续及保留登记期限均为5年。申请探矿权延续登记时应当扣减勘查许可证载明面积的20%，非油气已提交资源量的范围/油气已提交探明地质储量的范围不计入扣减基数，已设采矿权深部或上部勘查不扣减面积。较之前的规定延长了探矿权登记及延续期限至5年，缩小了办理探矿权延续时不得扣减勘查面积的探矿权范围。

（二）探矿权变更

探矿权变更是指在勘查许可证有效期内，由于法定事由的改变而引起探矿权有关内容的变化，经探矿权人提出变更申请，登记管理机关批准而改变探矿权相应内容的过程。根据《矿产资源勘查区块登记管理办法》第二十二条规定，有下列情形之一的，探矿权人应当在勘查许可证有效期内，向登记管理机关申请变更登记：（1）扩大或者缩小勘查区块范围的；（2）改变勘查工作对象的；（3）经依法批准转让探矿权的；（4）探矿权人改变名称或者地址的。

依据《自然资源部关于进一步完善矿产资源勘查开采登记管理的通知》的相关规定，探矿权变需满足如下条件：

（1）以招标拍卖挂牌方式取得的探矿权申请变更主体，不受持有探矿权满2年的限制。以协议方式取得的探矿权申请变更主体，应当持有探矿权满5年。母公司与全资子公司之间、符合勘查主体资质条件申请人之间的转让变更可不受5年限制。

（2）申请变更探矿权主体的，转让人和受让人应当一并向登记管理机关提交变更申请。勘查许可证剩余有效期不足 6 个月的，申请人（受让人）可以同时申请办理延续。

（3）探矿权申请变更主体涉及重叠且符合本通知相关规定情形的，受让人应当提交互不影响和权益保护协议或者不影响已设矿业权人权益承诺。属同一主体的已设采矿权与其上部或者深部勘查探矿权，不得单独转让。

（4）探矿权人对勘查区域内的矿产资源（除普通建筑用砂石土等以招标拍卖挂牌方式直接出让采矿权的矿产外，以下简称"砂石土类矿产"）开展综合勘查、综合评价的，无须办理勘查矿种变更（增列）登记，按照实际发现矿产的地质储量（油气）/资源量（非油气）编制矿产资源储量报告。

（5）人民法院将探矿权拍卖或裁定给他人，受让人应当依法向登记管理机关申请变更登记。申请变更登记的受让人应当具备本通知规定的探矿权申请人条件，登记管理机关凭申请人提交的探矿权变更申请文件和人民法院协助执行通知书，予以办理探矿权变更登记。

探矿权扩大或者缩小勘查范围的，改变勘查工作对象的，经依法批准转让探矿权的，探矿权人改变名称或者地址的，探矿权人（申请人）须向行政主管机关提出申请，并报送勘查工作完成情况报告、勘查资金投入情况报告及其他有关资料，经行政主管机关批准后，换领勘查许可证。

（三）探矿权保留

探矿权保留是指探矿权人在勘查许可证有效期内探明可供开采的矿体后，经登记管理机关批准，可以停止相应区块的最低勘查投入，并可以在勘查许可证有效期届满的 30 日前，申请保留探矿权。依据《自然资源部关于进一步完善矿产资源勘查开采登记管理的通知》的相关规定，探矿权保留应具备如下条件：

（1）保留探矿权的范围为可供开采的矿体范围。探矿权保留的范围不是勘查许可证确定的全部勘查范围，仅是可供开采的矿体范围。

（2）首次申请探矿权保留，应当提交探矿权范围内已探明可供开采矿体的说明。资源储量规模达到大中型的煤和大型非煤探矿权申请保留，应当达到勘探程度；其他探矿权申请保留，应当达到详查（含）以上程度。已设采矿权垂直投影范围内的探矿权首次申请保留，应当达到详查（含）以上程度。

（3）探矿权人申请探矿权保留，应当在勘查许可证有效期届满的 30 日前提出申请，经矿产资源主管部门批准后对探矿权保留进行保留登记。因不可抗力或其他非申请人自身原因，未在规定期限内提出延续、保留申请，或者需要继续延长保留期的，探矿权人应当提交能够说明原因的相关证明材料。

（4）在停止最低勘查投入期间或者探矿权保留期间，探矿权人仍应依法缴纳探矿权使用费。

探矿权人依照《矿产资源勘查区块登记管理办法》第二十一条规定办理探矿权保留，探矿权人在勘查许可证有效期内探明可供开采的矿体后，经登记管理机关批准，可以停止相应区块的最低勘查投入，并可以在勘查许可证有效期届满的 30 日前，申请保留探矿权。但是，国家为了公共利益或者因技术条件暂时难以利用等情况，需要延期开采的除外。保留探矿权的期限，最长不得超过 2 年，需要延长保留期的，可以申请延长 2 次，每次不得超过 2 年；保留探矿权的范围为可供开采的矿体范围。另依据《自然资源部关于深化矿产资源管理改革若干事项的意见》第七条规定，探矿权保留的期限也是 5 年。

（四）探矿权注销

探矿权注销是指在特定的法定事由下，探矿权人主动放弃探矿权或因其他原因导致探矿权终止，经登记管理机关批准，办理注销手续的过程。

《矿产资源勘查区块登记管理办法》第二十四条规定，有下列情形之一的，探矿权人应当在勘查许可证有效期内，向登记管理机关递交勘查项目完成报告或者勘查项目终止报告，报送资金投入情况报表和有关证明文件，由登记管理机关核定其实际勘查投入后，办理勘查许可证注销登记手续：（1）勘查许可证有效期届满，不办理延续登记或者不申请保留探矿权的；（2）申请采矿权的；（3）因故需要撤销勘查项目的。自勘查许可证注销之日起 90 日内，原探矿权人不得申请已经注销的区块范围内的探矿权。

二、采矿权延续、变更及注销

（一）采矿权延续

采矿权延续是指在采矿许可证有效期届满之前，采矿权人向登记管理机关提出申请，经批准后延长采矿权的期限。《矿产资源开采登记管理办法》第七条规定，采矿许可证有效期，按照矿山建设规模确定：大型以上的，采矿许可证有效期最长为 30 年；中型的，采矿许可证有效期最长为 20 年；小型的，采矿许可证有效期最长为 10 年。采矿许可证有效期满，需要继续采矿的，采矿权人应当在采矿许可证有效期届满的 30 日前，到登记管理机关办理延续登记手续。采矿权人逾期不办理延续登记手续的，采矿许可证自行废止。

根据《矿产资源开采登记管理办法》《自然资源部关于进一步完善矿产资源勘查开采

登记管理的通知》的相关规定，采矿权延续需具备的条件如下：

（1）采矿权在有效期内。（2）采矿权人应当在采矿许可证有效期届满的30日前提出申请，因不可抗力或其他非申请人自身原因，无法按规定提交采矿权延续申请资料的，在申请人提交能够说明原因的相关证明材料后，登记管理机关可根据实际情况延续2年，并在采矿许可证副本上注明其原因和要求。（3）采矿权人依法开采并履行了相关法定义务。（4）矿区范围内尚有可供开采的矿产资源且剩余保有资源储量清楚。（5）法律法规、规章规定的其他条件。

采矿权延续登记所需材料：提交延续申请登记书、矿产资源开采许可证原件、开采项目工作总结报告或终止报告等相关文件资料。采矿权延续的审批流程包括受理、审查、决定和通知四个阶段，审批管理机关应在规定时间内完成审批并通知申请人。

（二）采矿权变更

采矿权变更是指在采矿许可证有效期内，由于法定事由的改变而引起采矿权有关内容的变化，经采矿权人提出变更申请，登记管理机关批准而改变采矿权相应内容的过程。《矿产资源开采登记管理办法》第十五条规定，有下列情形之一的，采矿权人应当在采矿许可证有效期内，向登记管理机关申请变更登记：（1）变更矿区范围的。（2）变更主要开采矿种的。（3）变更开采方式的。（4）变更矿山企业名称的。（5）经依法批准转让采矿权的。

《自然资源部关于进一步完善矿产资源勘查开采登记管理的通知》规定了加强采矿权变更管理相关内容。

1. 申请采矿权转让变更的，受让人应当具备本通知规定的采矿权申请人条件，并承继该采矿权的权利、义务。涉及重叠情况的，受让人应当提交互不影响和权益保护协议或不影响已设矿业权人权益承诺。

2. 国有矿山企业申请办理采矿权转让变更登记的，应当持矿山企业主管部门同意转让变更采矿权的批准文件。

3. 有下列情形之一的，不予办理采矿权转让变更登记。

（1）采矿权部分转让变更的。

（2）同一矿业权人存在重叠的矿业权单独转让变更的。

（3）采矿权处于抵押备案状态且未经抵押权人同意的。

（4）未按要求缴纳矿业权出让收益（价款）的。

（5）未在转让合同中明确受让人承继履行矿山地质环境恢复治理义务的。

（6）采矿权被自然资源主管部门立案查处，或人民法院、公安、监察等机关通知不得转让变更的。

以协议方式取得的采矿权申请变更主体，应当持有采矿权满 5 年。母公司与全资子公司、符合开采主体资质条件申请人之间的转让变更可不受 5 年限制。

4. 申请变更开采主矿种的，应当提交经评审备案的矿产资源储量报告。变更为国家实行开采总量控制矿种的，还应当符合国家宏观调控和开采总量控制要求，并需经专家论证通过、公示无异议。

5. 实行开采总量控制矿种的采矿权申请办理变更、延续的，省级自然资源主管部门应当对开采总量控制指标分配、使用等情况提出书面意见。

6. 采矿权原则上不得分立，因开采条件变化等特殊原因确需分立的，应当符合矿产资源规划等相关规定。

7. 砂石土类矿产的采矿权不得分立、不允许变更开采矿种，其他矿产采矿权不允许变更或增列砂石土类矿产。

8. 人民法院将采矿权拍卖或裁定给他人，受让人应当依法向登记管理机关申请变更登记。申请变更登记的受让人应当具备本通知规定的采矿权申请人条件，登记管理机关凭申请人提交的采矿权变更申请文件和人民法院协助执行通知书，予以办理采矿权变更登记。

9. 采矿许可证剩余有效期不足 6 个月，申请变更登记的，可以同时向登记管理机关申请办理延续登记。

采矿权变更涉及矿区范围、主矿种及开采方式、矿权人名称、矿权转让等几个方面的内容，所涉及的材料也各有不同。

（1）采矿权申请登记表或申请书。

（2）矿产资源储量评审备案文件。其中，变更采矿权人名称、采矿权转让不需要提供该资料。

（3）若申请人是外商企业，还需要提供外商投资企业批准证书。

（4）采矿许可证正、副本。

（5）矿山地质环境保护与土地复垦方案公告结果。其中，缩小矿区范围、变更采矿权名称、采矿权转让不需要提供该资料。

（6）三叠图。仅扩大矿区范围需提供该资料。

（7）矿产资源开发利用方案和专家审查意见。

（8）划定矿区范围批复，仅扩大矿区范围需提供该资料。

（9）勘查许可证，仅扩大矿区范围需提供该资料。

（10）变更采矿权人名称的证明文件，仅变更采矿权名称需提供。

（11）矿山投产满 1 年的证明资料，仅采矿权转让需要提供。

（12）采矿权转让合同，仅采矿权转让需要提供。

（13）上级主管部门或单位同意转让意见，仅采矿权转让需要提供。

（14）上一年度的年度财务报表审计报告或最近一期财务报表的审计报告，仅采矿权转让需要提供。

（15）对外合作合同副本等有关批准文件，仅适用于油气采矿权申请。

（16）矿业权出让收益（价款）缴纳或有偿处置证明材料，其中缩小矿区和变更采矿权名称不需要提供。

（17）申请人的企业营业执照副本，可不再提供，由相关部门工商网站核查。

（18）省级自然资源主管部门意见，其中变更采矿权名称不需要提供。

（三）采矿权注销

采矿权注销是指在采矿许可证有效期内，由于法定事由的出现，如采矿权人申请注销、采矿权期限届满未延续、采矿权人违法违规被吊销许可证等，经登记管理机关批准，办理注销手续的过程。《矿产资源开采登记管理办法》第十六条规定，采矿权人在采矿许可证有效期内或者有效期届满，停办、关闭矿山的，应当自决定停办或者关闭矿山之日起 30 日内，向原发证机关申请办理采矿许可证注销登记手续。

《自然资源部关于进一步完善矿产资源勘查开采登记管理的通知》规定，取得采矿权的矿山在有效期内因生态保护、安全生产、公共利益、产业政策等被县级（含）以上人民政府决定关闭并公告的，由同级自然资源主管部门函告原登记管理机关。采矿权人应当自决定关闭矿山之日起 30 日内，向原登记管理机关申请办理采矿许可证注销登记手续。采矿权人不办理采矿许可证注销登记手续的，由登记管理机关责令限期改正；逾期不改正的，由原登记管理机关吊销采矿许可证，并根据《行政许可法》第七十条规定办理采矿许可证注销手续。

采矿权注销登记需提供如下资料：

（1）采矿权申请登记表或申请书。

（2）采矿许可证正、副本。

（3）关闭矿山报告或完成报告、终止报告。

（4）矿业权出让收益缴纳或有偿处置证明材料。

（5）申请人的企业营业执照副本。

（6）省级自然资源主管部门意见。

第四节　矿业权流转

一、概述

矿业权流转是指在矿产资源勘查、开采的过程中，矿业权人将其合法取得的矿业权转让给他人的行为。矿业权转让后，原矿业权人的权利义务随之一并转移。这一过程不仅涉及矿产资源的买卖，还可能包括矿业权的租赁、抵押、合作开发等多种形式。矿产资源的开发利用需要投入大量资金。因此，矿业权流转不仅关系到市场对资源的配置，也直接影响到矿业企业的投资成败。

矿业权流转过程中存在诸多法律风险，如《最高人民法院关于审理矿业权纠纷案件适用法律若干问题的解释》中规定，以租赁、承包方式变相转让采矿权的情形，将被司法机关认定为无效法律行为等。矿业权人在矿业权流转过程中需对合法性风险予以高度关注，否则将承担相应法律后果。《探矿权采矿权转让管理办法》第十五条规定，违反本办法第三条第（二）项的规定，以承包等方式擅自将采矿权转给他人进行采矿的，由县级以上人民政府负责地质矿产管理工作的部门按照国务院地质矿产主管部门规定的权限，责令改正，没收违法所得，处10万元以下的罚款；情节严重的，由原发证机关吊销采矿许可证。

广义的矿业权流转方式包括矿业权一级市场的出让和二级市场的转让两种基本方式。狭义的矿业权流转方式则不包括矿业权出让。本书前文已就矿业权出让即一级市场出让的内容作了具体阐述，以下将仅对狭义上的矿业权流转二级市场的相关内容进行论述。

二、矿业权流转方式

（一）矿业权转让

《矿业权出让转让管理暂行规定》第三十六条规定，矿业权转让是指矿业权人将矿业权转移的行为，包括出售、作价出资、合作、重组改制等。

1. 探矿业权转让的条件

依据《矿产资源法》第六条及《探矿权采矿权转让管理办法》第三条、第五条、第六

条,探矿权的转让应符合以下规定:

(1)自颁发勘查许可证之日起满 2 年,或者在勘查作业区内发现可供进一步勘查或者开采的矿产资源。

(2)完成规定的最低勘查投入。

(3)探矿权属无争议。

(4)按照国家有关规定已经缴纳探矿权使用费、探矿权价款。

(5)探矿权转让的受让人,应当符合《矿产资源勘查区块登记管理办法》或者《矿产资源开采登记管理办法》规定的有关探矿权申请人的条件。

(6)符合国务院地质矿产主管部门规定的其他条件。

2. 采矿权转让的条件

采矿权转让的条件与探矿权转让的条件基本相同,具体来说包括以下几项:

(1)矿山企业投入采矿生产满 1 年。

(2)采矿权属无争议。

(3)按照国家有关规定已经缴纳采矿权使用费、采矿权价款、矿产资源补偿费和资源税。

(4)国有矿山企业在申请转让采矿权前,应当征得矿山企业主管部门的同意。

(5)采矿权转让的受让人,应当符合《矿产资源勘查区块登记管理办法》或者《矿产资源开采登记管理办法》规定的有关采矿权申请人的条件。

(6)符合国务院地质矿产主管部门规定的其他条件。

3. 矿业权转让的交易环节

在进行矿业权转让之前,需完成一系列前期工作,以确保转让的合法性和顺利进行。

(1)尽职调查:受让方需要对矿业资产进行详尽的尽职调查,了解矿业项目的法律、技术、经济和环境等方面的状况。这包括但不限于地质报告、矿产储量、开采条件、相关许可和批文、土地使用权、环保要求等。

(2)矿业权评估:对矿业权进行价值评估,确定合理的转让价格。这可能涉及地质勘探成果、矿产储量估算、未来收益预测等因素。

(3)合同签订:草拟和签订矿业权转让合同,明确转让受让双方的权、责、利。按转让方式的不同进行区分,转让方式包括出售矿业权的转让合同及不转让矿业权而仅进行矿业权合资或合作等。

(4)行政审批:依据《探矿权采矿权转让管理办法》《矿业权出让转让管理暂行规定》等相关文件的规定,矿业权转让应当经登记管理机关审批方发生矿业权转移的效力。申请转让探矿权、采矿权的,审批管理机关应当自收到转让申请之日起 40 日内,作出准予转让或者不准转让的决定,并通知转让人和受让人。准予转让的,转让人和受让人应当自收到批准转让通知之日起 60 日内,到原发证机关办理变更登记手续;受让人按照国家规定缴纳有关费用后,领取勘查许可证或者采矿许可证,成为探矿权人或者采矿权人。批准转让的,转让合同自批准之日起生效。不准转让的,审批管理机关应当说明理由。

未经审批管理机关批准,擅自转让探矿权、采矿权的,由登记管理机关责令改正,没收违法所得,处 10 万元以下的罚款;情节严重的,由原发证机关吊销勘查许可证、采矿许可证。

(二)矿业权出租

1. 矿业权出租的定义

《矿业权出让转让管理暂行规定》第四十九条规定,矿业权出租是指矿业权人作为出租人将矿业权租赁给承租人,并向承租人收取租金的行为。

相较于矿业权转让,矿业权出租最显著的特点是矿业权主体未发生改变,因而无须办理变更登记。原矿业权人在出租期间需继续履行矿业权人的法定义务,并承担相应的法律责任,如矿山安全、环保等方面的责任主体仍是原矿业权人。

探矿权的内容实际含有未得的利益,且其利益的获取具有相对不确定性,也无法进行价值评估,因而现实中承租人通常不会租赁探矿权。因此,在通常情况下矿业权的出租仅是指采矿权的出租。

依据《探矿权采矿权转让管理办法》《矿业权出让转让管理暂行规定》及其他法律法规的规定,矿权出租主要具有如下特点:

(1)主体未发生变更:矿业权在租赁或承包过程中不发生矿业权主体的改变。

(2)权利义务保留:在矿业权出租期间,矿业权人继续享有矿业权相关权利,需继续履行法定的义务并承担相应的法律责任。

(3)限制转租及出租后的限制:依据相关规定,矿业权承租人不得再行转租矿业权。已出租的采矿权不得出售、合资、合作、上市和设定抵押。

(4)出租及出租后矿业权变更需报审批登记:矿业权出租需报登记主管机关审批登记。矿业权的承租人在开采过程中,需要改变开采方式和主矿种的,必须由出租人报经登记管理机关批准并办理变更登记手续。

(5)资质要求:矿业权租赁时,承租人需具备相应的资质条件。

2. 矿业权租赁合同效力问题

关于矿业权租赁合同的效力问题,《最高人民法院关于审理矿业权纠纷案件适用法律若干问题的解释》第十二条第 2 款规定,矿业权租赁、承包合同约定矿业权人仅收取租金、承包费，放弃矿山管理，不履行安全生产、生态环境修复等法定义务，不承担相应法律责任的，人民法院应依法认定合同无效。合同一旦被认定无效，当事人将依法承担相关责任。

（三）矿业权合作

矿业权合作是指矿业权人与其他经济主体之间就矿产资源的勘探、开发利用和管理等方面达成的一种合作协议或合作伙伴关系。在实际操作中，矿业权合作可以采取多种形式，包括但不限于设立新企业法人或者通过合作合同进行合作。

1. 设立新企业法人形式

矿业权人将自己享有的矿业权作价出资，与他人合作设立新的企业法人，以新设企业为主体进行矿产资源的勘查和开采等活动。当合作双方选择通过设立新企业法人的方式进行合作时，则需要办理矿业权转让手续，依法取得有关主管部门的审批和变更登记。《矿业权出让转让管理暂行规定》第四十四条第 1 款规定，出售矿业权或者通过设立合作、合资法人勘查、开采矿产资源的，应申请办理矿业权转让审批和变更登记手续。

2. 签订合作合同

此种合作方式即指矿业权人在不改变矿业权人主体资格及矿业权的情况下，通过签订合作合同，引进他人资金、技术、劳务等，共同进行矿产资源的勘查、开采，并共担风险、共享经营收益。

《矿业权出让转让管理暂行规定》第四十四条第 2 款规定，不设立合作、合资法人勘查或开采矿产资源的，在签订合作或合资合同后，应当将相应的合同向登记管理机关备案。注意此处讲的是备案，而非审批，区别于转让、出租的审批登记。备案并不创设新的权利，其也不是合同生效要件。但如果是为了逃避行政监管，以合作名义变相转让矿业权的，则应当依据《矿业权出让转让管理暂行规定》等文件，依照矿业权转让规则对合同效力进行认定。合作协议是一种更为灵活的合作方式，各方不必成立新的经济实体，而是通过签订合作协议来明确各自的权、责、利，共同推进某个矿业项目。

3. 矿业权合作的优势

（1）资源整合。矿业权合作可以实现资源的整合，提高资源利用效率。

（2）风险分散。通过矿业权合作，可以将风险分散到各合作方，降低单个矿业权主体的风险承担。

（3）技术互补。不同合作方的技术特长可以互补，促进技术创新和应用。

另外，矿业权合作与矿业权转让相比还有一个便利条件，可依据《矿业权出让转让管理暂行规定》第四十四条第 3 款规定，采矿权申请人领取采矿许可证后，因与他人合资、合作进行采矿而设立新企业的，可不受投入采矿生产满一年的限制。

（四）矿业权抵押

矿业权抵押，是指矿业权人将其拥有的矿业权作为债务履行的保证，而不转移占有的一种法律行为。《矿业权出让转让管理暂行规定》第五十五条规定，矿业权抵押是指矿业权人依照有关法律作为债务人以其拥有的矿业权在不转移占有的前提下，向债权人提供担保的行为。国土资源部于2014年专门发布了停止执行该规定的通知，但其停止执行主要是为了与当时的《物权法》及《担保法》等法律法规中有关抵押的规定保持一致，即矿业权的债务设定抵押，既可以为矿业权人的债务向债权人提供债务担保，也可以作为第三方，为债务人将该矿业权抵押给债权人。矿业权抵押的合同生效、设立与实现如下：

（1）抵押合同的生效：矿业权抵押合同适用于《民法典》的相关规定，合同自依法成立之日起生效。

（2）抵押权的设立：依据《矿业权出让转让管理暂行规定》第三条，探矿权、采矿权为财产权，统称为矿业权，适用于不动产法律法规的调整原则。依据《民法典》的规定，不动产物权设定抵押的，应当办理抵押登记。而《矿业权出让转让管理暂行规定》第五十七条规定，矿业权设定抵押时，矿业权人应持抵押合同和矿业权许可证到原发证机关办理备案手续。为有效处理这一冲突，最高人民法院于2020发布了修订后的《最高人民法院关于审理矿业权纠纷案件适用法律若干问题的解释》，其中第十五条规定，当事人请求确认矿业权之抵押权自依法登记时设立的，人民法院应予支持。颁发矿产资源勘查许可证或者采矿许可证的自然资源主管部门根据相关规定办理的矿业权抵押备案手续，视为前款规定的登记。

（3）抵押权的实现。矿业权抵押权的行使通常发生在债务人未能履行到期债务或发生当事人约定的实现抵押权的情形时。此时，抵押权人可以与抵押人协商折价、拍卖或变卖抵押财产来实现债权。如果协商不成，抵押权人可以请求人民法院介入，通过法定程序实现担保物权。《民法典》第四百一十条规定，债务人不履行到期债务或者发生当事人约定的实现抵押权的情形，抵押权人可以与抵押人协议以抵押财产折价或者以拍卖、变卖该抵押财产所得的价款优先受偿。抵押权人与抵押人未就抵押权实现方式达成协议的，抵押权人可以请求人民法院拍卖、变卖抵押财产。

第四章

项目投资建设立项和报批

第一节　投资项目立项报批概述

一、项目立项报批概述

立项报批是一个非法定术语,是人们在项目建设过程中逐渐形成的一个约定俗成的概念,其包含了"立项"和"报批"两层意思,立项指的是项目立项,报批指的是项目备案或审批。

项目立项报批是项目全生命周期中的初始阶段,直接关系到项目能否顺利实施以及最终的成功与否。立项是指项目提议者根据市场需求、技术发展等因素,对拟建项目进行初步论证并形成书面报告,以获得决策者的认可和支持。报批则是在项目立项后,向有关政府部门提交项目相关文件,获取法律上的认可和批准。这两个环节涉及多个利益主体,包括项目投资者、执行者、监管者和社会公众等。

二、项目立项报批的必要性

项目立项报批是项目投资决策的重要环节,对于保障项目的合规性、合法性、可行性和可控性具有重要意义。

1. 论证项目合规性和合法性

投资项目立项报批是确保项目符合国家法律法规和政策要求的重要手段。通过立项报批,可以对项目的建设内容、规模、地点、投资估算等进行审查,确保项目符合国家法律法规和政策要求,避免违法违规行为,保障项目的合规性和合法性。

2. 分析项目可行性和经济合理性

投资项目立项报批通过对项目的可行性研究,可以对项目的可行性进行评估和论证,确保项目经济、技术、市场等方面的可行性,避免盲目投资和资源浪费,提高项目的成功率和经济效益。

3. 采取有效措施进行控制项目风险

投资项目立项报批对项目的风险进行评估,帮助识别和评估项目的风险因素,制定相应的风险防范措施。可以降低项目的投资风险,保障投资者的利益和资金安全。

4. 合理配置项目资源

投资项目立项报批可以对项目的资金、人力、物力等资源进行合理配置和优化，提高资源的利用效率，实现资源的最大化利用，避免因为盲目投入而导致项目亏损和预估不足。

三、我国投资项目立项报批制度的发展

1. 改革开放初期至 20 世纪 80 年代末

在改革开放初期，我国的项目投资立项报批制度主要依赖于政府的行政指令和计划安排。20 世纪 80 年代，随着经济体制改革的推进，政府开始逐步规范项目投资立项报批程序。这一时期，相关的法律文件较少，主要是通过行政指令和政策文件来指导项目投资立项报批。

2. 20 世纪 90 年代初期至 20 世纪末

1993 年《公司法》的颁行，为各类公司的投资决策权提供了充分的法律保障，投资主体的多元化进一步加速了投资体制改革的市场化进程。从 1993 年开始，国家相继出台了一系列的政策和措施，通过体制创新，着重理顺政府与市场的关系，在政府投资项目的决策和建设中，积极贯彻市场优先原则，促进生产要素的自由流动。这一时期，对于投资项目的管理仍然处于摸索阶段，投资项目开始采取业主负责制，但仍然采取核准制。

3. 2000 年至 2010 年

2004 年，国务院发布了《国务院关于投资体制改革的决定》，国家正式提出了企业投资项目核准制与备案制制度，明确提出："政府仅对重大项目和限制类项目从维护社会公共利益角度进行核准，其他项目无论规模大小，均改为备案制……" 2007 年 11 月，国务院办公厅发布了《国务院办公厅关于加强和规范新开工项目管理的通知》，针对当时一些项目开工建设有法不依、执法不严、监管不力的问题，通知要求各类投资项目开工建设，必须符合已经完成审批、核准或备案手续，符合国家产业政策、发展建设规划、土地供应政策和市场准入标准等 8 个条件。同时，该通知对于项目核准和备案相应程序也作出明确的规定。这一时期，是中国推进项目投资立项报批制度的改革关键期，经过改革开放不断探索，市场经济持续发展，为投资项目制度改革奠定了坚实的基础。

4. 2011 年至 2015 年

党的十八大以来，党中央、国务院大力推进简政放权、放管结合、优化服务改革，投融资体制改革取得新的突破，投资项目审批范围大幅度缩减，投资管理工作重心逐步从事前审批转向过程服务和事中事后监管，企业投资自主权进一步落实，调动了社会资本的积极性。2013 年 5 月 15 日，《国务院关于取消和下放一批行政审批项目等事项的决定》进

一步推进行政审批制度改革，清理行政审批等事项，加大简政放权力度，明确提出要减少和下放投资审批事项，减少和下放生产经营活动审批事项，减少资质资格许可和认定。

5. 2016 年至今

2016 年 5 月 19 日，国务院印发了《国务院关于印发清理规范投资项目报建审批事项实施方案的通知》，进一步清理规范投资项目报建审批事项，65 项报建审批事项中，保留 34 项，整合 24 项为 8 项；改为部门间征求意见的 2 项，涉及安全的强制性评估 5 项，不列入行政审批事项。清理规范后报建审批事项减少为 42 项。2016 年 11 月 30 日，国务院印发了《企业投资项目核准和备案管理条例》，作为我国固定资产投资领域第一部行政法规，具有划时代的意义，该条例对企业投资项目核准和备案工作的范围、基本程序、监督检查和法律责任作出了统一制度安排。2017 年 3 月 22 日，国家发展改革委发布了《企业投资项目核准和备案管理办法》，在企业投资项目核准和备案的范围、权限、流程、要求、时限、事中事后管理、法律责任等方面做了进一步细化，贯彻了《企业投资项目核准和备案管理条例》所确立的"负面清单"管理、规范核准和备案行为、加强事中事后的监督管理、落实企业投资自主权等原则。

总的来说，我国项目投资立项报批法律制度的发展脉络体现了从计划经济到市场经济的转变，从行政指令到法律规范的演变，以及从单一管理到多元监管的管理格局。

四、项目立项报批的主要内容

根据《企业投资项目核准和备案管理条例》《企业投资项目核准和备案管理办法》《安徽省煤矿建设项目安全管理规定》，以安徽省为例，砂石建材投资项目立项报批主要工作见表 4.1-1。

绿色砂石骨料建材项目矿山部分行政许可一览表（以安徽省为例）　　　　表 4.1-1

序号	许可项目	申请资料	资料名称	来源渠道	资料编制单位
1	项目备案（经济和信息化委员会）	（一）项目备案申请资料	项目备案申请表	政府部门提供	
		（二）项目可行性研究报告	可行性研究报告	申请人自备	第三方设计单位
		（三）矿产资源储量评审表		矿产资源储量评审机构	
		（四）矿区范围划定批复文件		矿产资源规划部门	
		（五）矿产资源开发利用方案审查意见书		专家评审	
		（六）安全预评价审查意见书		安全生产监督管理部门	安全评估机构
		（七）企业营业执照		工商部门	

续表

序号	许可项目	申请资料	资料名称	来源渠道	资料编制单位
2	采矿许可证办理（自然资源部门）	（一）报盘 XML 数据压缩包		申请人自备	
		（二）采矿权申请登记书		申请人自备	
		（三）划定矿区范围批复		政府部门核发	
		（四）矿区范围图		申请人自备	
		（五）矿产资源储量评审备案文件		政府部门核发	
		（六）企业营业执照副本		政府部门核发	
		（七）矿山地质环境保护与土地复垦方案公告结果	环境保护方案、土地复垦方案	政府部门核发	第三方设计单位
		（八）矿业权出让收益（价款）缴纳或有偿处置证明材料		政府部门核发	
		（九）勘查许可证		政府部门核发	
		（十）县级自然资源主管部门意见		政府部门核发	
		（十一）外商投资企业批准证书		政府部门核发	
		（十二）三叠图		申请人自备	
		（十三）协议出让申请材料		申请人自备	
		（十四）互不影响和权益保护协议		申请人自备	
3	矿山初步设计方案审查（原备案单位/省经济和信息化委员会）	（一）申请初步设计审查文件		申请人自备	
		（二）具备相应工程设计资质单位编制的初步设计文件一式八份，四等以及以上尾矿库建设工程项目由具备甲级设计资质的单位承担	项目初步设计报告	申请人自备	第三方设计单位
		（三）合法有效的采矿许可证副本复印件	采矿权许可证	政府部门核发	
		（四）改建或扩建矿山建设工程项目应有合法有效的安全生产许可证副本复印件		政府部门核发	
		（五）项目核准或备案批复文件复印件	项目备案文件	政府部门核发	
		（六）自然资源行政主管部门批准的矿产资源储量评审备案证明及评审意见书、矿山地质环境保护与综合治理方案审查意见批复函及审查意见等，矿产资源开发利用方案审查意见书		政府部门核发	
		（七）安全预评价审查意见书	安全预评价报告	政府部门核发	安全评估机构
		（八）水行政主管部门审批的水土保持方案批复文件及审查意见		政府部门核发	第三方设计单位
		（九）生态环境行政主管部门审批的环境影响评价批复文件及审查意见		政府部门核发	环评机构
		（十）其他应提交的相关资料			

续表

序号	许可项目	申请资料	资料名称	来源渠道	资料编制单位
4	安全生产许可审查（应急管理部门/应急管理局）	（一）安全生产许可证申请书		申请人自备	
		（二）营业执照		政府部门核发	
		（三）中华人民共和国采矿许可证		政府部门核发	
		（四）各种安全生产责任制		申请人自备	
		（五）安全生产规章制度和操作规程目录清单		申请人自备	
		（六）设置安全生产管理机构或者配备专职安全生产管理人员的文件		申请人自备	
		（七）特种作业人员操作资格证书		政府部门核发	
		（八）足额提取安全生产费用的证明材料		申请人自备	
		（九）为从业人员缴纳工伤保险费的证明材料		申请人自备	
		（十）矿山井下特种设备检测检验报告		申请人自备	
		（十一）事故应急救援预案，设立事故应急救援组织的文件或者与矿山救护队、其他应急救援组织签订的救护协议		申请人自备	
		（十二）矿山建设项目安全设施竣工验收合格的证明材料		申请人自备	

第二节　划定矿区范围

一、划定矿区范围概述

划定矿区范围是指可供开采矿产资源范围、井巷工程设施分布范围或者露天剥离范围整体区域和立体空间区域。

按照《〈矿产资源勘查区块登记管理办法〉〈矿产资源开采登记管理办法〉〈探矿权采矿权转让管理办法〉条文释义》所作的解释，矿区范围是矿山企业开采矿产资源的工作区域，是采矿权内容的核心组成部分。没有矿区范围，采矿权就不能存在，矿山企业的存在也就失去了意义。

简单来说，划定矿区的作用就是确定矿山开采的范围，从而根据探明矿产资源的储量、质量和估算范围确定开采的范围、拟建矿山的生产规模、服务年限、开发利用方式等要素，保证矿产资源开发实现统一规划、合理布局、科学开采和综合利用，使采矿权人在经过批准和界定的工作区域内进行的采矿及生产勘探活动受到法律保护。

一般情况下，以矿业权设置区划分为基础，主要由矿区内拐点坐标并根据矿区开采范围、程度、强度、深度及其他相关因素划定或圈定矿产资源开发利用区域范围。划定矿区范围是矿产资源开发利用管理过程中的一个重要环节和重要矿政管理制度，是探矿权转采矿权和采矿权新立的关键条件之一，是矿业权持有人或其他相关矿业权申请人办理采矿权证登记与开展矿山开发利用各项前期工作的基础和依据，是矿业权管理与登记机构对申请人提出的矿区划定范围依法审查批准的行政行为与业务程序。一旦矿区范围依法、依规、依程序划定完成，其行为与政策具有非常强的排他性原则，即一个矿区范围一旦被划定与批复执行，则在该区域内不可能再受理和办理其他相关的采矿权申请手续。

二、划定矿区范围主要法律合规依据

1.《矿产资源法》

该法作为矿产资源开发管理的基础性法律，规定了矿产资源属于国家所有，以及国家保障矿产资源的合理开发利用等基本原则，其中第十五条规定，设立矿山企业，必须符合国家规定的资质条件，并依照法律和国家有关规定，由审批机关对其矿区范围、矿山设计或者开采方案、生产技术条件、安全措施和环境保护措施等进行审查；审查合格的，方予批准。

2.《矿产资源开采登记管理办法》

该法作为一部矿山开采登记的专门法律，对划定矿区范围有明确的规定。该办法要求采矿权申请人必须依据经批准的地质勘查储量报告来申请划定矿区范围，确保了划定工作的科学性和合规性。其中第四条规定，采矿权申请人在提出采矿权申请前，应当根据经批准的地质勘查储量报告，向登记管理机关申请划定矿区范围。需要申请立项，设立矿山企业的，应当根据划定的矿区范围，按照国家规定办理有关手续。

三、划定矿区范围所需材料

以安徽省为例，根据官网查询，在安徽省办理开采矿产资源划定矿区范围批准（非油气类）需要以下资料，见表4.2-1。

安徽省办理开采矿产资源划定矿区范围批准（非油气类）资料清单　　表 4.2-1

序号	材料名称	详细要求	材料来源
1	《划定矿区范围申请登记书》	在采矿权电子报盘系统中自动生成打印或在省厅网站下载，该资料提交一式四套	自然资源部或省厅门户网站下载，申报单位自备
2	申请划定矿区范围的报告	A4 打印，原件 1 份，附 PDF 文件	申报单位自备
3	经批准的矿业权设置方案或矿业权设置区划复印件	—	申报单位自备和所在地自然资源部门
4	×××矿地质地形图及矿区范围图	依据储量计算图将拟申请的矿区范围以平面直角坐标桩点连线标绘于该图上，比例不小于 1/1 万，该资料提交一式四套	申报单位自备和所在地自然资源部门
5	与矿山建设相适应的有资质地勘单位编制的地质报告及附图、评审意见书、备案证明、查明储量登记书（探矿权人申请采矿权的）或×××矿储量核实报告及附图、评审意见书、备案证明	—	申报单位自备和所在地自然资源部门
6	矿产资源开发利用初步方案	含文字报告和图纸	申报单位自备
7	对申请矿区范围内矿权设置、有无违反矿法行为、是否涉及国家划定的自然保护区、重要风景区、自然或文化遗产保护区、地质公园、基本农田及重要工程项目等情况的意见	—	所在地自然资源主管部门
8	申请人企业法人营业执照或预先核准企业名称通知书复印件，法定代表人身份证明，企业组织机构代码证复印件	—	申报单位自备
9	探矿权人申请办矿的，提交勘查许可证及勘查出资人证明材料复印件，需缴纳探矿权价款的，应提供缴款凭据复印件	—	申报单位自备和所在地自然资源部门
10	以协议方式出让的，提交协议出让申请相关资料	—	申报单位自备
11	申请开采矿泉水、地热水的，提交鉴定意见书、鉴定证书复印件	—	相关部门
12	如委托他人办理的，须由企业法人单位出具授权委托书、委托人（企业法人单位法定代表人）和受托人的有效身份证明	授权委托书要写明委托事项和权限，除授权办理具体事务外，还包括是否代为签收文书、变更或撤回申请	申报单位自备

四、办理流程

1. 申请。申请人向行政主管单位自然资源窗口提交申请材料。

2. 受理。对符合规定的申请材料予以受理。对申请材料不齐全或不符合法定形式的，当场或者在五日内一次性书面告知申请人需要补正的全部内容。不予受理的，出具不予受理通知书。

3. 审查。涉及申请人与他人之间重大利益关系的，告知当事人有要求举行听证的权利，当事人要求听证的，行政主管部门组织或委托下级单位组织听证。对符合条件的，批准划定矿区范围；对不符合条件的，说明不予批准的理由。

4. 办理结果。申请人凭身份证和受理通知书到行政主管单位领取办理结果。

五、办理成果

成功获取划定矿区范围行政许可后，将获得带有行政主管单位印章的红头批复文件，式样见表 4.2-2。

矿产资源划定矿区范围批准（式样）　　　　　表 4.2-2

××省自然资源厅
×××划定×××号
×××××有限责任公司 　　根据《矿产资源开采登记管理办法》第4条的规定，现对你单位申请划定矿区范围批复如下： 　　一、矿区范围：拐点，开采深度×××。矿区面积××××km^2，矿区范围坐标见附表。 　　二、请根据批复的矿区范围，根据国家有关法律法规的规定抓紧做好矿产资源开发利用方案的编制和可行性研究论证及其他有关工作，并每半年向登记机关报告一次项目进展情况。 　　三、本次批复的矿区范围预留期限为1年，请按《矿产资源开采登记管理办法》的规定做好各项准备工作，并于××××年××月底前持采矿登记申请资料到登记管理机关办理采矿登记手续。逾期未办理采矿登记手续，未领取采矿许可证，该矿区范围不予预留。 　　附件：划定矿区范围坐标表 　　　　　　　　　　　　　　　　　　　　　　　　　（公章） 　　　　　　　　　　　　　　　　　　　　　　××××年××月××日
抄送：×××市国土资源局　　×××××××国土资源局

第三节　项目备案

一、项目备案概述

（一）项目备案制度概述

我国对投资项目实行审批、核准或备案制，其是一种行政许可制度，目的是确保投资项目符合国家法律法规、政策、国土空间、国家行业发展规划。

2004年《国务院关于投资体制改革的决定》的颁布，拉开了我国项目审批制度改革的序幕，彻底改变了之前不分投资主体、不分资金来源、不分项目性质的情形，所有建设项目一律按投资规模大小由政府及相关部门进行审批的方式，变为对于企业不使用政府投资建设的项目，一律不再实行审批制，区分不同情况实行核准制和备案制。

2016年12月14日国务院发布《企业投资项目核准和备案管理条例》，明确规定，对关系国家安全、涉及全国重大生产力布局、战略性资源开发和重大公共利益等项目，实行核准管理。政府核准的投资项目目录由国务院投资主管部门会同国务院有关部门提出，报国务院批准后实施，并适时调整。核准制以外的项目，实行备案管理。

根据《政府核准的投资项目目录（2016年本）》，能源煤矿、稀土、铁矿、有色矿山开发、石化、稀土、黄金等在核准目录内，需要报行政部门核准，而砂石矿不在核准目录内，根据《企业投资项目核准和备案管理条例》的规定，不在核准目录内的投资项目实行备案制管理。

（二）项目备案的作用

1. 确保项目合规性

投资项目备案是政府部门对投资项目进行初步审查的一种方式。通过备案，政府可以确保项目符合国家法律法规和政策的要求，以及符合产业发展方向和区域发展规划，有助于防止违规投资和盲目投资，从而保障经济社会的可持续发展。

2. 便于信息记录统计

备案过程中，企业需要提交相关的项目信息和资料。政府部门通过这些信息和资料，可以建立和完善投资项目信息库，并进行数据统计和分析，为政府决策提供科学依据，有助于政府部门及时了解和掌握投资项目的动态，为后续的监管和服务提供依据。

3. 便于政府服务和监管

备案制度使得政府部门能够提前了解企业的投资计划和意向，进而为企业提供更加精准的服务和支持。同时，备案也是政府对企业投资项目进行事中事后监管的重要手段。通过备案信息，政府部门可以对项目的实施过程进行监督，确保项目按照备案内容进行建设，从而防止出现违规行为和偏离原计划的情况。

4. 保护投资者权益

备案制度要求企业提供真实、准确的项目信息和资料，这有助于增强企业的信息透明度。在备案审查过程中，政府部门可以发现并纠正一些潜在的风险和问题，进而降低投资者的投资风险。同时，备案也为企业办理投资项目后续手续提供了必要条件，如施工许可证等,从而保障了项目的顺利实施和投资效益的最大化。

二、项目备案主要法律依据

1.《中共中央 国务院关于深化投融资体制改革的意见》(以下简称"《意见》")

该《意见》是我国历史上第一份由党中央国务院印发实施的投融资体制改革文件,该《意见》明确了投融资体制改革的顶层设计,对于项目备案问题明确要求要精简手续、实行在线备案,不得设置任何前置条件。同时要求进一步简化、整合投资项目报建手续,取消投资项目报建阶段技术审查类的相关审批手续,探索实行先建后验的管理模式。

2.《企业投资项目核准和备案管理条例》

为规范政府对企业投资项目的核准和备案行为,加快转变政府的投资管理职能,落实企业投资自主权制度,2018年11月8日国务院颁布《企业投资项目核准和备案管理条例》,其中第三条规定,对关系国家安全、涉及全国重大生产力布局、战略性资源开发和重大公共利益等项目,实行核准管理,核准规定以外的项目,实行备案管理。除国务院另有规定的,实行备案管理的项目按照属地原则备案,备案机关及其权限由省、自治区、直辖市和计划单列市人民政府规定。

3.《企业投资项目核准和备案管理办法》

2017年3月8日,国家发展改革委发布《企业投资项目核准和备案管理办法》,在《企业投资项目核准和备案管理条例》的基础上,该办法对投资项目核准与备案行为相关问题又进一步明确,这也是项目备案的最直接的法律依据。

三、项目备案所需材料

以安徽省为例,根据官网查询,安徽省企业、事业单位、社会团体等投资建设的非煤矿山新建、改建、扩建项目备案需要以下资料,见表4.3-1。

非煤矿山新建、改建、扩建项目备案资料清单　　　　表4.3-1

序号	材料名称	详细要求	材料来源
1	建设项目申请报告	符合《安徽省非煤矿山建设项目管理办法》第十九条规定	申报人自备
2	营业执照	如提供电子件,应为清晰扫描件,可以为PDF或jpg格式	申报人自备
3	矿产资源证明报告	应包括以下内容:矿产资源储量评审意见书,自然资源部门的矿产资源储量评审备案证明(按规定不需备案的除外),矿产资源开发利用方案审查意见书,矿山地质环境保护与土地复垦方案审查意见,划定矿区范围批复文件	政府核发

续表

序号	材料名称	详细要求	材料来源
4	安全预评价审查意见书	应包括安全预评价报告。须加盖企业公章，如提供电子件，应为清晰扫描件	申报人自备
5	证明材料	可以为采矿许可证，应包含副本，证明材料由自然资源、应急管理部门出具	申报人自备
6	资源整合矿山建设项目的矿产资源开发整合实施方案	方案内容应包括确认整合主体、批准划定整合矿区范围的批复文件等	申报人自备

四、绿色砂石建材项目备案基本流程

以安徽省为例，根据官网查询，安徽省非煤矿山投资项目备案基本流程如下：

1. 受理。省工业和信息化厅政务窗口根据受理标准，窗口人员受理通过的，打印受理通知书并加盖专用印章；受理不通过的，打印不予受理通知书并加盖专用印章，送达申请人。对申请材料不齐全或不符合法定形式的，其中，申请材料中的错误可以当场更正的，应请申请人当场更正；对不能当场告知需要补正全部内容的，应在5日内出具一次性书面告知书；逾期不告知的，自收到申请材料之日起即为受理。

2. 承办与审查。省工业和信息化厅行政审批办按照设定依据采取书面审查、实地核查、集体审查以及法律、法规或规章规定等其他审查方式对申请材料进行审查并提出具体的审查意见。

3. 决定。决定人根据审查人及相关特殊程序得出的审查意见，决定是否批准。完成集体审查的事项，由实施机关作出决定。根据审查意见，作出是否批准申请的决定。

4. 办结。内容规范、准确无误；引用法律、法规条款应正确；规定位置加盖公章等内容对办理结果进行审核并办理正式文件。

五、投资项目备案成果

项目备案成功后，企业将获得备案成果，有的地区是颁发备案证，有的地区则出具备案证明，以安徽省为例，投资项目若备案成功，则会颁发备案证，见表4.3-2。

固定资产投资备案证（式样）　　　　　　　　　　　　　　表 4.3-2

××省固定资产投资项目备案证			
项目备案登记代码：××××-××××-××-××-××××××			
项目名称	××××××项目	项目单位	×××××公司
建设地点	××省××市××县××镇×××村	项目单位性质	国有企业
建设性质	新建	项目总投资	××
计划开工时间	××年××月××日	建设内容及规模	砂石骨料 7000 万 t/ 年
项目单位承诺	1. 项目符合国家产业政策 2. 项目的填报信息真实、合法和完整		
			（公章） ××年××月××日

第四节　用林、用地许可

一、用林许可制度

（一）林地相关制度

1. 林地的概念

按照新《森林法》（2020 年 7 月 1 日起施行）第八十三条第 3 款规定，是指县级以上人民政府规划确定的用于发展林业的土地。包括郁闭度 0.2 以上的乔木林地以及竹林地、灌木林地、疏林地、采伐迹地、火烧迹地、未成林造林地、苗圃地等。

而《建设项目使用林地审核审批管理办法》第二条规定，建设项目使用林地，是指在林地上建造永久性、临时性的建筑物、构筑物，以及其他改变林地用途的建设行为。包括：

（1）进行勘查、开采矿藏和各项建设工程占用林地。

（2）建设项目临时占用林地。

（3）森林经营单位在所经营的林地范围内修筑直接为林业生产服务的工程设施占用林地。

2. 用林许可

用林许可特指矿业项目需要占用林地的，矿业权人应提前依法向林业主管部门提出使用林地的申请，经过有审批权限的林业主管部门审核同意并核发准予行政许可决定书后再依法办理建设用地审批手续。

（二）林地等级保护及用林限制

1. 林地保护等级

《全国林地保护利用规划纲要（2010—2020年）》将林地划定为Ⅰ级、Ⅱ级、Ⅲ级和Ⅳ级4个保护等级，同时结合《建设项目使用林地审核审批管理办法》规定，不同保护等级林地的限制使用情况见表4.4-1。

林地保护等级　　　　　　　　　　　　　　　　　　　　　　　表4.4-1

林地保护等级	建设项目利用林地的限制性规定
Ⅰ级保护林地	不得占用
Ⅱ级保护林地	电力、油气管线等线性工程不得使用Ⅱ级保护林地中的有林地
Ⅲ级保护林地	在国务院确定的国家所有重点林区内，不得使用Ⅲ级以上保护林地中的有林地
Ⅳ级保护林地	无建设项目的限制

2. 公益林地使用限制

同时，我国对公益林进行特殊保护。根据《国家级公益林区划界定办法》，国家级公益林是指生态区位极为重要或生态状况极为脆弱，对国土生态安全、生物多样性保护和经济社会可持续发展具有重要作用，以发挥森林生态和社会服务功能为主要经营目的的防护林和特种用途林。国家级公益林的保护等级分为一级和二级。

根据《国家级公益林管理办法》《建设项目使用林地审核审批管理办法》，除国务院批准、同意的建设项目，国务院有关部门和省级人民政府及其有关部门批准的基础设施、公共事业、民生建设项目，国防、外交建设项目，符合自然保护区、森林公园、湿地公园、风景名胜区等规划的建设项目外，其他建设项目不得使用一级国家级公益林地。如使用位于自然保护区、国家湿地公园、国家森林公园等其他特殊保护区域的林地，需符合特殊保护政策要求并办理相关林地审批手续。

（三）用林许可申请资料及流程

1. 用林许可申请资料

以安徽省为例，根据官网查询，矿藏勘查、开采占用林地审核（省级权限）所需的申请材料及结果文件见表4.4-2。

矿藏勘查、开采占用林地审核资料清单　　　　　　　　　　表 4.4-2

序号	材料名称	详细要求	材料来源
1	下级人民政府林业主管部门审查意见	规范，符合实际操作	政府部门核发
2	用地单位法人证明	—	申请人自备
3	使用林地申请表	规范，符合实际操作	申请人自备
4	使用林地现场查验表	规范，符合实际操作	申请人自备
5	建设项目的批准文件	规范，符合实际操作	申请人自备
6	建设项目使用林地可行性报告或者林地现状调查表	规范，符合实际操作	申请人自备
7	使用林地审核同意书	规范，符合实际操作	申请人自备

2. 用林许可流程

（1）受理。申请人的申请材料经所在地县级以上林业行政部门审核后，向政务服务中心综合窗口提出申请，窗口工作人员审查申请材料，对申请材料齐全且符合法定形式的，出具受理通知书；申请材料不齐全或不符合法定形式的，当场一次性告知需要补正的全部内容，并出具补齐补正通知书。

（2）审查与决定。省政务中心林业窗口将申报材料送局森林资源管理处，由森林资源管理处召集相关处室集体审查，提出办理意见报局长办公会议审定后，作出行政许可的决定；省政务中心林业窗口当面或以其他方式将预缴森林植被恢复费通知书送达申请人，申请人按规定向指定的省非税收入结算户足额缴纳森林植被恢复费后，领取使用林地审核同意书。局森林资源管理处依据审查意见，合格的，作出准予行政许可的决定；不合格的作出不予行政许可的决定。

（3）办结。窗口通过邮政快递送达申请人，申请人也可自愿到窗口取件。对于不予许可的，窗口告知申请人不予许可的理由和救济渠道，以及依法享有申请行政复议或提起行政诉讼的权利。

二、用地许可

（一）用地许可与分类

1. 用地许可的概念

用地许可特指矿业项目涉及需要使用国有土地或者农民集体所有土地的，由矿业权人向自然资源主管部门提出用地申请，经有审批权限的自然资源主管部门审核同意并核发行政许可决定书后再依法用地。

2. 用地分类

《土地管理法》第四条按照土地用途的不同，将土地分为农用地、建设用地和未利用地三类，结合我国宪法确立的土地"国家"和"集体"所有的二元制所有权制度，可以将我国土地细分为六小类，即国有建设用地（如商品住宅、商业、工业用地等）、国有农用地（如国有农场）、国有未利用地、集体建设用地（如乡镇企业用地、宅基地）、集体农用地（如耕地、草地）、集体未利用地（如四荒用地）。按照土地用途管理相关规定，我国企业建设项目必须严格按照土地利用总体规划确定的用途使用建设用地，若涉及占用农用地和未利用地，则必须在依法调整规划用途后方可用于项目建设。

3. 项目用地取得的具体方式

根据《土地管理法》及相关法律法规规定，我国建设项目用地取得方式具体分为以下几种情形，见表4.4-3。

项目用地取得方式　　　　　　　　　　表 4.4-3

使用类型	取得方式	法律依据
临时用地	—	根据《土地管理法》第五十七条以及《土地管理法实施条例》第二十条的规定，建设项目施工和地质勘查需要临时使用国有土地或者农民集体所有的土地的，由县级以上人民政府自然资源主管部门批准。土地使用者应当根据土地权属，与有关自然资源主管部门或者农村集体经济组织、村民委员会签订临时使用土地合同，并按照合同的约定支付临时使用土地补偿费。临时使用土地的使用者应当按照临时使用土地合同约定的用途使用土地，并不得修建永久性建筑物。期限一般不超过两年；建设周期较长的能源、交通、水利等基础设施建设使用的临时用地，期限不超过四年。土地使用者应当自临时用地期满之日起一年内完成土地复垦，使其达到可供利用状态
取得建设用地土地使用权	无偿划拨	根据《土地管理法》第五十四条的规定，只有符合下列情形并经县级以上人民政府依法批准，方可以划拨方式取得土地使用权：（1）国家机关用地和军事用地；（2）城市基础设施用地和公益事业用地；（3）国家重点扶持的能源、交通、水利等基础设施用地；（4）法律、行政法规规定的其他用地
取得建设用地土地使用权	有偿出让、出租等	根据《土地管理法实施条例》第十七条、第十八条、第三十八条的规定，国有土地有偿使用的方式包括国有土地使用权出让、国有土地租赁、国有土地使用权作价出资或者入股。国有土地使用权出让、国有土地租赁除依法可以采取协议方式外，应当采取招标、拍卖、挂牌等竞争性方式确定土地使用者。土地所有权人可以通过出让、出租等方式依法将集体经营性建设用地，交由单位或者个人在一定年限内有偿使用

（二）用林、用地许可申请资料及流程

1. 用地许可申请资料

以安徽省为例，根据官网查询，安徽省建设项目用地预审与选址意见书核发所需的申请材料及结果文件见表4.4-4。

建设项目用地预审与选址意见书核发资料清单　　　　表 4.4-4

序号	材料名称	详细要求	材料来源
1	建设项目用地预审选址意见书申请表	—	申请人自备
2	市县自然资源主管部门初审报告	—	政府部门核发
3	建设项目登记信息单	申请单位、项目名称须和材料一致	政府部门核发
4	项目建设依据	通过信息共享或网络核验方式获取，实现信息共享后取消	政府部门核发
5	国土空间规划图件	标注项目用地范围的市、县或者乡级土地利用总体规划图（应有市、县国土资源主管部门规划审查意见，经办人和负责人签名，并加盖部门印章）以及土地利用现状图	申请人自备
6	项目用地边界拐点 TXT 格式坐标	—	申请人自备
7	土地利用总体规划修改方案	符合占用永久基本农田的建设项目，需提供	申请人自备
8	根据项目类型提供所在地县级以上环境安全水务林业文物部门意见	城乡规划未涵盖的项目需提供	政府部门核发
9	土地利用总体规划修改方案暨永久基本农田补划方案	城乡规划未涵盖的项目需提供	申请人自备

2. 用地许可申请流程

（1）受理。申请人备齐材料后向政务中心窗口提交申请材料，窗口工作人员对申请材料齐全且符合法定形式的，出具受理通知书（即办件不需要）；申请材料不齐全或不符合法定形式，当场一次性告知需要补正的全部内容，并出具补齐补正通知书。

（2）审查。自然资源厅规划处、用途管制处、利用处、耕保处就相关内容提出审查意见。审查 14 个工作日规划处负责审查项目用地是否符合土地利用总体规划、国家产业政策等内容；用途管制处负责审查项目用地征地拆迁安置补偿等内容。

（3）批准。相关处室会签通过后，由自然资源厅分管厅长核准签发。

（4）送达。作出许可决定的文件，由自然资源厅窗口负责送达申请人。

第五节　新设采矿权许可

一、采矿权许可概述

采矿许可是指企业获取矿权后，根据法律法规，在满足采矿条件后向国土资源部门申请获取采矿开发的行为。

采矿许可证，是指国家有关主管部门依法向采矿企业颁发的，授予采矿企业采矿权的正式法律文书。

根据《矿产资源法》规定，矿产资源属于国家所有，国家可在不改变矿产资源所有权的情况下，按照所有权和采矿权适当分离的原则，以办理采矿许可证的方式将矿产资源的开采权依法授予特定的组织或个人。未办理采矿许可证的情况下擅自开采矿山资源的属于违法行为，严重的还将涉嫌犯罪。

砂石骨料矿山作为非煤矿山的一种类型，要想开采砂石并进行销售，同样需要申请许可。

二、采矿许可设立主要法律依据

(一)《矿产资源法》

第三条规定，矿产资源属于国家所有，由国务院行使国家对矿产资源的所有权，勘查、开采矿产资源，必须依法分别申请、经批准取得探矿权、采矿权，并办理登记。

第十条规定，设立矿山企业，必须符合国家规定的资质条件，并依照法律和有关规定，由审批机关对其矿区范围、矿山设计或者开采方案、生产技术条件、安全措施和环境保护措施等进行审查，审查合格的，方予批准。

(二)《矿产资源开采登记管理办法》

该法是一部专门规范采矿权登记的法律，也为设立采矿权提供了法律依据，其中第五条规定，采矿权申请人申请办理采矿许可证时，应当向登记管理机关提交下列资料。

1. 申请登记书和矿区范围图。
2. 矿产资源开发利用方案。
3. 依法设立矿山企业的批准文件。
4. 开采矿产资源的环境影响评价报告。
5. 国务院地质矿产主管部门规定提交的其他资料。

三、采矿许可设立需要的材料

以安徽省为例，根据官网查询，安徽省办理采矿许可证设立所需申请材料见表4.5-1。

采矿许可设立资料清单　　　　　　　　　　　　　　　　　表 4.5-1

序号	材料名称	来源渠道	材料形式
1	报盘 XML 数据压缩包	申请人自备	电子
2	采矿权申请登记书	申请人自备	纸质或电子
3	划定矿区范围批复	政府部门核发	纸质或电子
4	矿区范围图	申请人自备	纸质或电子
5	矿产资源储量评审备案文件	政府部门核发	纸质或电子
6	企业营业执照副本	政府部门核发	纸质或电子
7	矿山地质环境保护与土地复垦方案公告结果	政府部门核发	纸质或电子
8	矿业权出让收益（价款）缴纳或有偿处置证明材料	政府部门核发	纸质或电子
9	勘查许可证	政府部门核发	纸质或电子
10	县级自然资源主管部门意见	政府部门核发	纸质或电子
11	外商投资企业批准证书	政府部门核发	纸质或电子
12	三叠图	申请人自备	纸质或电子
13	协议出让申请材料	申请人自备	纸质或电子
14	互不影响和权益保护协议	申请人自备	纸质或电子

四、采矿许可办理流程

1. 收件。列出申请编号、开具收件凭证（列明材料清单和份数）及送达方式、时限等相关要求。

2. 受理。受理通过，打印受理通知书；受理不通过，打印不予受理通知书，送达申请人。对申请材料不齐全或不符合法定形式的，应当场告知需要补正的全部内容，并出具一次性补齐补正告知书，由申请人补正后予以受理。

3. 承办。自然资源和规划管理部门审查人员进行初步核查，并提出初步核查意见。

4. 审查。自然资源和规划管理部门矿权负责审查人员进行初步核查，并提出初步核查意见。初步核查通过的，提交业务会议会审。

5. 决定。根据审查人提出的审查意见，由分管负责同志决定是否批准申请人的申请。依法履行书面告知和信息公开等义务。

6. 送达。制作采矿许可证正、副本。

7. 办结。办理结束。

五、采矿许可成果

采矿权申请许可办理完成后,经审查符合采矿权许可条件的,颁发采矿许可证,式样如图 4.5-1 所示。

图 4.5-1　采矿许可证

第六节　环境影响评价

一、环境影响评价概述

我国对建设项目的环境影响评价实行分类管理:对可能造成重大环境影响的,需编制环境影响报告书并对可能产生的环境影响进行全面评价;对可能造成轻度环境影响的,需编制环境影响报告表并对产生的环境影响进行分析或专项评价;对环境影响很小、不需要进行环境影响评价的,需填报环境影响登记表。

绿色建材矿山建设单位需要对项目建设后可能造成的环境影响进行分析、预测和评估,并据此提出和落实预防或者减轻不良环境影响的对策和措施。

环境影响评价文件通常由建设单位委托具备专业资质的环境影响评价机构编制,然后报环保部门审核批准。由环保部门审核批准后,矿山建设单位方可进行矿山建设,且其在建设、投产、运行的过程中都需要落实环境影响评价报告文件中的环境污染防治措施，做到"三同时"，即建设项目需配套建设的环境保护设施与主体工程同时设计、同时施工、同时投产使用。

二、环境影响评价主要法律依据

1.《环境保护法》（2014年修订）

该法是我国环境保护领域的基本法，第十九条规定，开发利用自然资源必须依法进行环境影响评价，这是环境保护关于环境影响评价的原则性规定。

2.《环境影响评价法》（2018年修正）

该法是专门针对环境影响评价而制定的法律。该法明确规定了环境影响评价的定义、原则、范围、程序以及法律责任等，为环境影响评价工作提供了全面的法律指导。其中，该法要求对环境有影响的建设项目必须进行环境影响评价，并规范了相应的评价分类管理名录和评价文件内容要求。

3. 其他相关法律法规

除了上述专门针对环境影响评价的法律和行政法规外，还有其他相关法律法规也对环境影响评价提出了要求。例如《大气污染防治法》《水污染防治法》等环境保护单行法，以及《建设项目环境保护管理条例》等行政法规，都规范了建设项目在审批前应当进行环境影响评价的要求。

三、环境影响评价所需材料

以安徽省为例，根据官网查询，办理环境影响评价所需申请材料见表4.6-1。

办理环境影响评价材料清单　　表 4.6-1

序号	材料名称	详细要求	材料来源
1	建设项目环境影响报告书审批申请	附统一社会信用代码或组织机构代码，投资项目在线监管平台投资代码，盖单位公章	申请人自备
2	建设项目环境影响报告书	电子文档PDF格式，应分为全本和公示本。公示不得涉及机密和个人隐私	申请人自备
3	公参说明文件	电子文档PDF格式，应分为全本和公示本。公示不得涉及机密和个人隐私	申请人自备

四、环境影响评价流程（报告书类）

1. 受理。申请人可通过到场登记、邮寄申请、网络（安徽省政务服务网）方式提交申请，根据受理标准对申报材料进行初步审查，符合要求的予以受理并出具受理通知书（短信告知申请人）。不符合要求的一次性告知申请人需要补正的全部内容。不受理的需说明原因。

2. 审查。通知申请人需现场踏勘的具体要求及时间，相关人员在承诺期内对该项目申请进行现场勘验并出具勘验结论；需经专家评审的，告知申请人、利害关系人参加专家评审。综合现场踏勘及专家评审意见，根据相关法律法规出具审查意见。

3. 决定。根据勘验结论、审查意见及专家评审意见，在承诺办结时限内作出准予或不予许可的决定。

4. 办结。出具有关批文或者证书。窗口将有关批文或证书送达申请人。对不予行政许可的应说明理由，并告知申请人依法享有申请行政复议或者提起行政诉讼的权利。

5. 公示。在厅官方网站上对审批意见进行公开。

五、环境影响评价成果

在相关网站公示环境影响评价结果。

第七节　社会稳定风险评估

一、社会稳定风险评估概述

社会稳定风险评估（简称"稳评"）是指在重大决策、重要政策、重大项目实施之前，对可能影响社会稳定的因素进行系统的调查、预测和分析，从而制定风险应对策略和预案的活动。这一过程旨在预防和减少社会矛盾，维护社会稳定。

建立重大固定资产投资项目社会稳定风险评估，是从源头上规避重大工程项目社会稳定风险，提高应对社会稳定风险主动性、前瞻性、科学性和有效性的重要举措。

目前，一些地方根据当地实际，按照"应评尽评"的要求，确定了一些重点领域的建设项目应当开展风险评估工作，其中绿色建材矿山项目就属于重大地质勘查和矿产资源开发项目，需要进行社会稳定风险评估。

二、社会稳定风险评估主要内容

根据《国家发展改革委重大固定资产投资项目社会稳定风险评估暂行办法》的规定，社会稳定风险评估由项目所在地人民政府或其有关部门指定的评估主体组织对项目单位作出社会稳定风险分析、开展评估论证、进行项目评估并编制报告。社会稳定风险评估主体根据拟建项目的实际情况，重点围绕拟建项目建设实施的合法性、合理性、可行性、可控性进行评估论证。

1. 合法性

主要评估拟建项目的建设实施是否符合现行相关法律法规、规范以及国家有关政策；是否符合国家与地区国民经济和社会发展规划、产业政策等；拟建项目相关审批部门是否有相应的项目审批权并在权限范围内进行审批；决策程序是否符合国家法律法规、规章等。

2. 合理性

主要评估拟建项目建设实施是否符合科学发展观要求，是否符合经济社会发展规律，是否符合社会公共利益、人民群众的现实利益和长远利益，是否兼顾了不同利益群体的诉求，是否可能引发地区、行业、群体之间的相互盲目攀比；依法应给予相关群众的补偿和其他救济是否充分、合理、公平、公正；拟采取的措施和手段是否必要、适当；是否维护了相关群众的合法权益等。

3. 可行性

主要评估拟建项目的建设时机和条件是否成熟，是否有具体、翔实的方案和完善的配套措施，拟建项目实施是否与本地区经济社会发展水平相适应，是否超越本地区财力，是否超越大多数群众的承受能力，是否得到大多数群众的支持和认可等。

4. 可控性

主要评估拟建项目的建设实施是否存在公共安全隐患，是否引发群体性事件，是否引发社会负面舆论、恶意炒作以及其他影响社会稳定的问题；对拟建项目可能引发的社会稳定风险是否可控；对可能出现的社会稳定风险是否有相应的防范、化解措施，措施是否可行、有效；宣传解释和舆论引导措施是否充分等。

三、社会稳定风险评估主要法律依据

1.《国家发展改革委重大固定资产投资项目社会稳定风险评估暂行办法》

第三条明确要求，在重大固定资产投资项目决策过程中开展社会稳定风险评估，对于正确处理人民群众切身利益，从源头上预防和减少社会稳定风险，保障经济健康发展与社会和谐稳定，具有重要意义。

第四条至第十条具体规定了社会稳定风险评估的范围、内容、程序、评估报告的主要内容以及评估结论的应用等，为投资项目社会稳定风险评估提供了详细的执行标准。

2.《循环经济促进法》（2018年修正）

该法主要聚焦于推动循环经济发展，为提高资源利用效率，保护和改善环境，实现可持续发展，但其总体精神中鼓励投资项目决策时考虑环境和社会影响，间接支持了社会稳定风险评估的实践。

3.《国家发展改革委办公厅关于印发重大固定资产投资项目社会稳定风险分析篇章和评估报告编制大纲（试行）的通知》

该通知明确要求，重大固定资产投资项目社会稳定风险分析及其篇章编制，应依据法律法规规章和规范性文件、拟建项目所在地区的社会稳定风险评估要求，以及拟建项目的建设方案等相关资料开展工作。

四、社会稳定风险评估所需材料

以安徽省为例，根据官网查询，进行社会稳定风险评估所需材料见表4.7-1。

社会稳定风险评估备案材料清单　　　　　　　　　　　表4.7-1

序号	材料名称	详细要求	材料来源
1	项目单位简介	—	申报单位自备
2	项目可行性研究报告或项目申请报告及其社会稳定风险分析篇章	—	申报单位自备
3	项目前期审批相关文件，如发展改革委路条、项目规划选址、用地预审、环保批复文件	—	申报单位自备
4	项目环境影响评价报告	—	申报单位自备
5	项目占用地征用方案及补偿标准、安置方案	—	申报单位自备
6	矿产资源开发利用初步方案	—	申报单位自备
7	地方政府发布的利于本项目开展的其他通知、函件等	—	地方政府相关职能部门
8	申报单位就社会稳定风险评估已开展的前期调查工作及成果	主要包括环境影响评价公示、调查等	申报单位自备
9	项目方认为在政策规划和审批程序、土地房屋征收方案、生态环境影响、当地经济社会影响、质量安全与社会治安、舆论媒体导向等方面有无风险因素及其防范措施的文件	—	申报单位自备和所在地自然资源部门

五、办理流程

1.委托。建设单位委托相应资质的第三方作为项目社会稳定风险评估的第三方评估实施主体。

2. 收集资料。收集项目有关资料及前置性文件，如可行性研究报告、环境影响评价报告书、土地预审、规划选址、水土保持、压覆矿、文物等批复文件。

3. 调研。制定调研方案，去风险点所在地进行实地调研，收集受项目影响的群众意见。

4. 公示。进行社会稳定风险评估工作网络公示和实地调研公示。公示中说明项目概况、征求公众意见的范围、方式、时间等。

5. 意见征集。召集受项目影响各方参加社会稳定风险评估座谈会。与会人员主要有政府部门、单位团体、村民代表等。会议听取各方对本项目的意见和建议。

6. 报告评估。邀请专家对项目社会稳定性风险分析报告进行评估，并形成专家意见，报告编制单位根据专家意见修改分析报告。

7. 出具报告。评估单位按照《重大固定资产投资项目社会稳定性风险评估报告编制大纲及说明（试行）》出具社会稳定性风险评估报告。

8. 审查。向项目所在地发展改革委提出审查申请，发展改革委依职权进行审查，风险较高的告知送审单位，低风险的予以上报，制发转报文件，报省发展改革委。

9. 公示。发展改革委将项目社会稳定风险评估报告内容进行公示。

六、办理成果

完成社会稳定风险评估报告并进行性公示，内容主要包括决策事项和评估过程，各方意见及采纳情况，决策合法性、合理性、可行性及可控性分析论证，决策可能引发的社会稳定风险等级及评判依据，风险评估结论、风险防控建议及应急处置预案等内容。

第八节　安全生产许可

一、安全生产许可概述

安全生产许可制度是我国为加强安全生产监督管理，防止和减少生产安全事故，保障人民群众生命和财产安全而设立的一项重要制度。

国家对矿山企业、建筑施工企业和危险化学品、烟花爆竹、民用爆炸物品生产企业实行安全生产许可制度。企业未取得安全生产许可证的，不得从事生产活动。矿山企业必须申请安全生产许可证，方可进行项目生产运营。非煤矿山企业安全生产许可证是绿色砂石建材企业在从事采矿、采石等活动时，必须取得的一项行政许可。

二、安全生产许可法律合规依据

1.《安全生产法》（2021年修改）

该法是安全生产领域的一部基本法，也是安全生产领域的综合性法律，确立安全生产基本制度。第二十条规定，生产经营单位应当具备本法和有关法律、行政法规和国家标准或者行业标准规定的安全生产条件；不具备安全生产条件的，不得从事生产经营活动。

2.《安全生产许可证条例》（2014年修改）

为全面落实《安全生产法》和安全生产许可制度，加强安全生产，2004年1月7日国务院颁布《安全生产许可证条例》。第二条规定，国家对矿山企业、建筑施工企业和危险化学品、烟花爆竹、民用爆破器材生产企业实行安全生产许可制度。第四条规定，省、自治区、直辖市人民政府建设主管部门负责建筑施工企业安全生产许可证的颁发和管理，并接受国务院建设主管部门的指导和监督。

3.《非煤矿矿山企业安全生产许可证实施办法》（2015年修订）

该办法是一部专门规范非煤矿山企业安全生产，安全生产许可颁发管理工作的法律，其中第六条规定，非煤矿矿山企业取得安全生产许可证应当具备相应安全生产条件。

三、安全生产许可证的有效期限

以绿色砂石建材企业为例，其安全生产许可证的有效期为3年。有效期满后需要延期的，矿山企业应当在安全生产许可证有效期届满前3个月向原安全生产许可证颁发管理机关申请办理延期手续。

四、安全生产许可条件

以绿色砂石建材企业为例，企业取得安全生产许可证，应当具备下列安全生产条件：

1.建立健全主要负责人、分管负责人、安全生产管理人员、职能部门、岗位安全生产责任制；制定安全检查制度、职业危害预防制度、安全教育培训制度、生产安全事故管理制度、重大危险源监控和重大隐患整改制度、设备安全管理制度、安全生产档案管理制度、安全生产奖惩制度等规章制度；制定作业安全规程和各工种操作规程。

2. 安全投入符合安全生产要求，依照国家有关规定足额提取安全生产费用、缴纳并专户存储安全生产风险抵押金。

3. 设置安全生产管理机构，或者配备专职安全生产管理人员。

4. 主要负责人和安全生产管理人员经安全生产监督管理部门考核合格，取得安全资格证书。

5. 特种作业人员经有关业务主管部门考核合格，取得特种作业操作资格证书。

6. 其他从业人员依照规定接受安全生产教育和培训，并经考试合格。

7. 依法参加工伤保险，为从业人员缴纳保险费。

8. 制定防治职业危害的具体措施，并为从业人员配备符合国家标准或者行业标准的劳动防护用品。

9. 新建、改建、扩建工程项目依法进行安全评价，其安全设施经安全生产监督管理部门验收合格。

10. 危险性较大的设备、设施按照国家有关规定进行定期检测检验。

11. 制定事故应急救援预案，建立事故应急救援组织，配备必要的应急救援器材、设备；生产规模较小可以不建立事故应急救援组织的，应当指定兼职的应急救援人员，并与邻近的矿山救护队或者其他应急救援组织签订救护协议。

12. 符合有关国家标准、行业标准规定的其他条件。

五、安全生产许可证申办材料

以安徽省为例，根据官网查询，办理安全生产许可所需的申请材料见表 4.8-1。

办理安全生产许可材料清单　　　　　　表 4.8-1

序号	材料名称	详细要求	来源渠道
1	安全生产许可证申请书	见申请书	申请人自备
2	营业执照	实现信息共享前需提供此材料	政府部门核发
3	采矿许可证	实现信息共享前需提供此材料	政府部门核发
4	各种安全生产责任制	无	申请人自备
5	安全生产规章制度操作规程目录清单	无	申请人自备
6	设置安全生产管理机构或者配备专职安全	无	申请人自备
7	足额提取安全生产费用的证明材料	无	申请人自备
8	为从业人员缴纳工伤保险费的证明材料	无	申请人自备
9	矿山井下特种设备检测检验报告	无	申请人自备

序号	材料名称	详细要求	来源渠道
10	设立事故应急救援组织的文件与矿山救护队应急救援组织签订的救护协议	无	申请人自备
11	矿山建设项目安全设施竣工验收合格的证明材料	无	申请人自备

六、安全生产许可证的发放

安全生产许可证颁发管理机关应当依照分级规定颁发企业安全生产许可证。

1. 对中央管理的金属非金属矿山企业总部,向企业总部颁发安全生产许可证。

2. 对金属非金属矿山企业,向企业及其所属各独立生产系统分别颁发安全生产许可证;对于只有一个独立生产系统的企业,只向企业颁发安全生产许可证。

3. 对中央管理的陆上石油天然气企业,向企业总部及其直接管理的分公司、子公司以及下一级与油气勘探、开发生产、储运直接相关的生产作业单位分别颁发安全生产许可证;对设有分公司、子公司的地方石油天然气企业,向企业总部及其分公司、子公司颁发安全生产许可证;对其他陆上石油天然气企业,向具有法人资格的企业颁发安全生产许可证。

4. 对海洋石油天然气企业,向企业及其直接管理的分公司、子公司以及下一级与油气开发生产直接相关的生产作业单位、独立生产系统分别颁发安全生产许可证;对其他海洋石油天然气企业,向具有法人资格的企业颁发安全生产许可证。

5. 对地质勘探单位,向最下级具有企业事业法人资格的单位颁发安全生产许可证;对采掘施工企业,向企业颁发安全生产许可证。

6. 对尾矿库单独颁发安全生产许可证。

七、安全生产许可证的延期

绿色砂石建材企业在安全生产许可证3年期限届满前,需要申请延期的,应当在向原安全生产许可证颁发管理机关申请办理延期手续时提交延期申请书、安全生产许可证正本和副本、其他相应文件和资料。

绿色砂石建材企业符合下列条件的,当安全生产许可证有效期届满申请延期时,经原安全生产许可证颁发管理机关同意,不再审查,直接办理延期手续:严格遵守有关安全生产的法律法规的;取得安全生产许可证后,加强日常安全生产管理,未降低安全生产条件，并达到安全标准化等级二级以上的；接受安全生产许可证颁发管理机关及所在地人民政府安全生产监督管理部门监督检查的。

八、安全生产许可证的变更

绿色砂石建材企业在安全生产许可证有效期内有下列情形之一的，应当自工商营业执照变更之日起30个工作日内向原安全生产许可证颁发管理机关申请变更安全生产许可证：变更单位名称的；变更主要负责人的；变更单位地址的；变更经济类型的；变更许可范围的。

企业申请变更安全生产许可证时，应当提交下列文件和资料：变更申请书；安全生产许可证正本和副本；变更后的工商营业执照、采矿许可证复印件及变更说明材料。

九、安全生产许可证的吊销情形

取得安全生产许可证的非煤矿矿山企业有下列行为之一的，吊销其安全生产许可证：
1. 倒卖、出租、出借或者以其他形式非法转让安全生产许可证的。
2. 暂扣安全生产许可证后未按期整改或者整改后仍不具备安全生产条件的。

十、安全生产许可证申请领取流程

1. 受理。通过互联网登录安徽省政务服务网选择"省级"，进入"省应急厅"部门窗口，点击"在线办理"进入申报系统，提交材料，窗口人员负责接收申请人提交的申报材料，窗口工作人员将申报资料与行政审批公示的材料目录进行核对。符合要求的接收，并予以受理；不符合要求的告知理由，要求申请人补正材料。

2. 审查。行政审批办公室根据有关规定审查，对部分审批项目直接决定并办理。需现场核查或专家评审的，委托并会同相关业务处室审查。由业务处室负责人根据审查情况，提出审核拟办意见。

3. 决定。厅分管负责人根据业务处室的审核意见，按照有关规定作出审批决定。

4. 送达存档。行政审批办公室根据厅分管负责人审批决定，制作有关证件或者处理有关审批文件。由窗口工作人员按照规定程序送达并存档。

第九节　初步设计审查

一、初步设计概述

初步设计是在项目的可行性研究报告经审查批准后，对可行性研究所选择的方案进行进一步的勘测设计，以确定建设规模和概算投资额。

经批准的建设项目概算静态总投资是项目建设静态投资控制的最高限额，一般不得突破。若实施过程中方案有较大改变，造成项目的静态投资超过批准的概算静态投资，项目要重新向原概算审批机关报批。项目初步设计报告经批准后才能进行项目的施工准备工作。

初步设计是建设项目前期工作的重要组成部分，初步设计审批是建设项目管理程序的重要环节，批复的初步设计和概算是编制施工图设计、工程招标投标和竣工验收的重要依据之一。

初步设计文件经批准后，主要方案和主要指标不得随意修改、变更，并作为项目实施的技术文件的基础，若有重要的修改、变更，须经原审批部门复审同意。初步设计是工程将要实施的决定环节，是施工招标设计和工程施工进度计划安排的依据。

初步设计方案的编制主要是由勘测设计单位编制，初步设计文件应包括设计说明、图纸、概算和有关部门意见。

初步设计文件报批前，一般须由项目法人委托有相应资格的工程咨询机构或组织行业各方面（管理、设计、施工、咨询等单位）的专家，对初步设计中的重大问题进行咨询论证。设计单位根据咨询论证意见，对初步设计文件进行补充、修改、优化。

二、初步设计审查主要法律合规依据

1.《矿山安全法》

第八条规定，矿山建设工程的设计文件，必须符合矿山安全规程和行业技术规范，并按照国家规定经管理矿山企业的主管部门批准。

第十二条规定，矿山建设工程必须按照管理矿山企业的主管部门批准的设计文件施工。矿山建设工程安全设施竣工后，由管理矿山企业的主管部门验收。

2.《矿产资源法》

第十五条规定，设立矿山企业，必须符合国家规定的资质条件，并依照法律和国家有关规定，由审批机关对其矿区范围、矿山设计或者开采方案、生产技术条件、安全措施和环境保护措施等进行审查；审查合格的，方予批准。

三、申请材料

以安徽省为例，根据官网查询，初步设计审查所需的申请材料见表4.9-1。

初步设计审查材料清单　　　　　　　　　　　　　表4.9-1

序号	材料名称	详细要求	材料来源
1	初步设计审查文件	由所在地行政主管部门出具报告，如提供电子件，电子件应为原件的清晰扫描件，无涂改痕迹	申请人自备
2	初步设计文本	由设计勘查单位编制，如提供电子件，电子件应为原件的清晰扫描件，无涂改痕迹，可以为jpg格式或PDF格式	申请人自备
3	安全预评价审查意见书	由相应资质的第三方开展评价，经营单位或主管部门组织专家评审，如提供电子件，电子件应为原件的清晰扫描件，无涂改痕迹，可以为jpg格式或PDF格式	申请人自备
4	证明材料	包括：合法有效的采矿许可证正本、副本复印件或相关证明材料；改建、扩建矿山的安全生产许可证副本复印件，或者应急管理部门出具的相关证明材料；矿产资源储量评审意见书、自然资源部门的矿产资源储量评审备案证明、矿产资源开发利用方案审查意见书、矿山地质环境保护与土地复垦方案审查意见；水利（水务）部门的水土保持方案批复文件及审查意见；生态环境部门的环境影响评价批复文件及审查意见；设计单位提供的未转包设计业务或挂靠设计资质、设计编写人员是本单位在职正式职工且有正式劳动合同和养老等社会保险关系的承诺书	政府部门核发

四、办理流程

以安徽省为例，根据安徽省政务服务网查询，初步设计审查需要经过以下流程。

1. 受理。申请人向行政主管部门递交相关材料。受理通过，打印受理通知书；受理不通过，打印不予受理通知书。对申请材料不齐全或不符合法定形式的，应当场告知需要补正的全部内容，并出具一次性补齐补正告知书，由申请人补正后予以受理。

2. 审查。行政主管部门进一步审查，审查通过的，组织召开专家审查会议（一般至少要10个工作日）。会议通过后，根据专家审查意见提出办理意见。

3. 决定。根据办理意见，由分管负责人决定是否批准申请人的申请。

4. 办结。办理结束。

五、办理成果

政府主管单位完成初步设计方案审批以后，一般会出具相关批复文件，以安徽省某市为例，初步设计式样见表4.9-2。

初步设计式样　　　　　　　　　　　　　　　表4.9-2

××市×××区×××局文件
×××××号
关于××××矿山项目工程 初步设计的批复 ×××××： 　　你公司关于"××××矿山项目工程初步设计"的报告已收悉，经研究，现批复如下： 　　一、 　　二、 　　三、 　　四、 　　五、基本同意设计概算的编制依据及取费标准，设计概算投资××××万元，核定后工程投资××××万元。 　　六、你公司应认真履行项目法人职责，在工程建设中要严格执行基本建设"四制"规定，加强工程实施的监督管理工作，保证工程质量，加快工程进度，按时完成工程建设任务。 　　此复。 　　　　　　　　　　　　　　　　　　　　　　　××××年××月××日

第十节　竣工验收许可

一、竣工验收许可概述

竣工验收即单位工程验收，是指发包人在收到承包人的竣工验收申报后，组织勘查、设计、监理、施工单位，依据国家有关法律法规及工程建设规范、标准的规定，对工程是否符合设计文件要求和合同约定的各项内容进行验收，并评价工程是否验收合格的过程。

砂石骨料矿山作为非煤矿山的类型之一，根据《非煤矿矿山建设项目安全设施设计审查与竣工验收办法》规定，矿山工程在投入使用之前需要进行竣工验收，未进行竣工验收不得投入使用，也不得擅自开采矿山。竣工验收由建设单位申报，安全生产监督部门指导、监督项目竣工验收工作。

二、竣工验收条件

为进一步规范非煤矿山开采,各省出台了有关规定,其中对非煤矿山竣工验收作出了规定,如 2020 年 9 月 21 日安徽省出台《安徽省非煤矿山建设项目管理办法》,明确规定项目开工建设应当符合法定条件,严禁边基建边生产,同时也明确竣工验收的条件。非煤矿山建设项目竣工验收应当具备以下条件:

1. 项目建设符合有关安全规程和行业技术规范要求。
2. 生产和辅助性工程已按批准的初步设计、变更初步设计建设完成;有剩余工程的,剩余工程不得是主体工程,不得影响矿山正常生产。
3. 技术档案和施工管理资料齐全完整。
4. 主要矿山设备及相关配套设施经联合试运转合格,能够达到初步设计要求。
5. 安全设施、水土保持设施、环境保护设施竣工验收合格。
6. 井巷工程有施工单位签署的工程保修书。
7. 法律法规规定的其他条件。

三、竣工验收主要法律依据

(一)《矿山安全法》

第三十三条 县级以上各级人民政府劳动行政主管部门对矿山安全工作行使下列监督职责。

1. 检查矿山企业和管理矿山企业的主管部门贯彻执行矿山安全法律法规的情况。
2. 参加矿山建设工程安全设施的设计审查和竣工验收。

第三十四条 县级以上人民政府管理矿山企业的主管部门对矿山安全工作行使下列管理职责。

1. 检查矿山企业贯彻执行矿山安全法律法规的情况。
2. 审查批准矿山建设工程安全设施的设计。
3. 负责矿山建设工程安全设施的竣工验收。

(二)《非煤矿山企业安全生产许可证实施办法》

第六条 非煤矿矿山企业取得安全生产许可证,应当具备下列安全生产条件。

1. 新建、改建、扩建工程项目依法进行安全评价,其安全设施经验收合格。

四、竣工验收许可申请材料

以安徽省为例,根据官网查询,办理项目竣工验收需要提供的材料见表4.10-1。

竣工验收许可材料清单 表 4.10-1

序号	材料名称	详细要求	材料来源
1	项目单位项目竣工验收报告和验收整改报告	—	自备
2	相关批复文件	1. 营业执照(副本)、采矿许可证(副本)复印件	申报单位自备,由工商部门核发
		2. 项目核准或备案、初步设计审查意见函及专家组审查意见	申报单位自备,发展改革委备案
		3. 矿产资源储量评审意见书、自然资源部门的矿产资源储量评审备案证明、矿产资源开发利用方案审查意见书、矿山地质环境保护与土地复垦方案审查意见	申报单位自备,自然资源部获取审查意见文件
		4. 水利(水务)部门的水土保持方案批复文件及审查意见、接受企业自主验收水土保持设施的证明材料	申报单位自备,水利部门获取审查意见文件
		5. 生态环境部门审批的环境影响评价批复文件及审查意见、建设项目竣工环境保护验收意见	申报单位自备,环保部门获取审查意见文件
		6. 安全预评价评审意见、应急管理部门的安全设施设计批复及审查意见、安全设施竣工验收意见	申报单位自备,安全主管部门获取审查意见文件
		7. 林业部门的使用林地审核同意书(涉及使用林地的)	林业部门审查意见
3	工程施工及监理资料	1. 施工单位相关资质资料	申报单位自备
		2. 工程施工相关资料	申报单位自备
		3. 工程监理资料	申报单位自备
4	矿山企业职工管理资料	1. 矿长、安全员、特种作业人员花名册、资格证书或合格证书复印件	申报单位自备
		2. 矿长、主要技术人员学历证书	申报单位自备
		3. 职工全员安全培训资料	申报单位自备
		4. 职工花名册、职工劳动合同	申报单位自备
		5. 参加养老保险、工伤保险等人员花名册及近期缴费凭证	申报单位自备
		6. 劳动保护用品发放台账	申报单位自备
		7. 职工健康体检花名册及档案材料等	申报单位自备
5	矿山企业管理制度及主要设备检测资料	1. 管理制度、岗位责任制及各工种作业规程	申报单位自备
		2. 涉爆管理制度	申报单位自备

续表

序号	材料名称	详细要求	材料来源
5	矿山企业管理制度及主要设备检测资料	3. 安全救护协议	申报单位自备
		4. 提升系统（含提升机、钢丝绳、防坠器）、通风系统主通风机、排水系统主排水泵等主要设备设施合规有效的检测报告	申报单位自备
6	项目投资决算报告	—	申报单位自备
7	建设工程竣工验收相关图纸	1. 初步设计基建终了相关图	申报单位自备
		2. 建设工程基建终了相关现状实测图	申报单位自备

五、竣工验收许可程序

1. 组织。由矿山建设单位组织项目竣工验收，并准备相应的竣工验收资料。

2. 申请。建设单位到市政务服务中心经信局窗口提出验收申请，并按要求提供相应的资料。

3. 受理。受理机构对申请材料进行审核，申请材料齐全、符合法定形式，或者申请人按照本行政机关的要求提交全部补正申请材料的，出具受理通知书，非煤矿山行业主管部门组织专家及相关部门进行现场检查验收；材料不齐全或者不符合法定形式的，当场返回材料，发放一次性补正告知。

4. 审核。行业主管部门制作审批表、意见书，该项目通过综合竣工验收；若发现问题，则提交至建设项目业主单位并由其督促施工单位按照规定进行整改，整改结束，由专家组复验通过后交行业主管部门，行业主管部门制作审批表、意见书，该项目通过综合竣工验收。

5. 办结。

六、竣工验收许可成果

项目竣工验收后，行业主管部门制作审批表、意见书，以安徽省为例，通常政府部门会定期对竣工验收的项目集中公示，见表4.10-2。

竣工验收许可公示式样　　　　表4.10-2

工程名称	备案证书号	备案日期	监督注册号	建设单位	勘查单位	设计单位	施工单位	监理单位	建筑面积（m²）	工程造价（万元）	开工日期竣工日期

第十一节　涉公路施工许可

一、涉公路施工许可概述

涉公路施工许可是法律授权交通运输部门办理的审批事项,是指在公路用地范围内构筑结构物或公共设施的工程建设活动。公民、法人或其他组织在《公路安全保护条例》规定的公路建筑控制区范围内,进行构筑结构物或公共设施等工程建设活动时须向行政主管机关提出申请,经行政主管机关依法审查并准予其申请事项后,方可开展涉公路施工活动的行政行为。

二、涉公路施工许可主要法律依据

1.《公路法》

第四十四条规定,因工程需要占用、挖掘公路或者使公路改线的,应当事先征得有关交通主管部门的同意,影响交通安全的,还须征得有关公安机关的同意;第四十七条规定,在大中型公路桥梁、渡口以及公路两侧一定距离内,不得挖砂、采石、取土、倾倒废弃物,不得进行爆破作业及其他危及公路、公路桥梁、公路隧道、公路渡口安全的活动。

2.《道路交通安全法》

第三十二条规定,因工程建设需要占用、挖掘道路,或者跨越、穿越道路架设、增设管线设施的,应当事先征得道路主管部门的同意;影响交通安全的,还应当征得公安机关交通管理部门的同意。

3.《公路安全保护条例》

第十三条规定,在公路建筑控制区内,除公路保护需要外,禁止修建建筑物和地面构筑物;公路建筑控制区划定前已经合法修建的不得扩建,因公路建设或者保障公路运行安全等原因需要拆除的应当依法给予补偿。

第十七条规定,禁止在一定范围内从事采矿、采石、取土、爆破作业等危及公路、公路桥梁、公路隧道、公路渡口安全的活动。

4.《路政管理规定》

第十条规定，跨越、穿越公路，修建桥梁、渡槽或者架设、埋设管线等设施，以及在公路用地范围内架设、埋设管（杆）线、电缆等设施，应当按照《公路法》第四十五条，事先向交通主管部门或者其设置的公路管理机构提交申请书和设计图。另外还规定了申请书应具备的内容。

三、涉公路施工许可申请材料

以安徽省为例，根据官网查询，涉公路施工许可（市级）申请需提供材料见表4.11-1。

涉公路施工许可（市级）办理所需材料清单　　　　表 4.11-1

序号	材料名称	详细要求	材料来源
1	公路建设项目施工许可申请书	需申请人签字或法人签章	申请人自备
2	评标报告	需申请人签字或法人签章	申请人自备
3	施工单位名单	材料规范清晰有效，一经提交申请人对申报材料实质内容的真实负责	申请人自备
4	施工单位合同价情况	材料规范清晰有效，一经提交申请人对申报材料实质内容的真实负责	申请人自备
5	监理单位名单	材料规范清晰有效，一经提交申请人对申报材料实质内容的真实负责	申请人自备
6	监理单位合同价情况	材料规范清晰有效，一经提交申请人对申报材料实质内容的真实负责	申请人自备
7	施工图设计文件批复	需申请人签字或法人签章	政府部门核发
8	审计意见	需申请人签字或法人签章	政府部门核发
9	用地批复	需申请人签字或法人签章	政府部门核发
10	资格预审报告	材料规范清晰有效，一经提交申请人对申报材料实质内容的真实负责	材料来源
11	质量监督手续	材料规范清晰有效，一经提交申请人对申报材料实质内容的真实负责	申请人自备
12	保证工程质量安全措施的材料	有相应资质的机构出具或申请人自行编制	申请人自备
13	招标文件	需申请人签字或法人签章	申请人自备

四、涉公路施工许可办理流程

1. 受理。市政务服务中心综合窗口申请，材料提供齐全即可受理。

2. 审查。业务部门对提交材料进行审批，对于审批通过的填写审批意见；对于材料不符合的告知完善材料。

3. 决定。主管领导根据审批意见，作出是否批准申请的决定。

4. 办结。根据决定，对申请人申请事项予以办结，出具证照或文件批复。

五、办理成果

由交通行政部门出具行政许可决定书，颁发行政许可证件，获得施工许可。

第十二节　涉铁路施工许可

一、涉铁路施工许可概述

在我国，铁路归属于国家铁路局管理，其属于交通运输部管理的副部级国家局，主要负责拟订铁路技术标准，监督管理铁路安全生产、运输服务质量和铁路工程质量。

国家铁路局下设七大铁路监督管理局和北京铁路督察室（均为正厅局级），分别为：沈阳铁路监督管理局、上海铁路监督管理局、广州铁路监督管理局、成都铁路监督管理局、武汉铁路监督管理局、西安铁路监督管理局、兰州铁路监督管理局及北京铁路督察室。在日常管理工作中，其所属工务段也分别被赋予具体的管理职能。

因此，绿色建材矿山项目在设计与施工过程中，如涉及跨越、下穿铁路、贴近铁路运营线等情形，需向铁路管理各局及其工务段提出申请，并承诺遵守有关铁路运输安全技术标准与管理规定，在取得铁路局的同意后，方可进行施工。且通常由申报单位委托铁路局进行代建，设施建成后无偿交予铁路局（工务段）进行管理与维护，申报单位一次性缴足维修保管养护资金。

二、涉铁路施工许可主要法律依据

1.《铁路安全管理条例》

第十六条规定，在铁路线路及其邻近区域进行铁路建设工程施工，应当执行铁路营业线施工安全管理规定。铁路建设单位应当会同相关铁路运输企业和工程设计、施工单位制定安全施工方案，按照方案进行施工。施工完毕应当及时清理现场，不得影响铁路运营安全。

第三十条规定，在铁路线路安全保护区内从事建筑及取土、挖砂、挖沟、采空等，应当征得铁路运输企业同意并签订安全协议，采取措施防止影响铁路运输安全。

第三十四条规定，在铁路线路两侧从事采矿、采石或者爆破作业，应当遵守有关采矿和民用爆破的法律法规，符合国家标准、行业标准和铁路安全保护要求。

2. 地方铁路局相关规定

各地方铁路局对涉铁工程的报批、审核作了更为详尽的规定，如《上海铁路局地方涉铁工程建设管理办法》第三条规定，本办法所称地方涉铁工程是指侵入铁路安全保护区范围或临近铁路营业线（距既有线路中心30m范围内）且可能对铁路运输安全造成影响的地方投资建设工程以及设备大维修工程。第五条规定了地方涉铁工程的设计审批。第六条规定了地方涉铁工程的建设管理。第七条规定了地方涉铁工程的安全管理，由建设单位委托铁路局建设管理，协商签订委托代建合同。

三、涉铁路施工许可所需资料

根据《上海铁路局地方涉铁工程建设管理办法》，办理涉铁路施工许可所需资料见表4.12-1。

涉铁路施工许可办理流程 表4.12-1

序号	材料名称	详细要求	材料来源
1	申请书（函）	按铁路局管理要求，由申报单位填写	申报单位自备
2	承诺函	承诺遵守铁路安全的国家标准、行业标准和施工安全规范，采取措施防止影响铁路运输安全等内容	申报单位自备
3	报地方铁路局审批通过的地方涉铁工程设计方案	聘请具备相应资质的单位编制设计方案，并取得铁路局的审批通过文件	申报单位、具备铁路资质的设计单位
4	涉铁工程施工合同	—	申报单位自备

四、涉铁路施工许可办理流程

根据《上海铁路局地方涉铁工程建设管理办法》，上海铁路局涉铁路施工许可办理流程如下：

1. 发函联系。建设单位发联系函至上海铁路局总师室申请跨越。
2. 技术审查。上海铁路局总师室组织召开跨越技术审查会（10个工作日）。
3. 批复意见。上海铁路局发批复函至建设单位及地方铁路有限公司（5个工作日）。

4. 施工审查。地方铁路公司根据上海铁路局批复意见,对施工单位提供的工程项目许可批复函、设计图纸、"三措一案"、施工资质等资料进行审查,不符合要求的退回重新提交。符合要求的工务段做好防护措施(5个工作日内)。

5. 签订合同。地方铁路公司经审查符合施工要求的,出具会议纪要,并和施工单位签订监护合同(5个工作日内)。

五、涉铁路施工许可办理成果

铁路局通过涉铁方案,并签订《监护合同》,开展涉铁部分施工。

第十三节 专项方案编制

一、"三合一"方案编制

(一)"三合一"方案概述

"三合一"方案,是指合并实施矿山矿产资源开发利用方案、地质环境保护与治理恢复方案及土地复垦方案的编制。

1. 矿山资源开发利用方案

矿产资源开发利用方案是指根据地质资料提供的矿产资源产状、形态、丰度及围岩情况,对矿产资源的开采提出具体开采规模、开采方式、采矿方法、爆破、运输、提升、通风方案、选矿方法、产品方案以及共伴生矿产综合开发、综合利用情况、矿山经济效益等内容的专业技术文件。

矿产资源开发利用方案是行政许可的前提,主要是为了加强矿产资源开发利用前期的管理,严格把好资源利用的源头关,使其能够遵循科学、合理、有效的原则,发挥出最大的效益。同时,开发利用方案也是实施矿业权有偿授予,矿业权价款评估的重要技术经济依据。

2. 地质环境保护与治理恢复方案

地质环境保护与治理恢复方案是指在资源开发、工程建设等活动中,为预防和减轻对地质环境的破坏,确保地质资源的可持续利用,以及对已受损的地质环境进行恢复而制定的系统性、科学性规划和措施。

地质环境保护与治理恢复方案的编制不仅是为了满足行政监管的需要，也是为了满足社会公共利益的需要，通过编制方案采取一系列预防措施，可以有效减少甚至避免人为活动引发的地质灾害，保障人民群众的生命财产安全。

3. 土地复垦方案

土地复垦方案编制，是根据《土地管理法》《土地复垦条例》及有关法律法规、政策和技术标准，就项目建设中对所占用土地事后恢复工作计划安排、论证评估的一项工作。土地复垦方案编制目的是加强对生产建设活动损毁土地复垦方案编制工作的指导，提高方案的科学性、合理性和可操作性，推进土地复垦管理的制度化、规范化建设。从法律角度讲，土地复垦是对因生产建设或自然灾害而损毁的土地进行整治，使其恢复或提升到可供利用状态的一种法定义务。土地复垦不仅涉及土地资源的保护和合理利用，还关系到生态环境的恢复与改善。

（二）"三合一"方案编制依据

1. 矿山资源利用方案编制依据

（1）《矿产资源法》（2009年修订）

该法规定开采矿产资源必须依法申请取得采矿权，并应当按照经过批准的矿产资源开发利用方案进行施工。第十五条规定，设立矿山企业，必须符合国家规定的资质条件，并依照法律和国家有关规定，由审批机关对其矿区范围、矿山设计或者开采方案、生产技术条件、安全措施和环境保护措施等进行审查，审查合格的，方予批准。

（2）《环境保护法》（2014年修订）

该法强调在矿产资源开发利用过程中必须采取措施保护环境，防止污染和生态破坏。第六条规定，一切单位和个人都有保护环境的义务。地方各级人民政府应当对本行政区域的环境质量负责。企业事业单位和其他生产经营者应当防止、减少环境污染和生态破坏，对所造成的损害依法承担责任。公民应当增强环境保护意识，采取低碳、节俭的生活方式，自觉履行环境保护义务。

（3）《安全生产法》（2021年修订）

该法规定了矿山企业必须具备的安全生产条件，以及在矿产资源开发利用过程中应当遵守的安全生产规定。其中第四条规定，生产经营单位必须遵守本法和其他有关安全生产的法律法规，加强安全生产管理，建立健全全员安全生产责任制和安全生产规章制度，加大对安全生产资金、物资、技术、人员的投入保障力度，改善安全生产条件，加强安全生产标准化、信息化建设，构建安全风险分级管控和隐患排查治理双重预防机制，健全风险防范化解机制，提高安全生产水平，确保安全生产。平台经济等新兴行业、领域的生产经营单位应当根据本行业、领域的特点，建立健全并落实全员安全生产责任制，加强从业人员安全生产教育和培训，履行本法和其他法律法规规定的有关安全生产义务。

2. 地质环境保护与治理恢复方案编制依据

（1）《矿产资源法》（1996年8月29日修正）

该法明确，设立矿山企业，必须符合国家规定的资质条件，并依照法律和国家有关规定，由审批机关对其矿区范围、矿山设计或者开采方案、生产技术条件、安全措施和环境保护措施等进行审查，审查合格的，方予批准。

（2）《矿山地质环境保护规定》

第十二条规定，采矿权申请人申请办理采矿许可证时，应当编制矿山地质环境保护与治理恢复方案，报有批准权的国土资源行政主管部门批准。

3. 土地复垦方案编制依据

（1）《土地管理法》（2019年修正）

作为土地管理的基础性法规，强调了土地复垦在促进土地资源合理利用、保护生态环境中的重要作用，并确立了复垦工作应遵循的基本原则和方针。第四十二条规定，因挖损、塌陷、压占等造成土地破坏，用地单位和个人应当按照国家有关规定负责复垦；没有条件复垦或者复垦不符合要求的，应当缴纳土地复垦费，专项用于土地复垦。复垦的土地应当优先用于农业。

（2）《土地复垦条例》

该条例是一部专门针对土地复垦工作的法律，其对土地复垦活动的具体细节进行了全面而细致的规定。条例明确了复垦活动的定义、范围及责任主体，规定了复垦方案的编制要求和审批流程。同时，条例还强调了政府对复垦活动的监管职责，确保了复垦工作的有效实施。通过遵循这部条例，土地复垦活动能够更加规范、有序地推进，为恢复土地的生态功能和利用价值提供有力保障。

除了上述基本法律外，国家还出台了如《土地复垦条例实施办法》等一系列与土地复垦相关的法规和政策文件。这些文件进一步细化了复垦工作的管理要求和技术标准，为复垦方案的编制提供了更加具体的指导，与基本法律相辅相成，共同构成了完善的土地复垦法规体系。如原国土资源部等7部委的《关于加强生产建设项目土地复垦管理工作的通知》及《国土资源部关于组织土地复垦方案编报和审查有关问题的通知》，要求凡已经或可能因挖损、塌陷、压占、污染等对土地造成破坏的生产建设项目土地复垦义务人均应编制土地复垦方案。

4. "三合一"方案编制依据

（1）《关于加强矿山地质环境恢复和综合治理的指导意见》

该指导意见提出要加快推进矿山地质环境恢复和综合治理工作，要求各地结合实际，编制矿山地质环境保护与治理恢复方案，并纳入矿产资源开发利用方案一并实施，推动了"三合一"方案编制的实施。

（2）《国土资源部关于进一步规范矿产资源勘查审批登记管理的通知》

该通知要求简化矿产资源勘查审批流程，提高审批效率，鼓励和支持矿业权人将矿产资源开发利用方案、土地复垦方案和矿山地质环境保护与治理恢复方案合并编制，这是"三合一"方案编制的直接依据。

（三）"三合一方案"编制单位

1. 矿山资源利用方案的编制单位

关于矿山资源利用方案的编制单位，当前没有直接的法律法规予以明确，其属于行政审批中第三方中介服务，但根据以往的文件和相关政策，采矿权（申请）人可按要求自行编制或委托有关机构编制矿产资源开发利用方案。

2. 土地复垦方案编报编制单位

原国土资源部《关于组织土地复垦方案编报和审查有关问题的通知》要求编制土地复垦方案报告的机构应当具备省级以上有关部门核发的规划设计资质或具备从事土地复垦规划设计资质。

但随着政府体制改革，简政放权，2015年10月11日国务院颁布《国务院关于第一批清理规范89项国务院部门行政审批中介服务事项的决定》，在"开采矿产资源土地复垦方案报告书编制"事项中，已明确申请人可按要求自行编制土地复垦方案报告书，也可委托有关机构编制，审批部门不得以任何形式要求申请人必须委托特定中介机构提供服务；保留审批部门现有的土地复垦方案报告书技术评估、评审。

（四）"三合一方案"方案编制样式

关于"三合一"方案的编制，国家还未制定相应的标准，但在2016年国土资源部下发的《国土资源部办公厅关于做好矿山地质环境保护与土地复垦方案编报有关工作的通知》中，对"矿山地质环境保护"与"土地复垦方案"二合一方案编制问题有明确的指导意见。

由于"三合一"属于改革试点内容，有些地区采取独立编制，有些地区则合并编制，以福建省为例，2020年10月19日，福建省自然资源厅编印《福建省矿产资源开发利用、地质环境治理恢复、土地复垦方案编制大纲及说明的通知》，就方案编写的内容提纲、体例进行指导，新"三合一"方案，分为前言部分和四章内容，[①] 主要内容如下。

1. 前言部分

包括任务来源及编制目的、编制工作概况、方案适用年限、有关人员联系方式和编制依据。其中，有关人员联系方式包括编制人员、矿山管理及地质测量人员；编制依据包括批准文件或合法证明文件、勘查许可证或采矿许可证、方案编制所依据的主要基础性资料。

2. 第一章　矿山基本情况

包括矿区位置及交通情况、拟申请矿区范围、地质勘查情况及矿山开采现状、自然地理及当地经济概况、区域环境条件、矿区土地利用现状及权属状况、矿区整体概况、矿区地质特征、矿床开采技术条件、对地质报告的评述。其中，对拟申请的矿区范围，详细明确了矿区划定原则。

3. 第二章　矿产资源开发利用方案

要求在矿产资源开发全过程中，应实施科学有序开采，对矿区周边环境扰动控制在可控范围内，实现矿区环境生态化、开采方式科学化、资源利用高效化，建设绿色、和谐矿区。包括开采范围、开采方式及采矿方法，产品方案、建设规模及服务年限，开拓运输方案，设计利用资源量及可采储量，矿山总平面布置，选矿、综合利用、综合回收，防治水方案。

4. 第三章　矿山地质环境保护与土地复垦方案

包括矿山地质环境保护与土地复垦方案执行情况，矿山地质环境影响评估，矿山开发对敏感目标的影响，土地损毁分析与预测，矿山地质环境治理恢复及土地复垦，监测方案，地质环境治理恢复与土地复垦工程部署，投资估算与效益分析。

5. 第四章　结论与建议

包括矿区位置及交通情况、拟申请矿区范围、地质勘查情况及矿山开采现状、自然地理及当地经济概况、区域环境条件、矿区土地利用现状及权属状况、矿区整体概况、矿区地质特征、矿床开采技术条件、对地质报告的评述。其中，对拟申请的矿区范围，详细明确了矿区划定原则。

---

① 《福建省矿产资源开发利用、地质环境治理恢复、土地复垦"三合一"方案编制大纲及说明》，福建省自然资源厅。

二、矿山地质环境保护与土地复垦方案

（一）矿山地质环境保护与土地复垦方案概述

国土资源部于 2017 年 1 月 3 日发布《关于做好矿山地质环境保护与土地复垦方案编报有关工作的通知》，该通知规定了施行矿山企业矿山地质环境保护与治理恢复方案和土地复垦方案合并编报的制度。矿山地质环境保护与土地复垦专项方案由矿山企业，以采矿权为单位进行编制，一个采矿权编制一个方案。方案名称为"矿业权人名称＋矿山名称＋矿山地质环境保护与土地复垦方案"。

编制矿山地质环境保护与土地复垦专项方案是为了合理开发利用矿产资源，最大限度地减少或避免因矿产资源开发导致的地质环境问题，有效保护和改善矿山地质环境、恢复破坏土地使用功能和生态环境，为矿山地质环境保护和土地复垦提供科学依据，为政府主管部门开展矿山地质环境和土地复垦监督管理提供技术依据，同时也是绿色砂石建材企业办理采矿许可证等相关证照所需的要件。

（二）矿山地质环境保护与土地复垦方案设立相关依据

1.《矿产资源法》

第十五条规定了设立矿山企业，应按照国家有关规定，由审批机关对其矿区范围、矿山设计或者开采方案及环境保护措施等进行审查；审查合格的，才予以批准。

第二十一条规定，关闭矿山，必须提交矿山闭坑报告、有关土地复垦利用及环境保护等资料，并按照国家规定报请审查批准。

2.《矿山地质环境保护规定》（2019 年修正）

第十二条规定，采矿权申请人在申请办理采矿许可证时，应编制矿山地质环境保护与土地复垦方案，报有批准权的自然资源主管部门批准。矿山地质环境保护与土地复垦方案应当包括下列内容：一是矿山基本情况；二是矿区基础信息；三是矿山地质环境影响和土地损毁评估；四是矿山地质环境治理与土地复垦可行性分析；五是矿山地质环境治理与土地复垦工程；六是矿山地质环境治理与土地复垦工作部署；七是经费估算与进度安排；八是保障措施与效益分析。

3.《安徽省矿山地质环境保护条例》

第十五条第 1 款规定，采矿权申请人在申请开采矿产资源时，应委托具有相应地质灾害治理资质的单位编制矿山地质环境保护与综合治理方案，报有采矿许可权的国土资源行政主管部门批准。第 2 款规定，已建和在建的矿山企业，未编制矿山地质环境保护与综合

治理方案的，采矿权人应编制，并报原采矿许可机关批准后实施。

第十六条规定，矿山地质环境保护与综合治理方案应包括下列内容：一是矿山基本情况及地质环境现状；二是开采矿产资源对矿山地质环境可能造成影响的分析、预测、评估；三是矿山地质环境治理措施及保障措施；四是矿山地质环境影响的经济损益分析；五是国家规定的其他内容。

（三）矿山地质环境保护与土地复垦方案申请资料及流程

1. 矿山地质环境保护与土地复垦方案申请资料

以安徽省为例，根据"全国一体化在线政务服务平台皖事通办"官网可知矿山地质环境保护方案所需的申请材料见表4.13-1、表4.13-2。

矿山地质环境保护方案审查资料清单　　　　　　　　　　　表4.13-1

序号	申请材料及结果文件名称	备注
1	采矿权（申请）人申请审查文件	
2	方案文本	
3	方案内审意见	
4	矿产资源开发利用方案评审意见	
5	土地复垦意向	
6	×××矿山地质环境保护与土地复垦方案审查意见	

采矿权（申请）人申请审查文件（样表）　　　　　　　　　　表4.13-2

> 关于对《××矿山地质环境保护与土地复垦方案》评审的请示
>
> ×××资源厅：
> 　　××项目位于××市××。目前正在办理采矿权技改延续手续。拟申请延续矿权面积××km²，生产规模××万t/年，剩余服务年限为××年。
> 　　根据相关文件要求，我公司技术部自行编制了《××矿山地质环境保护与土地复垦方案》。经我单位初步审查，方案已按要求编制。我单位保证方案中所引数据的真实性。现恳请贵厅组织专家进行评审为盼。
> 　　特此申请。
>
> 　　　　　　　　　　　　　　　　　　　　　　　　　　　××公司
> 　　　　　　　　　　　　　　　　　　　　　　　　　　×年×月×日

2. 矿山地质环境保护与土地复垦方案申请流程

笔者根据"全国一体化在线政务服务平台皖事通办"官网可知矿山地质环境保护方案审查流程如下：

（1）受理。申请人可通过"安徽政务服务网""皖事通"APP、邮寄或现场任一方式提交申请材料；窗口进行初审，符合条件的进行受理，材料不齐全的一次性告知。

（2）审查。对全部申请材料进行审核，形成审查意见，提交决定岗审定。

（3）决定。根据审查人提出的审查意见，由分管负责同志决定是否批准申请人的申请。

（4）办结。窗口工作人员根据审批结果（矿山地质环境保护与土地复垦方案审查意见）进行办结。

3. 办理成果

矿山地质环境保护与土地复垦方案审查通过后，自然资源与规划管理局出具《矿山地质环境保护与土地复垦方案审查意见》，示例见表 4.13-3。

矿山地质环境保护与土地复垦方案审查意见　　　表 4.13-3

> 安徽省自然资源厅关于《××矿山地质环境保护与土地复垦方案》
> 审查意见的函
>
> ××公司：
> 　　根据《矿山地质环境保护规定》《安徽省矿山地质环境保护条例》和《安徽省国土资源厅关于做好矿山地质环境保护与土地复垦方案编报工作的通知》等相关规定，我厅于×年×月×日组织专家对你公司报送的《××矿山地质环境保护与土地复垦方案》进行了审查，你公司按照专家提出的意见进行了完善，经专家审查复核，同意你公司修改后的方案通过审查。现将审查意见下达你公司，请按照审查通过的方案做好矿山地质环境保护、治理与土地复垦工作，并将方案文本及附件各一套于×年×月×日前报××分局。方案落实情况每年度 12 月 31 日前报送××分局。
>
> 安徽省自然资源厅
×年×月×日

三、职业卫生健康防护设施设计编制

（一）职业卫生健康防护设施设计概述

职业卫生健康防护设施设计专篇是指产生或可能产生职业病危害的建设项目，在初步设计（含基础设计）阶段，由建设单位依据国家职业卫生相关法律法规、规范和标准自行或委托具有资质的设计单位针对建设项目施工过程和生产过程中产生或可能产生的职业病危害因素采取的各种防护措施及其预期效果编制的专项报告。

2016 年 7 月 2 日修改实施的《职业病防治法》取消了安全监管部门对建设项目职业病危害预评价、职业病防护设施设计以及职业病危害控制效果评价的行政审批事项。关于职业病危害严重的建设项目（不含医疗机构）的防护设施设计审查、建设项目职业病防护设施竣工验收，申请人可按要求自行编制职业病防护设施设计专篇，也可委托有关机构编制，审批部门不得以任何形式要求申请人必须委托特定中介机构提供服务。为保证建设项目职业病防护设施"三同时"工作的质量，切实从源头控制职业病危害，对于大多数不具备能力的建设单位，建议委托专业的且具有相关设计资质的单位承担职业病防护设施设计。

（二）职业卫生健康防护设施设计专篇编制法律合规依据

1.《职业病防治法》（2018年修正）

第十八条第1款规定，职业病防护设施所需费用应纳入建设项目工程预算，并遵循"三同时"原则，即职业病防护设施应与主体工程同时设计，同时施工，同时投入生产和使用。第3款规定，建设项目在竣工验收前，建设单位应当进行职业病危害控制效果评价。

2.《建设项目职业病防护设施"三同时"监督管理办法》

第三条第1款规定，建设项目职业病防护设施建设的责任主体为建设项目投资、管理的单位。第2款规定，建设单位应优先采用有利于保护劳动者健康的新技术、新工艺、新设备和新材料，职业病防护设施所需费用应纳入建设项目工程预算。

第四条第1款规定，建设单位对可能产生职业病危害的建设项目，应进行职业病危害预评价、职业病防护设施设计、职业病危害控制效果评价及相应的评审，组织职业病防护设施验收，建立健全建设项目职业卫生管理制度与档案。第2款规定，建设单位可以将建设项目职业病危害预评价和安全预评价、职业病防护设施设计和安全设施设计、职业病危害控制效果评价和安全验收评价合并出具报告或者设计，并对职业病防护设施与安全设施一并组织验收。

第十五条规定，存在职业病危害的建设项目，建设单位应在施工前按照职业病防治有关法律法规、规章和标准的要求，进行职业病防护设施设计。

第十六条规定，建设项目职业病防护设施设计专篇应当包括相关内容：一是设计依据；二是建设项目概况及工程分析；三是职业病危害因素分析及危害程度预测；四是拟采取的职业病防护设施和应急救援设施的名称、规格、型号、数量、分布，并对防控性能进行分析；五是辅助用室及卫生设施的设置情况；六是对预评价报告中拟采取的职业病防护设施、防护措施及对策措施采纳情况的说明；七是职业病防护设施和应急救援设施投资预算明细表；八是职业病防护设施和应急救援设施可以达到的预期效果及评价。

第十七条第1款规定，职业病防护设施设计完成后，属于职业病危害一般或较重的建设项目，其建设单位主要负责人或其指定负责人应组织职业卫生专业技术人员对设计专篇进行评审，并形成相关评审意见；属于职业病危害严重的建设项目，其建设单位主要负责人或其指定的负责人应组织外单位职业卫生专业技术人员参加评审工作，并形成评审意见。第2款规定，建设单位应按照评审意见对职业病防护设施设计进行修改完善，并对其真实性、客观性和合规性负责。职业病防护设施设计工作过程应当形成书面报告备查。

第二十八条规定，分期建设、分期投入生产或者使用的建设项目，其配套的职业病防护设施应当分期与建设项目同步进行验收。

（三）职业卫生健康防护设施设计专篇编制及相关流程

（1）签署技术服务合同

该绿色砂石矿山企业与某设计集团有限公司（专业机构）签订了《职业病防护设施设计专篇服务合同》与《工作委托书》。

（2）提供相关资料

该绿色砂石矿山企业向专业机构提供了项目立项证明、采矿许可证、总平面布置图及职业卫生管理制度与操作规程等相关资料。

（3）编制职业卫生健康防护设施设计专篇

专业机构在与该绿色砂石矿山企业签署服务合同后开始开展工作，对建设项目概况、职业病危害因素分析及危害程度预测、职业病防护设施设计及预期效果评价等内容进行分析与编写。

（4）组织评审并形成评审意见

该绿色砂石矿山企业在专业机构编制完成职业卫生健康防护设施设计专篇后即组织外单位职业卫生专业技术人员参加评审工作，并形成评审意见。

（5）报相关行政主管部门备案

该绿色砂石矿山企业在组织专家对职业卫生健康防护设施设计专篇进行评审后，对专家提出的意见进行修改并由专家组复核后将职业卫生健康防护设施设计专篇报相关行政主管部门备案。

四、安全预评价报告

（一）安全预评价概述

绿色砂石矿山项目安全预评价是指在项目可行性研究阶段，根据相关的基础资料，辨识与分析绿色砂石矿山建设项目潜在的危险有害因素，确定其与安全生产法律法规、标准、行政规章、规范的符合性，预测发生事故的可能性及其严重程度，提出科学、合理、可行的安全对策措施建议，作出安全评价结论。

2015年12月7日，国家安全生产监督管理总局办公厅针对山东省安全生产监督管理局《关于非煤矿山建设项目安全预评价报告备案问题的请示》进行了复函，即复函文件为《国家安全监管总局办公厅关于非煤矿山建设项目安全预评价报告备案有关问题的复函》，文件表示安全监管部门不再对非煤矿山建设项目安全预评价报告进行备案。非煤矿山建设项目应当进行安全预评价，并在申请安全设施设计审查时向有关安全监管部门提交。

2016年5月30日，国家安全生产监督管理总局为进一步规范金属非金属矿山建设项目安全评价工作，制定了金属非金属地下矿山、露天矿山、尾矿库建设项目安全预评价报告和安全设施验收评价报告编写提纲，为绿色砂石矿山项目安全预评价报告的编制提供了指引。

（二）安全预评价设立相关法律合规依据

1.《安全生产法》（2021年修正）

第三十二条规定，矿山建设项目，应按照国家有关规定进行安全评价。

2.《安全设施监督管理办法》（2015年修正）

第四条规定，生产经营单位是建设项目安全设施建设的责任主体。建设项目安全设施应遵循"三同时"原则，即建设项目安全设施必须与主体工程同时设计、同时施工、同时投入生产和使用。安全设施投资应当纳入建设项目概算。

第七条规定，非煤矿矿山建设项目在进行可行性研究时，生产经营单位应当按照国家规定，进行安全预评价。

第八条第1款规定，生产经营单位应委托具有相应资质的安全评价机构，对其建设项目进行安全预评价，并编制安全预评价报告。第2款规定，建设项目安全预评价报告应符合国家标准或者行业标准的规定。

（三）安全预评价报告编制及相关流程

以安徽某大型绿色砂石矿山项目为例，项目建设单位委托专业机构编制安全预评价报告及相关流程如下。

1. 签署服务合同

为贯彻落实"安全第一，预防为主，综合治理"的安全生产方针，确保湖北某大型绿色砂石矿山项目符合国家安全标准，保障劳动者安全和健康，该绿色砂石矿山企业与某公司签订了《安全预评价委托服务合同》，委托某公司就该绿色砂石矿山项目编制安全预评价报告。

2. 提供相关资料

该绿色砂石矿山企业向某公司提供了安全评价委托书、项目投资备案证、采矿许可证、勘探报告评审意见、"三合一"方案评审意见及可行性研究报告评审意见等相关资料。

3. 编制安全预评价报告

某公司在与该绿色砂石矿山企业签署服务合同后开展工作，对评价范围与依据、建设项目概况、定性定量评价、安全对策措施及建议，以及评价结论等内容进行分析与编写。

4. 组织评审并形成评审意见

该绿色砂石矿山企业在某公司编制完成安全预评价报告后即组织外单位专业技术人员参加评审工作，并形成评审意见。

5. 报相关行政主管部门备案

该绿色砂石矿山企业在组织专家对安全预评价报告进行评审后，对专家提出的意见进行修改并由专家组复核后将安全预评价报告报相关行政主管部门备案。

（四）编制安全预评价报告阶段性相关成果文件

1. 安全预评价报告评审专家组意见（表 4.13-4）

安全预评价报告评审专家组意见（示例）　　　　　　　　表 4.13-4

×年×月×日，××公司组织专家，对某公司编制的《××砂石矿山项目安全预评价报告》（简称"《安全预评价报告》"）进行了评审。专家组查阅了相关资料，听取了关于《安全预评价报告》的编制情况的汇报，经质询和讨论，形成如下评审意见。 一、《安全预评价报告》编制单位某公司资质符合相关规定要求。 二、《安全预评价报告》评价依据充分，进行了危险有害因素辨识与分析，并进行了定性定量评价，提出的安全对策措施符合工程实际；编制格式和内容符合《国家安全监管总局关于印发〈金属非金属矿山建设项目安全评价报告编写提纲〉的通知》的要求。同意通过该《安全预评价报告》。 三、《安全预评价报告》应在以下几个方面进行补充完善： 1. 完善周边环境影响分析和对策措施。 2. 明确工程地质类型并分析评价可能出现的工程地质问题。 3. 完善结构参数、排土场设计参数、运输道路设计参数等安全合理性的定量分析评价。 4. …… 四、《安全预评价报告》修改完善并经专家组复核后备案备查。 　　　　　　　　　　　　　　　　　　　　　　　　　　　专家组成员签字：××　×× 　　　　　　　　　　　　　　　　　　　　　　　　　　　　　　　　　×年×月×日

2. 专家评审意见表（表 4.13-5）

专家评审意见表（示例）　　　　　　　　表 4.13-5

专家姓名		职称		专业	
专家单位					
联系方式		电子邮箱			
通信地址及邮编					
评审项目名称					
评审工作内容	安全预评价报告				
意见和建议： 1. 鉴于矿区周边环境复杂，评价应给出明确的措施建议和时限要求。 2. 完善爆破设计的分析评价，对采矿主炮孔的倾角和炸药单耗等取值的合理性、炸药和雷管等选择的正确性及与现行法规的符合性、爆破振动等危害因素计算参数和控制措施的合理性及针对性等进行充分的分析评价。 3. ……					

专家签名：×× ××
日期：×年×月×日

3. 项目安全预评价报告修改说明

示例：×× 绿色砂石矿山企业于×年×月×日组织有关专家对安全预评价报告进行了评审，经充分讨论，提出了对该评价报告的审查意见，根据专家的审查意见，评价单位对其进行了修改，修改结果如下。

序号	专家意见	修改说明	修改内容／未修改	修改参见／未修改理由
××	××	××	××	××

专家组组长复核意见：××
专家组长签名：××
×××公司
×年×月×日

五、职业危害预评价报告

（一）职业危害预评价报告概述

职业危害预评价报告，即建设项目职业病危害预评价报告，是在可行性论证阶段，对建设项目可能产生的职业病危害因素、危害程度、对劳动者的健康影响、防护措施等进行预测性分析与评价，以确定建设项目在职业病防治方面的可行性，为职业病危害分类管理提供科学依据。职业病危害预评价报告是建设项目职业病危害预评价的技术性文书，可为建设项目的最终设计、政府审批（适用于涉及产生放射性职业病危害的医疗机构建设项目）、验收以及企业管理提供科学的技术依据。

建设项目的职业病危害预评价是建设单位必须履行的法律责任，是建设单位的自主行为。建设单位应当充分认识到职业病危害预评价的重要性和必要性，并自觉、自愿、主动开展此项工作。

（二）职业病危害预评价报告编制依据

1.《职业病防治法》（2018年修正）

编制职业病危害预评价报告是建设单位的一项法定义务。我国《职业病防治法》（2018年修正）第十七条，第十八条明确规定，新建、扩建、改建建设项目和技术改造、技术引进项目可能产生职业病危害的，建设单位在可行性论证阶段应当进行职业病危害预评价，建设项目的职业病防护设施所需费用应当纳入建设项目工程预算，并与主体工程同时设计，同时施工，同时投入生产和使用。

医疗机构建设项目可能产生放射性职业病危害的，建设单位应当向卫生行政部门提交放射性职业病危害预评价报告。

2.《建设项目职业病防护设施"三同时"监督管理办法》

除《职业病防治法》规定建设单位要进行对职业病危害进行评估外，《建设项目职业病防护设施"三同时"监督管理办法》第九条也明确规定，对可能产生职业病危害的建设项目，建设单位应当在建设项目可行性论证阶段进行职业病危害预评价，编制预评价报告。

（三）职业病危害预评价报告编制单位

工程项目建设可能产生职业病危害的，建设单位应委托具有相应资质的职业卫生技术服务机构进行职业病危害现状评价，也就是说职业病危害预评价报告是由第三方专业服务机构编制的。

根据《工作场所职业卫生管理规定》第二十条规定，职业病危害严重的用人单位，应当委托具有相应资质的职业卫生技术服务机构，每年至少进行一次职业病危害因素检测，每三年至少进行一次职业病危害现状评价。

职业病危害控制效果评价中涉及职业卫生检测、评价技术服务的内容应由具有相应资质的职业卫生技术服务机构进行。《职业卫生技术服务机构管理办法》第三条规定，本办法所称职业卫生技术服务机构,是指为用人单位提供职业病危害因素检测、职业病危害现状评价、职业病防护设备设施与防护用品的效果评价等技术服务的机构。

第四条规定,国家对职业卫生技术服务机构实行资质认可制度。职业卫生技术服务机构应当依照本办法取得职业卫生技术服务机构资质;未取得职业卫生技术服务机构资质的,不得从事职业卫生检测、评价技术服务。

(四)职业危害方案编制主要内容

按照《建设项目职业病防护设施"三同时"监督管理办法》的要求,对可能产生职业病危害的建设项目,建设单位应当在建设项目可行性论证阶段进行职业病危害预评价,编制预评价报告。根据其第十条的规定,建设项目职业病危害预评价报告应当符合职业病防治有关法律法规、规章和标准的要求,并包括下列主要内容:

1. 建设项目概况,主要包括项目名称、建设地点、建设内容、工作制度、岗位设置及人员数量等。

2. 建设项目可能产生的职业病危害因素及其对工作场所、劳动者健康影响与危害程度的分析与评价。

3. 对建设项目拟采取的职业病防护设施和防护措施进行分析、评价,并提出对策与建议。

4. 评价结论,明确建设项目的职业病危害风险类别及拟采取的职业病防护设施和防护措施是否符合职业病防治有关法律法规、规章和标准的要求。

职业病危害预评价报告编制完成后,属于职业病危害一般或者严重的建设项目,其建设单位主要负责人或其指定的负责人应当组织具有职业卫生相关专业背景的中级及中级以上专业技术职称人员或者具有职业卫生相关专业背景的注册安全工程师(以下统称"职业卫生专业技术人员")对职业病危害预评价报告进行评审,并形成是否符合职业病防治有关法律法规、规章和标准要求的评审意见;属于职业病危害严重的建设项目,其建设单位主要负责人或其指定的负责人应当组织外单位职业卫生专业技术人员参加评审工作,并形成评审意见。建设单位应当按照评审意见对职业病危害预评价报告进行修改完善,并对最终的职业病危害预评价报告的真实性、客观性和合规性负责。职业病危害预评价工作过程应当形成书面报告备查。

(五)职业病危害预评价报告式样

根据《建设项目职业病危害预评价技术导则》GBZ/T 196—2007,建设项目职业病危害预评价报告书主要内容如下。

建设项目职业病危害预评价报告书

封页：××××建设项目职业病危害预评价报告书

报告书编号

评价机构名称（加盖公章） 年 月 日

封二：评价机构开展建设项目职业病危害评价资质证书影印件

封三：

声 明

××××（评价机构名称）遵守国家有关法律法规，在××××项目职业病危害预评价过程坚持客观、真实、公正的原则，并对所出具的《××××项目职业病危害预评价报告》承担法律责任。

评价机构名称：（加盖公章）
法人代表：（签名）

项目负责人：应注明技术职务、资质证书号，签名

报告书编写人：应注明技术职务、资质证书号，签名

报告书审核人：应注明技术职务、资质证书号，签名

报告书签发人：应注明职务、签名

封四：目录

建设项目职业病危害预评价报告书的章节与内容组成

1. 建设项目概况：建设项目名称、性质、规模、拟建地点、建设单位、项目组成、辐射源项及主要工程内容等。对于改建、扩建建设项目和技术引进、技术改造项目，还应阐述建设单位的职业卫生管理基本情况以及工程利旧的情况。

2. 职业病危害因素及其防护措施评价：概括拟建项目可能产生的职业病危害因素及其来源、理化性质，以及可能接触职业病危害因素作业的工种（岗位）及其相关的工作地点、作业方法、接触时间与频度、可能引起的职业病以及其他对人体健康的影响等。按照划分的评价单元，针对可能接触职业病危害作业的工种（岗位）及其相关工作地点，给出各个主要职业病危害因素的预期接触水平及其评价结论；针对可能存在的职业病危害因素发生（散）源或生产过程，给出拟设置的职业病防护设施及其合理性与符合性评价结论；针对可能接触职业病危害作业的工种（岗位），给出拟配备个人使用职业病防护用品及其合理性与符合性评价结论；针对可能存在的发生急性职业损伤的工作场所，给出拟设置应急救援设施及其合理性与符合性评价结论。

3. 综合性评价：给出建设项目拟采取的总体布局、生产工艺及设备布局、辐射防护措

施、建筑卫生学、辅助用室、职业卫生管理、职业卫生专项投资等及其法规符合性评价的结论，列出其中的不符合项。

4. 职业病防护措施及建议：提出控制职业病危害的具体补充措施，给出建设项目建设施工过程职业卫生管理的措施建议。

5. 评价结论：确定拟建项目的职业病危害类别，明确拟建项目在采取了可行性研究报告和评价报告所提防护措施的前提下，是否能满足国家和地方对职业病防治方面法律法规、标准的要求。

六、规划选址论证报告

（一）规划选址论证报告概述

建设项目选址规划管理，是城市规划行政主管部门根据城市规划及其有关法律法规对建设项目地址进行确认或选择，保证各项建设按照城市规划安排，并核发建设项目选址意见书的行政管理工作。

建设项目选址是执行城市规划的关键所在，其直接关系到城市的性质、规模、布局和城市规划的实施，同时也关系到建设项目实施顺利与否，这是一个十分重要的环节。

重点建设工程项目与城市发展有着密切的关系。重点项目建设的前期工作与城市规划工作相结合，是保证重点项目建设顺利进行，并取得良好经济效益、社会效益和环境效益的重要条件。同时，各类重点建设项目的选址工作与城市规划工作相结合，可保证城市的合理布局和城市规划的实施。因此，与城市有关的重点建设项目或建成后即将形成新城镇的项目，其立项、选址与布局，必须符合城市规划要求。

随着深化"放管服"改革和优化营商环境政策实施，当前越来越多的地方已经实现"多审合一、多证合一"。根据《自然资源部等7部门关于加强用地审批前期工作积极推进基础设施项目建设的通知》和《自然资源部关于深化规划用地"多审合一、多证合一"改革的通知》等文件要求，将用地预审阶段涉及的规划选址论证、占用耕地踏勘论证、永久基本农田占用补划论证、涉及生态保护红线不可避让论证、节地评价等事项整合为选址综合论证，编制一个论证报告、组织一次踏勘、开展一次专家论证，形成一个论证意见。其中，"编制一个论证报告"是指将多个相关论证报告整合为一个《建设项目用地预审阶段规划选址综合论证报告》。

（二）规划选址论证报告编制依据

1.《土地管理法》（2019 年修订）

第五十二条规定，建设项目可行性研究论证时，自然资源主管部门可以根据土地利用总体规划、土地利用年度计划和建设用地标准，对建设用地有关事项进行审查并提出意见。

2.《城乡规划法》（2019 年修订）

第三十六条规定，按照国家规定需要有关部门批准或者核准的建设项目，以划拨方式提供国有土地使用权的，建设单位在报送有关部门批准或者核准前，应当向城乡规划主管部门申请核发选址意见书。前款规定以外的建设项目不需要申请选址意见书。

3.《土地管理法实施条例》（2021 修订）

第二十四条规定，建设项目确需占用国土空间规划确定的城市和村庄、集镇建设用地范围外的农用地，涉及占用永久基本农田的，由国务院批准；不涉及占用永久基本农田的，由国务院或者国务院授权的省、自治区、直辖市人民政府批准。具体按照下列规定办理：建设项目批准、核准前或者备案前后，由自然资源主管部门对建设项目用地事项进行审查，提出建设项目用地预审意见。建设项目需要申请核发选址意见书的，应当合并办理建设项目用地预审与选址意见书，核发建设项目用地预审与选址意见书。

4.《自然资源部关于以"多规合一"为基础推进规划用地"多审合一、多证合一"改革的通知》

2019 年，自然资源部出台了《自然资源部关于以"多规合一"为基础推进规划用地"多审合一、多证合一"改革的通知》，提出将建设项目选址意见书、建设项目用地预审意见合并，自然资源主管部门统一核发建设项目用地预审与选址意见书。

（三）规划选址论证报告编制单位

规划选址论证报告应由建设单位委托具有国土空间规划资质的单位进行编制。根据《城乡规划法》第四十三条规定，城乡规划组织编制机关应当委托具有相应资质等级的单位承担城乡规划的具体编制工作，且要求城乡规划单位需要取得相应等级的资质证书后，方可在资质等级许可的范围内从事城乡规划编制工作，实务工作中大多数省市要求城乡规划单位须具备甲级资质。

报告编制单位在接受建设单位委托后应当在现场踏勘、实地调研的基础上，充分听取项目所在地政府及其有关部门、建设单位、公众等的意见，收集现状基础资料及相关规划资料。

现状基础资料包括：项目概况、用地现状、自然条件、基础设施、道路交通、周边环境等资料。

相关规划资料包括：正在实施的国民经济与社会发展规划、相关专项规划、已批复或正在编制的国土空间规划或村庄规划等资料。

（四）规划选址论证报告编制式样

参照西藏自治区自然资源厅印发的《建设项目选址论证报告文本格式》，规划选址论证报告主要包括以下几个方面内容。[①]

封页

项目名称

编制单位签章、资质证书复印件、编制人员名单

正文

第一章　项目基本情况

1.1　项目名称、性质、项目建设的背景及意义

1.2　项目建设的必要性分析（简要阐述）

1.3　编制依据

1.4　用地及建设规模

1.5　用水、能源及供电、供气、供热等需求

1.6　废弃物的排放和处理方式

第二章　项目的选址

2.1　项目选址的依据（包括法律法规、标准规范、政策依据等）

2.2　项目选址对用地、基础设施、交通运输、周边环境的要求

2.3　项目选址的基本原则

2.4　项目选址的地理位置和周边环境

2.5　项目选址的自然条件

2.6　项目选址的基础设施条件

第三章　项目选址符合城乡规划的论证

3.1　建设项目选址与城乡规划确定的空间布局、土地利用、乡（镇）村布局等的协调情况；城乡规划对拟选用地在用地性质、建设强度、建设要求等方面的规定、建设项目用地与周边用地的相容性分析

[①] 西藏自治区自然资源厅，西藏自治区自然资源厅关于印发《建设项目选址论证报告文本格式》的通知。

3.2 建设项目与交通、安全、环保、林草、地震、水利、通讯、能源（矿产）、市政、防灾规划的衔接与协调，对交通影响较大的项目，还需增加编制交通影响评价报告

3.3 建设项目与城镇基础设施和公共服务设施的衔接和协调

3.4 建设项目与城镇环境保护规划、各类自然保护地规划、风景名胜规划和文物古迹保护规划、城镇综合防灾规划的协调

3.5 建设项目与机场净空、微波通道、军事设施保护及国家安全等特殊要求的关系

3.6 建设项目选址的经济性分析

3.7 项目选址的唯一性分析或方案比选

第四章 结论及建议

4.1 提出选址推荐方案

4.2 提出对相关规划的反馈建议

4.3 提出项目前期工作和后续建设的规划要求及建议

第五章 规划选址论证报告成果要求

论证报告包括论证文件和相关图纸，文件需包含上述内容要求，图纸需包括：

5.1 落放建设项目拟选址位置的现状地形图

5.2 清晰反映拟选址建设项目及其周边用地布局、基础设施关系的城镇总体规划图纸，视建设项目情况包括地（市）、县域空间利用规划图；地（市）、县域基础设施规划图；地（市）、县域综合交通规划图；乡（镇）村布局规划图；中心城区（镇区）用地布局图等

5.3 项目规划总平面初步方案图

七、社会稳定风险评估

（一）社会稳定风险评估概述

根据《社会稳定风险评估暂行办法》规定，社会稳定风险评估是指对拟制定和实施的重大决策及其相关活动可能引起的社会不稳定因素进行提前识别、预测、评估和应对。

社会稳定风险评估是一种重要的决策工具，其在投资项目策划和设计阶段对可能引发的各类社会影响进行科学、系统的识别、预测、评估和管理。这一过程不仅关注项目可能带来的经济效益，更着眼于项目实施可能对周边环境和社区造成的影响，包括但不限于生态环境、社区结构、就业、公共服务等多个层面。通过这样的评价，可以在项目初期预测并防范可能产生的社会问题，确保项目的顺利进行，最大化地提升项目的社会价值。

（二）社会稳定风险评估法律依据

1.《国家发展改革委重大固定资产投资项目社会稳定风险评估暂行办法》

2012年8月16日，国家发展改革委专门制定并印发《国家发展改革委重大固定资产投资项目社会稳定风险评估暂行办法》，该办法是一部专门规定项目社会稳定风险评估的法律，其中第三条明确了社会稳定风险评估的必要性，强调项目单位在组织开展重大项目前期工作时，应当对社会稳定风险进行调查分析，征询相关群众意见，查找并列出风险点、风险发生的可能性及影响程度，提出防范和化解风险的方案措施，提出采取相关措施后的社会稳定风险等级建议。

2.《国家发展改革委办公厅关于印发重大固定资产投资项目社会稳定风险分析篇章和评估报告编制大纲（试行）的通知》

2013年2月17日，为规范和指导重大固定资产投资项目社会稳定风险分析和评估工作，国家发展改革委办公厅印发《国家发展改革委办公厅关于印发重大固定资产投资项目社会稳定风险分析篇章和评估报告编制大纲（试行）的通知》，为编制工程项目可行性研究报告（项目申请报告）和开展评估工作的相关人员提供了指引。

（三）社会稳定风险评估报告编制单位

社会稳定风险评估报告的编制单位通常是具备相关资质和丰富经验的工程咨询单位。承担项目申请报告编制的工程咨询单位，应当通过全国投资项目在线审批监管平台备案登记。工程咨询单位开展的咨询业务，应当与备案的专业和服务范围一致。

（四）社会稳定风险评估报告编制主要内容

根据《国家发展改革委办公厅关于印发重大固定资产投资项目社会稳定风险分析篇章和评估报告编制大纲（试行）的通知》，社会稳定风险评估报告的编制需要遵循一定的格式和步骤，主要包括：

1. 前言：简要介绍报告的背景、目的和意义，阐述社会稳定风险评估的重要性和必要性。

2. 项目概述：详细描述项目的基本信息（如项目名称、地点、规模等）和主要内容（如项目类型、投资额、建设周期等），为后续的评估工作提供背景信息。

3. 评估方法和过程：明确评估的范围和对象，选择适当的评估方法，如定性分析、定量分析或混合方法等，并详细描述评估的具体步骤和过程。

4. 评估结果：根据评估方法和过程，列出评估的主要发现和结果，包括可能产生的社会影响和风险,以及对各类利益相关者的影响。

5.风险管理和应对措施:针对评估结果,提出相应的风险管理和应对措施,以减轻或消除可能产生的负面影响,同时强化正面影响。

6.结论和建议:总结评估的主要发现,提出改进建议并制定后续工作计划,为决策者提供参考。

第五章

项目全生命周期法律合规风险管控重点

第一节 净矿出让法律合规风险

一、净矿出让概述

（一）净矿出让的定义

"净矿"是相对于"生矿"而言的，"净矿出让"实际上是指"净矿出让制度"。净矿出让制度，是一种新的矿权出让制度，是矿业权"出让后再审批"转变为"出让后登记"制度改革的一种具体表现。

从法律意义上讲，净矿包含三层意思：一是无权属争议和纠纷，不存在权利瑕疵，诸如矿产压覆、相邻权侵权等；二是不存在触碰生态红线。不在各级各类自然保护地、生态保护红线等禁止和限制区，同时符合勘查、环保、安全生产等规划和政策限制。三是不存在用林用地等行政许可障碍。

砂石"净矿"出让主要包括以下几方面内容：一是前置审查砂石矿业权设置与相关规划的关系，确保规划上"干净"的砂石矿业权才组织出让；二是着眼于解决"矿地"矛盾，做好砂石开采与用地事项的衔接；三是关注砂石开采作业相关的法定要件的审批，统筹考虑简化办理流程；四是依法依规处置砂石矿存在的原矿业权人已经形成的固定资产等历史遗留问题。

（二）净矿出让的形式

从当前的矿权出让实际操作来看，净矿出让主要分为两类：采矿权净矿出让、采矿权和土地使用权两权净矿出让。

1. 采矿权净矿出让

采矿权净矿出让是指在符合用地、用林、用海规划条件下，将原来采矿权获取后办理的林业、生态环境等部门的行政审批环节整合到采矿权出让以前，预留用地指标，由竞得矿业权的竞拍人取得采矿权后可再办理相关用地、用林等手续。

2. 采矿权和土地使用权两权净矿出让

采矿权和土地使用权两权净矿出让是将采矿权与土地使用权一并出让，实现竞得即可开工建设，拎包入住，缩短矿山建设周期，降低矿业权纠纷。

二、净矿出让法律合规依据

早在 2010 年浙江省为了更好地保障采矿权竞得人能够顺利进场开展开采工作，在全国率先提出了"净矿出让"的概念。2010 年浙江省国土资源厅发布的《关于进一步规范采矿权管理若干问题的通知》中规定，以招拍挂方式公开出让的采矿权，应事先协调好矿山开采所涉及的有关山林、青苗、道路使用等一系列问题的政策处理方案，并签订相关协议，确保以'净采矿权'出让。这是规范性文件中最早出现"净采矿权"出让的概念。

1.《自然资源部关于实施海砂采矿权和海域使用权"两权合一"招拍挂出让的通知》

2019 年 12 月 17 日，自然资源部印发的《自然资源部关于实施海砂采矿权和海域使用权"两权合一"招拍挂出让的通知》，第一次从中央政策层面明确提出"净矿出让"的概念，要求将海砂采矿权与法定权限内的海域使用权"两权合一"，纳入同一招拍挂方案并组织实施；在组织实施招拍挂之前，还应当完成海域使用论证、开发利用方案、环境影响评价等法定要件的编制以及评审工作。

2.《自然资源部关于推进矿产资源管理改革若干事项的意见（试行）》

2019 年 12 月 31 日，自然资源部发布《自然资源部关于推进矿产资源管理改革若干事项的意见（试行）》，其中对于净矿出让做出规定，"开展砂石土等直接出让采矿权的'净矿'出让，积极推进其他矿种的'净矿'出让。"

3.《自然资源部关于深化矿产资源管理改革若干事项的意见》

2023 年 7 月 26 日，自然资源部出台了《自然资源部关于深化矿产资源管理改革若干事项的意见》，该文件就净矿出让方面作出了与《自然资源部关于推进矿产资源管理改革若干事项的意见（试行）》相同的规定。

关于"净矿"的法律合规性依据，更多的是各地方政府制定的地方性法规，湖北、广西、江苏等地相继出台了一系列改革政策，而这些政策大多与砂石开采有着密切关系。

如《广西壮族自治区自然资源厅关于推进矿产资源管理改革有关事项的通知》规定："开展砂石土等直接出让采矿权的'净矿'出让，积极推进其他矿种的'净矿'出让。2021 年前开展出让试点，2022 年起砂石土类矿产一律实行'净采矿权'出让。"又如，《江苏省自然资源厅关于推进矿产资源管理改革若干事项的通知》规定："矿业权所在地要进一步构建'政府负责、部门协同、公众参与、社会监督'的'净矿'出让工作机制。优化矿业权出让流程，在政府主导下，会同相关部门，依法依规避让生态保护红线等禁止限制勘查开采区，合理确定出让范围，并做好用地用林等审批事项的衔接，以便矿业权出让后，矿业权人正常开展勘查开采工作。开展砂石土类等直接出让采矿权的'净矿'出让，积极推进其他矿种的'净矿'出让。"

三、净矿出让法律合规风险及防范

（一）净矿出让中用林、用地法律合规风险及防范

用地、用林"干净"是净矿出让中的主要内容之一，在很大程度上是基于解决矿地矛盾的考虑，普遍做法是政府相关部门先行解决涉矿用地、用林问题及地上附着的林、草、青苗、坟墓等补偿事宜，待竞拍人取得矿权获得林、地使用权，但在实务操作中仍然存在许多障碍及相应的法律合规风险，其中之一是面临征地拆迁的风险。

净矿出让要求政府部门解决矿山开采用林用地问题，实际上是解决涉矿征拆和补偿问题，但这与《土地管理法》用地规定存在一定的矛盾。《土地管理法》规定因公共利益需要可以征收农民集体所有土地，且需要经过法定程序，一般情况下矿山开发可能不符合"公共利益"，则不属于征地范围。采矿用地属于经营性建设用地，按照《土地管理法》的规定，对于集体经营性建设用地，土地所有权人可以通过土地出让、出租等方式交由矿业权人使用，双方平等协商签订书面合同约定权利义务。

因此，从法律合规风险防范的角度，投资人在竞拍砂石建材矿山时，若竞拍的标的为"净矿"，应当注意竞拍公告净矿的内容，并进行实地考察，是预征地还是已完成相关工作，否则可能因为征地问题导致项目无法实施或增加成本。

（二）立项报批漏项的法律合规风险及防范

前面了解到砂石建材项目需要办理大量的行政许可手续及专项方案编制。从申请的主体来看，有些需要项目的投资主体向各个行政归口部门报送，有些需要委托第三方机构进行编制。从时间上来看，完成相应的审批和报送工作有些是在拿矿之前，有些又是在拿矿之后，比如环境影响评价报告书，要求建立在开发利用方案、可行性研究报告、尾矿库预评价报告、水土保持方案等法定要件基础上。

与此同时，立项报批工作与项目的商业模式和生产工艺息息相关，差异性较大，如露天开采和封闭式开采办理法定要件有所不同。

因此，投资人在净矿摘矿阶段必须清楚政府部门已完成哪些工作，哪些工作还需要项目落地后持续投入的，不能理所当然地误解"净矿"摘牌即开工。要清晰地认识到，自然资源主管部门组织出让矿业权，并不能代替政府相关主管部门对项目建设、用地、环保、安全生产、水土保持等方面的审批审查、评审备案，亦不能免除矿业权人自身上述义务。

（三）净矿出让中历史遗留问题法律合规风险及防范

理论上要求净矿出让不存在历史遗留问题，但是往往会有例外。实践中，政府部门在净矿出让中没有充分考虑到矿权本身或涉矿周边存在的历史遗留问题。投资人在拿到矿权后因不能与相关的权利人达成一致而产生较多纠纷，更有甚者可能引发诉讼纠纷。

关于历史遗留问题，原则上建议与矿权一并处置，主要有以下几种方式：

一是打包作价。政府部门将原有矿权收回，对处置的矿权、资产及附属设施进行资产评估，并给予原有权利人相应的补偿，将处理的相关费用计算在出让价格中。

二是对历史遗留问题进行信息披露。政府部门对涉矿周边不动产和动产进行摸底排查，政府部门负责处置不动产部分，涉及的动产在招拍公告中进行信息披露，由竞拍人与原权利人进行协商。

三是将所涉及的矿权、动产不动产及附属物进行资产评估并纳入矿权出让方案中，约定投标人、竞买人中标或者竞得之后，应当向原矿业权人支付相应款项。

第二节　征地与拆迁法律合规风险

一、征地与拆迁概述

征地与拆迁严格上讲不是一个法律术语，而是一个通俗表达。在法律上，征地与拆迁其实包含两个方面的内涵，其一是征地，其二是拆迁。

（一）征地的性质及主体

1. 征地的性质

征地是指国家为了公共利益需要，依照法律规定的程序和权限将农民集体所有的土地转化为国有土地，并依法给予被征地的农村集体经济组织和被征地农民合理补偿与妥善安置的一种行政行为。

所以，在实际生活中，通常所说的征地主要是指将集体土地征收为国有土地的过程，是一种土地征收行为，具有国家强制性。征地有别于国有土地使用权的收回，征地的结果是土地的所有权发生变更，而收回国有土地使用权是不涉及土地所有权变更的，只涉及土地使用权的变更。

2. 征地的主体

一个项目总要有人来主导，征地拆迁亦是如此。讨论征地的主体问题是要明确谁是征地的权利主体，或者说"谁有权"征地的问题。根据我国法律规定，征地的主体只有一个，即县级以上地方人民政府，依据如下：

依据《土地管理法》中的规定，国家征收土地的，依照法定程序批准后，由县级以上地方人民政府予以公告并组织实施。

《土地管理法实施条例》第二十六条规定，需要征收土地，县级以上地方人民政府认为符合《土地管理法》第四十五条规定的，应当发布征收土地预公告，并开展拟征收土地现状调查和社会稳定风险评估。

从上述规定中可以看到，集体土地征收，征收主体是县级以上地方人民政府。也就是说，只有县级以上地方人民政府才可以组织实施征收，镇政府、村委会等均是没有权力组织征收、批准征收、实施征收的。

（二）拆迁的性质及主体

1. 拆迁的性质

拆迁是指取得拆迁许可的单位，根据城市建设规划要求和政府所批准的用地文件，依法拆除建设用地范围内的房屋和附属物，将该范围内的单位和居民重新安置，并对其所受损失予以补偿的一种行政行为。

2. 拆迁的主体

依据《城市房屋拆迁管理条例》的规定，拆迁主体分为拆迁人与被拆迁人，拆迁人是指取得房屋拆迁许可证的单位，被拆迁人是指被拆迁房屋的所有人，拆迁人与被拆迁人应当依照《城市房屋拆迁管理条例》的规定，就补偿方式和补偿金额、安置用房面积和安置地点、搬迁期限、搬迁过渡方式和过渡期限等事项，订立拆迁补偿安置协议。除此之外还有一个主体，即政府部门。依据《城市房屋拆迁管理条例》的规定，房屋拆迁管理部门是指县级以上地方人民政府负责管理房屋拆迁工作的部门，它们负责对本行政区域内的城市房屋拆迁工作实施监督管理，其中一项工作是核发房屋拆迁许可证。

但是，在《国有土地上房屋征收与补偿条例》中没有了房屋拆迁管理部门、拆迁人与被拆迁人的称谓，取而代之的是房屋征收部门、房屋征收实施单位与被征收人这三个概念。依据《国有土地上房屋征收与补偿条例》的规定，房屋征收部门由市、县级地方人民政府确定并负责组织实施本行政区域的房屋征收与补偿工作，其还可以委托房屋征收实施单位，承担房屋征收与补偿的具体工作。

综上所述，拆迁的主体是县级以上地方人民政府，但具体实施工作可以授权给相关组织单位实施。

二、征地与拆迁主要工作

本书以湖北某大型绿色砂石项目为例，该绿色砂石项目由当地县委矿山项目指挥部牵头，组织县征拆办、自规局、林业局、港航局、相关乡镇、建设单位等进行实地调研，开展项目移民征地、拆迁、安置、补偿等工作。工作主要分为以下五个阶段：

1. 统计阶段

按照矿区、生产加工区、长胶廊道、码头及堆场四部分进行规划设计，确定用地规划和征迁安置，统计相关数据。

2. 费用测算阶段

矿山开采用地费用，主要包括开采用地租用费、森林植被恢复费、矿区流转用地费、工作经费等；拆迁安置费用，主要包括房屋征收补偿费、安置房建设费、安置房建设用地费等；生产加工区、廊道、码头费用，主要包括征地补偿费、青苗补偿费、房屋征收补偿费、道路费及工作经费等。

3. 签订协议阶段

该绿色砂石矿山企业积极对接相关单位，核定征拆范围及数据，确认无误后和县征拆办签订征拆包干协议。

4 支付征拆费等相关费用

该绿色砂石项目的征地拆迁工作由当地政府负责，所需费用由该绿色砂石矿山企业根据与县征拆办签订的征拆包干协议进行支付。

5. 实质开展征地拆迁工作

由当地县委矿山项目指挥部牵头，组织县征拆办、相关乡镇及相关村委（社区）开展征地拆迁工作，该绿色砂石企业配合开展相关工作。

三、征地与拆迁法律合规依据

项目征地拆迁主要涉及土地、房屋等事宜，相关的法律合规依据主要有《土地管理法》《土地管理法实施条例》《国有土地上房屋征收与补偿条例》等。

1.《土地管理法》（2019年修正）

第二条第4款规定了土地征收或征用应坚持公共利益原则，并给予补偿。

第四十七条第2款及第4款规定了拟申请征收土地的，应当开展土地现状调查和社会稳定风险评估，将征收范围、征收目的、补偿标准、安置方式和社会保障等进行公告，并听取相关利害关系人的意见，且应与拟征收土地的所有权人、使用权人就补偿、安置等签订协议。

第四十八条第1款规定了征收应坚持公平与合理补偿原则。第2款规定了征收土地应当依法及时足额支付土地补偿费、安置补助费等补偿费用。第4款规定了征收农村村民住宅，应当按照先补偿后搬迁、居住条件有改善的原则，采取重新安排宅基地建房、提供安置房或者货币补偿等方式给予公平、合理的补偿。

第六十三条第1款规定了土地所有权人可以通过出让、出租等方式将集体经营性建设用地交由单位或者个人使用，并应签订书面合同。第2款规定了集体经营性建设用地出让、出租等，应经本集体经济组织成员的村民会议三分之二以上成员或三分之二以上村民代表的同意。

2.《土地管理法实施条例》（2014年修订）

第二十六条第2款规定了征收土地应当采用公众知晓的方式发布预公告。

第二十七条第1款及第2款规定了拟定征地补偿安置方案的相关部门及征地补偿安置方案应当包括征收范围、征收目的、补偿方式和标准等内容。

第二十九条规定了确定征地补偿安置方案后，应与拟征收土地的所有权人、使用权人签订征地补偿安置协议。

第三十二条第2款规定了地上附着物和青苗等的补偿费用，归其所有权人所有。第4款规定了申请征收土地时，应及时落实土地补偿费、安置补助费等相关费用，并保证足额到位，专款专用。

3.《国有土地上房屋征收与补偿条例》

第二条规定了拆迁应遵循公平补偿原则。

第五条第1款规定了由房屋征收实施单位承担房屋征收与补偿具体工作。

第十二条第1款规定了在房屋征收决定作出前，应进行社会稳定风险评估。

第十九条第1款规定了对被征收房屋价值的补偿的标准及确定依据。

第二十二条规定了如因征收房屋造成搬迁或产权调换的，应支付搬迁费或是临时安置费或是提供周转用房。

第二十五条第1款规定了补偿协议应就补偿方式、补偿金额、支付期限、搬迁费及搬迁期限等事项进行约定。

第二十七条第 1 款规定了房屋征收应当坚持先补偿、后搬迁的原则。第 2 款规定了被征收人在收到补偿后，应在搬迁期限内完成搬迁。第 3 款规定了搬迁不得采取暴力等非法方式，建设单位不得参与搬迁活动。

四、征地与拆迁的法律合规风险及防范

（一）征地拆迁补偿费用超出协议约定的法律合规风险及防范

征地拆迁补偿费是砂石项目投资建设过程中的一项重要投入，征地拆迁费用的处理一般会根据矿权是否为"净矿"而有所不同。一般情况下，政府要求矿权的竞拍人支付征地拆迁补偿费。

以某县为例，某县采矿权网上挂牌出让公告显示："竞买人对本次出让范围所涉及的土地权属和其他地面附着物如林木、种植物、安全距离内输电线拆迁以及地面建筑物拆迁等问题须作充分了解，对受让后向第三方做出的补偿等问题，由竞得人依据有关规定在当地政府协调下解决。涉及矿山开采安全距离内的房屋拆迁所需费用由竞得人承担。"

但在现实中，很容易出现因为拆迁工作超出预期，而又因协议约定不明产生纠纷，严重影响项目进展。如某大型绿色砂石矿山企业与当地所在区人民政府签订了《移民征地、征迁、安置、补偿等费用包干协议》（以下简称"《包干协议》"），协议约定该项目涉及矿区、码头及堆场移民征迁安置工作，采取费用包干的形式，由该区人民政府负责，实行费用总额包干。协议签订后，区人民政府致函该绿色砂石矿山企业，区人民政府认为近年来该区当地建材价格、工人工资等施工成本较《包干协议》签订时均逐年上涨，且上涨幅度远超预期，安置房建设费用实际投入较包干费用已超出很多，加之《包干协议》未考虑拆迁方案各项优惠政策导致的增加投入，该区人民政府要求该绿色砂石矿山企业给予据实调增费用。就该问题，双方理解产生较大分歧，该绿色砂石矿山企业认为一切费用都已经明确"包干"，若此时再追加费用则会超出投资预期，但区人民政府认为包干协议包不住。

防范措施：一是在签订《包干协议》前，应充分考虑征地拆迁的范围、工程量、建材价格及工人工资等因素，最大限度地锁定征地拆迁补偿金额；二是签订费用协议应当详尽列明相关费用清单，条款应当约定明确，锁定边界条件；三是如在补偿协议签订后存在未考虑到的变量导致应补偿金额超出原补偿协议约定的包干费用，则应积极与政府方沟通，及时签订补充协议。

（二）征地拆迁补偿过程管控不足的法律合规风险及防范

征地拆迁补偿过程管控不足主要表现在绿色砂石企业在与当地政府签订征地拆迁补偿协议前未能充分调研或是确认征地拆迁的范围、工作量等相关工作内容，或是未能在征地拆迁补偿协议中有效约定当征地拆迁工作未能顺利推进时合同相关方的违约责任，会出现因过程管控不足从而影响征地拆迁工作的整体进度的风险。具体表现为：

一是相关条款设置不严谨，如移民征地、征迁、安置、补偿类合同部分协议无附件工程量清单。

二是协议中未约定工期违约责任条款，不利于合同执行过程中的进度管控。

防范措施：一是在征地拆迁补偿协议中应约定相关工程量对应的补偿金额，不可笼统约定一个金额，能细化的尽量细化成工程量，如土地补偿费、安置补助费、农村村民住宅以及其他地上附着物和青苗等的补偿费用、社会保障费用分别对应相关工程量。

二是在征地拆迁补偿协议中，绿色砂石矿山企业最主要的义务是支付征地拆迁补偿款，而政府方最主要的义务是负责征地拆迁，确保征地拆迁工作顺利进行，不影响绿色砂石项目的开发建设进度，故在征地拆迁补偿协议中应约定若政府未按协议约定推进征拆时，应承担一定的违约责任，如此可最大限度地推动工程的施工建设。

（三）合同签订主体不适格的法律合规风险及防范

签订合同的双方当事人应当是适格的当事人，否则会因为主体不适格或者主体错误导致合同无效。绿色砂石矿山企业在签订征地拆迁用地使用协议时，需要识别合同相对方是否有权处理项目开发建设所需用地。

如某砂石矿山项目建设中，项目廊道建设所需部分用地早在数十年前就由当地村集体与当地某公司签订了土地使用转让合同，将部分用地的使用权已流转至当地某公司。但项目在申请采矿许可时，并未与当地某公司签订用地使用协议，而是与村集体签订了用地补偿协议，导致当地政府相关行政主管部门及该绿色砂石企业被当地某公司起诉至人民法院，从而影响项目开发建设进度。

上述案例产生的主要问题在于项目用地流转合同签订存在瑕疵，惯性思维认为和村集体签订合同，殊不知所涉项目用地早已流转，使用权人已经发生变化，同时与村集体签订协议也存在瑕疵。

防范措施：绿色砂石企业可能存在直接与村集体或是与当地地方政府房屋征收服务中心签订协议，抑或是与该企业的政府方股东签订征拆补偿安置委托协议及集体建设用地使用用协议等多种选择。合同签订主体虽有不同，但对于绿色砂石矿山企业而言：首先要了解合同相对方是否有权限签订用地使用协议；其次要明确合同相对方如何在合同期限内有效提供项目开发建设所需的用地，另应明确合同相对方应确保项目用地范围内全部应征建筑物、构筑物及地上附属物征收完毕，无权属纠纷，还应明确集体建设用地手续合法、权属清晰，无任何与该土地有关的权属纠纷和经济纠纷。

（四）征地拆迁损失补偿的法律合规风险及防范

县级以上地方人民政府应组织有关部门与拟征收土地的所有权人、使用权人签订征地补偿安置协议，协议中应明确征收范围、土地现状、征收目的、补偿方式和标准、安置方式及社会保障等内容，如拟征收的土地压覆重要矿产，征收该土地时，需重点关注征地补偿费用是否含预期经营利润，如相关协议中未明确约定征地补偿费用含预期经营利润，则存在该项主张不被支持的风险。

防范措施：被征收人如想在征地拆迁过程中获得更多的关于停产停业损失的补偿，则应在补偿协议中明确约定停产停业损失的范围含预期经营利润以及该经营利润的金额数额，以为后期主张相关权利提供合同依据。

第三节　项目用地、用林法律合规风险

一、用地、用林概述

根据我国土地管理法规，我国实行的是以用地预审和用地审查为主要内容的建设用地审批制度。绿色砂石项目中采矿权人需要依法履行建设用地审批手续，其通过划拨、出让或集体建设用地流转等方式取得采矿用地使用权后，方可使用土地进行矿产资源的开采。

（一）用地的审批

1. 用地预审

在绿色砂石项目审批、核准或备案阶段，采矿权人应向项目批准机关的同级自然资源主管部门提出建设项目用地预审申请。由自然资源主管部门进行审查并提出用地预审意见。未经预审或者预审未通过的，无法办理农转用、土地征收审批以及供地手续。

2. 用地申请与审批

绿色砂石项目一般为单独选址项目，土地使用者在项目立项后需要持用地预审意见、项目立项文件、项目初步设计批准或审核文件等资料，向土地所在的市、县自然资源主管部门提出用地申请。涉及占用农用地的，需办理农用地转用审批，由市、县人民政府组织自然资源等部门拟定农用地转用方案，报有批准权的人民政府批准。农用地转用涉及土地征收的，还要办理征地手续，由市、县人民政府在完成公共利益审核、土地征收预公告、土地利用现状调查、社会稳定风险评估、拟定征地补偿安置方案、组织听证、签订征地补偿安置协议后，向有批准权的人民政府申请土地征收审批。

3. 办理用地用林手续需提交的相关资料

办理合法用地、用林审批手续是绿色砂石项目建设及运营的先决条件，笔者以湖北某大型绿色砂石项目为例，简要介绍办理临时用地、用林手续需提交的相关资料。

（1）办理临时用地需要的资料

办理临时用地需提交以下资料：一是临时用地审批表（需用地所在乡镇国土所盖章）；二是临时用地申请书；三是用地单位营业执照；四是用地单位法人身份证复印件；五是临时使用土地合同（用地地点、面积、现状地类、用途、期限、复垦标准、补偿费用、支付方式、违约责任等）；六是土地复垦方案（涉及耕地或基本农田，需要市级审批，需提交占用基本农田论证报告）；七是林地批复（涉及林地）；八是勘测定界资料；九是土地权属材料；十是土地利用现状照片；十一是项目建设依据文件。

（2）办理临时用林需要的资料

办理临时用林需提交以下资料：一是使用林地申请表；二是单位申请使用林地报告；三是使用林地现场查验表、现状情况；四是建设项目批准文件（备案证或审批、核准文件）；五是建设项目使用林地可行性研究报告；六是营业执照、法人身份证复印件、采矿许可证；七是拟使用林地红线图；八是植被恢复方案。

（二）用地的使用与转让

1. 采矿用地改变土地用途需经依法审批

根据《土地管理法》的相关规定，采矿用地需要改变建设用途的，应当经有关人民政府自然资源主管部门同意，报原批准用地的人民政府批准。其中，在城市规划区内改变土地用途的，在报批前，还要经有关城市规划行政主管部门同意。

协议出让的采矿用地，在经相关行政主管部门审批同意后，土地使用权人可以与土地出让方签订变更协议或重新签订出让合同，相应调整土地出让金。但出让合同、法律法规及行政规定等明确必须收回土地使用权重新公开出让的，不得办理协议出让手续。划拨方式供应的采矿用地，若改变后用途符合划拨用地目录，经审批同意后，土地使用权人可以继续以划拨方式使用土地；若改变后土地用途不符合划拨用地目录，则需要依法办理有偿用地手续。

2. 项目用地的转让需符合法定条件或经依法审批

根据《土地管理法》和《土地管理法实施条例》的相关规定，对于符合规划并依法登记的集体经营性建设用地，采矿权人能够依照经集体经济组织三分之二以上成员或者村民代表同意，并经市、县人民政府审查的集体经营性建设用地出让、出租等方案，与集体经济组织或村民委员会签订书面合同，通过出让、出租等方式取得采矿用地的使用权。

根据《城镇国有土地使用权出让和转让暂行条例》的相关规定，以协议出让方式取得的采矿用地，在符合法律法规规定和出让合同约定的前提下，可以自由交易。但未按土地使用权出让合同规定的期限和条件投资开发、利用土地的，不得转让。

笔者以安徽某大型绿色砂石项目为例，对矿业用地采取租赁方式交由相关主体使用进行简要介绍。安徽某地政府与某大型绿色砂石企业签订《关于项目矿区采矿用地及周边土地租赁事宜的备忘录》，为满足该企业施工建设的需要，当地政府同意向该企业交付双方已确认面积的土地供其承租使用。在双方土地租赁协议签订时，当地政府负责向该企业提供所出租土地的《农村土地承包经营权证》《林权证》等土地权属证照或有关测绘部门出具的并经双方确认的农用地测绘报告复印件。该企业应根据当地政府土地交付的情况，预先支付前期费用；该前期预付费是土地租赁费总额的组成部分，待双方土地租赁协议签订时，从费用总额中予以扣减。

备忘录签订后，当地政府与该企业及见证方项目征迁安置指挥部，签订了《项目矿区采矿用地及周边土地租赁协议》，约定当地政府通过出租方式依法将该企业矿区采矿用地及周边的土地租赁给该企业使用，约定租赁期限及青苗附属物补偿费用。该企业采取分期支付的方式缴纳所承租土地的租赁费用，即以每五年为期向当地政府转账支付承租土地的租赁费用，并约定了租赁费用的递增区间。在生产经营活动结束后，该企业应按国家有关规定将承租土地复垦完毕交付给当地政府，若该企业无法自行组织复垦的，可将交付时经国土行政主管部门确定的复垦费用支付给当地政府，由当地政府负责具体组织复垦。

二、项目用地、用林法律合规依据

与绿色砂石项目用地、用林相关的法律合规依据主要有：《土地管理法》《土地管理法实施条例》《森林法》《森林法实施条例》。

1.《土地管理法》（2019年修正）

第四十四条规定了农用地转建设用地，应办理转用审批手续。

第五十七条第1款规定了建设项目施工需要临时使用土地的，由县级以上人民政府自然资源主管部门批准。土地使用者应根据土地权属，与有关主体签订临时使用土地合同，并按照合同约定支付临时使用土地补偿费。第2款规定了土地使用者应按约定的用途使用土地，不得修建永久性建筑物。第3款规定了临时使用土地期限一般不超过二年。

第六十三条第1款规定了集体经营性建设用地，土地所有权人可以通过出租、出让等方式交由单位或个人使用，并应当签订书面合同，载明相关权利义务。第2款规定了集体经营性建设用地出租、出让等，应经本集体经济组织成员的村民会议三分之二以上成员或三分之二以上村民代表的同意。

2.《土地管理法实施条例》（2021年修订）

第二十条第1款规定了建设项目施工需要临时使用土地的，应尽量不占或少占耕地。第2款规定了临时用地一般不超过二年；建设周期较长的临时用地，不超过四年。第3款规定了土地使用者应在规定期限内完成土地复垦，使其达到可供利用状态。

第二十五条规定了建设项目需要使用土地的，原则上应当一次申请办理用地审批手续，确需分期建设的，可以分期申请分期办理审批手续。建设过程中用地范围确需调整的，应依法办理审批手续。

3.《森林法》

第十八条规定了经村民会议三分之二以上成员或三分之二以上村民代表同意并公示，可以通过招标、拍卖及公开协商等方式依法流转林地经营权、林木所有权和使用权。

第三十七条第1款规定了矿藏开采应不占或少占林地，确需占用林地的，应依法办理建设用地审批手续。第2款规定了占用林地单位应缴纳森林植被恢复费。

第三十八条第1款规定了临时使用林地的期限一般不超过二年，并不得在其地上修建永久性建筑物。第2款规定了临时使用林地期满后一年内，用地责任主体应恢复植被和林业生产条件。

第五十六条第1款规定了采伐林木应申请采伐许可证，并按规定进行采伐。

4.《森林法实施条例》

第十六条规定了勘查、开采矿藏等工程，需要占用或征收、征用林地的，应提出用地申请，经审核同意后，预交森林植被恢复费，领取使用林地审核同意书，依法办理建设用地审批手续。并且规定了因占用或征收林地面积不同，相关林业主管部门的审核权限亦不同。

三、项目用地、用林的法律合规风险及防范

（一）建设项目未进行用林用地预审的法律合规风险及防范

根据我国《矿产资源法》《土地管理法》《森林法》等相关法律规定，取得矿业权后，矿区用地需要依法办理用地、用林等手续。若矿业企业未经预审或者预审未通过的，无法办理农转用、土地征收审批以及供地手续，则有可能因非法占用农用地、滥伐林木等被调查，轻则面临行政处罚，重则可能面临刑事处罚。

防范措施：在绿色砂石项目审批、核准或备案阶段，采矿权人应当向项目批准机关的同级自然资源主管部门提出建设项目用地预审申请，由自然资源主管部门进行审查并提出用地预审意见，采矿权人应严格按照相关法律法规规定办理用地用林预审手续。

（二）非法占用土地的法律合规风险及防范

根据《土地管理法》《森林法》等相关法律法规的规定，绿色砂石项目需要占用土地的，采矿权人应在提出用地申请之前依法向行政主管部门提出用地申请，经有审批权限的行政主管部门审核同意并核发准予行政许可决定书后再依法办理建设用地审批手续。矿业企业违反矿业用地的不合规行为，可能会因侵权或违约等原因而产生民事责任，侵权责任通常发生在矿业企业违法用地侵犯土地所有权人或使用权人合法权益的场合；违约责任则通常发生在矿业企业未按照土地出让合同、土地使用权转让合同等民事合同约定履行合同义务的场合。非法占用土地亦存在面临行政处罚或是刑事处罚风险。

防范措施：绿色砂石矿山企业应结合与用地相关的业务活动、业务流程，有针对性地梳理矿业用地各个环节的合规风险，积极主动对接当地政府行政主管部门，对矿山项目用地范围进行认真梳理并上报，从源头上解决非法占用土地的风险。

（三）建设用地"未批先建"的法律合规风险及防范

根据《建设用地审查报批管理办法》规定，砂石投资项目矿区范围及建设工程项目对于应当办理建设用地审批手续的用地部分，砂石投资企业应取得建设项目用地预审与选址意见书、建设用地规划许可证、国有建设用地划拨决定书或建设用地使用权出让合同，以及建设用地使用权权属证书等用地法律手续。与其他建设工程项目类似，砂石矿山用地，极容易出现"未批先建"的合规风险，一旦被国土资源部门稽查，土地使用方将面临建筑物被拆除、没收及罚款的行政处罚。

防范措施：一是坚持"用地预审"制度。砂石建材项目立项报批项目众多，对应各种

行政许可，其中就包含用地用林的许可，未办理用地预审和用地许可坚决"不动土"。同时，建设单位可区分不同手续的办理时限要求及重要程度，合理设计手续办理先后顺序，坚持建设用地审批手续的红线标准，将风险保持在可控范围。

二是做好与政府部门的沟通。项目立项与建设过程中，应与政府相关主体建立良性沟通机制，积极对接政府及其他相关部门，配合完善用地报批流程，减少卫星遥感监测发现的国土资源违法事项。

三是做好事后救济工作。《关于建设项目"未批先建"违法行为法律适用问题的意见》规定建设单位在一定期限内主动补交环境影响报告书、报告表并报送环保部门审查的，有权审批的环保部门应当受理，对符合环境影响评价审批要求的，依法作出批准决定。若存在"未批先建"情况，可以参照此文件积极整改。

（四）占用基本农田的法律合规风险及防范

《土地管理法》第三十三条规定，国家实行永久基本农田保护制度。基本农田属于耕地的一部分，是依据土地利用总体规划确定的不得占用的耕地，通常包括有权部门确定的重要农产品生产基地内的耕地、有良好的水利与水土保持设施的耕地、已建成的高标准农田、蔬菜生产基地等。

《土地管理法》第三十五条第1款规定，永久基本农田经依法划定后，任何单位和个人不得擅自占用或者改变其用途。国家能源、交通、水利、军事设施等重点建设项目选址确实难以避让永久基本农田，涉及农用地转用或者土地征收的，必须经国务院批准。《基本农田保护条例》第十五条与上述规定类似，规定可以占用基本农田的项目包括国家能源、交通、水利、军事设施等重点建设项目。

在砂石建材投资项目中，经常会遇到矿区范围内存在基本农田或者存在与基本农田"红线"范围交叉的问题，若处理不慎，轻则影响项目进度，重则可能涉嫌刑事犯罪。

防范措施：一是做好项目勘查设计，明确用地范围。在项目前期需要有专业的勘查设计单位对项目范围内的用地情况进行"摸底"，要确定项目范围内用地类型、用地面积，是否存在用地"红线"。

二是合理规划并调整项目布局。在明确矿区与基本农田关系的基础上，应合理规划项目布局。若矿区范围与基本农田存在交叉，应优先考虑调整矿区范围或开采方案，以避开基本农田。如无法完全避开，应制定详尽的开采和复垦计划，确保对基本农田的临时占用和破坏最小化，并在开采结束后及时进行复垦。

三是加强与政府沟通协调，依法办理用地手续。在项目实施过程中，应依法向当地国土资源管理部门申请办理相关审批手续，包括但不限于土地预审、矿产资源开采许可、环境影响评价审批、土地复垦方案审批等。在未获得相关审批前，应谨慎开工建设。

四是做好"调规工作"。若矿山建设确实需要永久占用基本农田的，根据《自然资源部关于进一步做好用地用海要素保障的通知》规定，国家重大和重点项目才可以允许占用基本农田，且需要根据"占补平衡"的原则进行补偿。因此，在砂石项目中，若是遇到基本农田"避无可避"，要积极与所在地政府沟通协调，争取"划补入库"和"指标"问题。

第四节　生态环境保护法律合规风险

一、生态环境保护概述

1. 生态环境保护的概念

环境是指影响人类生存和发展的各种天然的和经过人工改造的自然因素的总体，包括大气、水、海洋、土地、矿藏、森林、草原、湿地、野生生物、自然遗迹、人文遗迹、自然保护区、风景名胜区、城市和乡村等。

生态环境保护是指改革开放以来，党中央、国务院高度重视生态环境保护与建设工作，采取的一系列战略措施，加大生态环境保护与建设力度，一些重点地区的生态环境得到有效保护和改善。但由于我国人均资源相对不足，地区差异较大，生态环境脆弱，生态环境恶化的趋势仍未得到有效遏制。

2. 生态环境污染主要类别

水污染，是指水体因某种物质的介入而导致其化学、物理、生物或者放射性等方面特性的改变，从而影响水的有效利用，危害人体健康或者破坏生态环境，造成水质恶化的现象。

土壤污染，是指因人为因素导致某种物质进入陆地表层土壤，引起土壤化学、物理、生物等方面特性的改变，影响土壤功能和有效利用，危害公众健康或者破坏生态环境的现象。

噪声污染，是指超过噪声排放标准或者未依法采取防控措施产生噪声，并干扰他人正常生活、工作和学习的现象。

大气污染，是指通过燃煤、工业、机动车船、扬尘、农业等产生的颗粒物、二氧化硫、氮氧化物、挥发性有机物、氨等大气污染物和温室气体，并对大气造成的破坏现象。

二、生态环境保护法律合规依据

与生态环境保护相关的法律合规依据主要有：《环境保护法》《建设项目环境保护管理条例》《水污染防治法》《土壤污染防治法》《环境噪声污染防治法》《大气污染防治法》。

1.《环境保护法》

第四十二条第1款规定了生产经营者应采取措施，防治在生产建设过程中产生的废气、废水、粉尘、噪声等对环境的污染和危害。第2款规定了排放污染物的企事业单位，应建立环境保护责任制度。

第五十八条第1款规定了符合相关条件的社会组织针对污染环境、破坏生态等损害公共利益的行为可以提起公益诉讼：一是在设区的市级以上人民政府民政部门登记；二是专门从事环境保护公益活动连续五年以上且无违法记录。第3款规定了提起环境保护公益诉讼的社会组织不得通过诉讼牟取经济利益。

第六十四条规定了因污染环境和破坏生态造成损害的，应承担侵权责任。

2.《建设项目环境保护管理条例》

第四条规定了工业建设项目应采用能耗小、污染物产生量少的清洁生产工艺，防止环境污染和生态破坏。

第七条规定了国家根据建设项目对环境的影响程度，分为对环境可能造成重大影响的；对环境可能造成轻度影响的；对环境影响很小的，实行分类管理。

第十五条规定了建设项目需要配套建设的环境保护设施，应遵循"三同时"原则，即必须与主体工程同时设计、同时施工、同时投产使用。

第十八条规定了建设项目若是分期建设、分期投入生产或使用，其相应的环境保护设施也应分期验收。

3.《水污染防治法》

第十九条第1款规定了向水体排放污染物的建设项目应依法进行环境影响评价。第2款规定了建设单位在江河、湖泊新建、改扩建排污口的，应取得水行政主管部门或流域管理机构同意；涉及通航及渔业水域的，应征求交通、渔业部门的意见。第3款规定了建设项目的水污染防治设施应遵循"三同时"原则，即应与主体工程同时设计、同时施工、同时投入使用。

第四十条规定了矿山开采区即尾矿库等运营、管理单位，应采取防渗漏等措施，防止地下水污染。

4.《土壤污染防治法》

第二十三条第2款规定了尾矿库运营及管理单位应按照规定，加强尾矿库的安全管理，采取措施防止土壤污染。

第二十八条规定了禁止向农用地排放重金属以及可能造成土壤污染的清淤底泥、尾矿、矿渣等。

第七十九条第 1 款规定了地方人民政府安全生产监督管理部门及生态环境主管部门应加强对尾矿库运营、管理单位的监督，督促其履行防治土壤污染的法定义务，并及时督促其采取相应措施。

5.《环境噪声污染防治法》

第二十四条规定了新建、改扩建可能产生噪声污染的建设项目，应依法进行环境影响评价。

第二十五条第 1 款规定了建设项目的噪声污染防治设施应遵循"三同时"原则，即应与主体工程同时设计、同时施工、同时投产使用。第 2 款规定了建设项目在投入生产或者使用之前，应对配套建设的噪声污染防治设施进行验收，未经验收或验收不合格的，该建设项目不得投产或使用。

第四十条第 1 款规定了建设单位应将噪声污染防治费用列入工程造价，并在施工合同中明确施工单位的噪声污染防治责任。第 2 款规定了施工单位应制定噪声污染防治实施方案，采取有效措施，减少振动、降低噪声。

6.《大气污染防治法》

第四十八条第 1 款规定了矿产开采等企业，应严格控制粉尘和气态污染物的排放。

第七十条第 1 款规定了运输渣土、砂石、土方等车辆应采取密闭或其他措施防止物料遗撒造成扬尘污染，并按照规定路线行驶。

第七十二条第 1 款规定了贮存水泥及砂土等易产生扬尘的物料应密闭；不能密闭的，应采取有效覆盖措施防治扬尘污染。第 2 款规定了码头、矿山、填埋场和消纳场应实施分区作业，并采取有效措施防治扬尘污染。

三、项目生态环境保护法律合规风险及防范

（一）自然保护区及濒危物种保护法律合规风险及防范

大型绿色砂石矿山项目，很可能涉及物流廊道或是码头工程的修建，在设计物流廊道或是码头工程时，应提前考虑其是否涉及自然保护区及濒临物种保护，若其确实涉及自然保护区及濒临物种保护，则应绕道而行或尝试其他解决方案，否则绿色砂石项目在开发建设过程中将存在破坏自然保护区及破坏对濒危物种的保护，从而触发相关行政处罚的风险。

防范措施：如绿色砂石项目涉及自然保护区，则应取得相应行政部门的批复。如安徽某大型绿色砂石项目涉及江豚自然保护区，在取得市农业委员会关于江豚自然保护区影响的批复后才有序推进下一步工作，市农业委员会认为该项目符合国家政策和当地港口建设规划，支持该项目立项建设，并落实环境保护"三同时"原则，减轻施工对保护区和渔业资源的不利影响。

另，如绿色砂石项目涉及濒危物种保护，则应取得相应行政主管部门关于该工程对濒危物种保护专题报告的批复。如某大型绿色砂石项目涉及长江刀鲚国家级水产种质资源保护，项目开展专项论证，并优化设计方案，在取得农业农村部长江流域渔政监督管理办公室《关于〈该工程对长江刀鲚国家级水产种质资源保护区影响专题论证报告〉的批复》后，项目开发建设继续往前推进。

（二）水土流失法律合规风险及防范

绿色砂石项目的水土流失主要区域为采场工程区、工业场地区和临时排土场，施工期是产生水土流失的重点时段。水土流失危害主要表现为扰动地表，加剧水土流失；加速土地肥力流失，降低地力；石粉淤积沟渠及河道，影响排涝行洪，从而面临行政处罚的风险。

防范措施：一是加强方案编制。绿色砂石项目应自项目初始，即委托第三方编制"安全预评价""环境影响评价""职业健康防护设施设计""节能减排报告""水土保持方案""消防设计"等专项报告书或设计文本，通过政府相关行业管理部门组织的专家审查后，获取相关批复文件。

二是加强项目过程中水土保持管理。项目实施过程中，要依据专项报告书和设计文本，结合现场实际情况，落实专项报告书和设计文本的相关要求。项目建成后，要及时开展自主验收，提请行业主管部门开展验收。

如安徽某大型绿色砂石项目与北京某公司签订《水土保持检测技术服务合同》，委托其对码头工程提供水土保持监测技术服务工作，并按季度提供监测报告。报告对各区域工程开展情况、水土保持方案实施情况及采取的措施做了详细记录，并根据存在的问题提供了必要的整改对策和建议。

根据工程建设特点、施工时序、工程布局、水土流失特点，工程水土流失防治一般可分为6个防治分区：采场工程区、工业场地区防治区、辅助生活区防治区、道路工程区防治区、临时排土场防治区和石粉堆存场防治区。一是采场工程区，施工前应做好表土剥离，施工期间在开采平台外围设置拦渣栅栏进行临时拦挡。二是工业场地区防治区，对工业场地区进行覆土、恢复绿化措施。三是辅助生活区防治区，应对可绿化区域进行场地平整并覆土,并进行园林式绿化和开挖边坡防护。四是道路工程区防治区,对可绿化区域进行场地平整并覆土,并在简易上山道路通过设置移动式种植槽和栽植爬山虎进行绿化。五是临时排土场防治区,对排土场采取场地平整、覆土和恢复林地措施。六是石粉堆存场防治区,采取临时排水、沉沙,对场地周边进行绿化的措施进行临时防护。

第五节　闭坑、复垦法律合规风险

一、项目闭坑、复垦概述

(一)闭坑、复垦定义

闭坑是指矿业企业在开采活动结束前一年,向主管行政部门提交闭坑地质报告,经批准后采矿权人编写关闭矿山报告,经批准后完成闭坑工作。

矿山复垦是指在矿山建设和生产过程中,有计划地整治因挖损、塌陷、压占等破坏的土地,使其恢复到可利用状态的工作。在开采矿山的过程中,破坏当地生态平衡,是矿山环境问题产生的主要根源,矿山复垦是现阶段解决矿山环境及矿山经济发展的主要途径。根据《土地管理法》和《土地复垦条例》的规定,因采矿和堆放采矿剥离物、废石、矿渣、粉煤灰等固体废弃物造成土地破坏的,土地使用者应当按照国家有关规定,依法履行复垦义务。

(二)闭坑、复垦主要工作内容

1. 闭坑主要工作内容

(1) 履行闭坑地质报告及关闭矿山报告审批程序

矿业企业应在开采活动结束的前一年,向原批准开办矿山的主管行政部门提出关闭矿山申请,并提交闭坑地质报告。闭坑地质报告经原批准开办矿山的主管部门审核同意后,报地质矿产主管部门会同矿产储量审批机构批准。闭坑地质报告批准后,采矿权人应当编写关闭矿山报告,报请原批准开办矿山的主管部门会同同级地质矿产主管部门和有关主管部门按照有关行业规定批准。

(2) 完成闭坑工作

关闭矿山报告批准后,矿山企业应当完成下列工作:按照国家有关规定将地质、测量、采矿资料整理归档，并汇交闭坑地质报告、关闭矿山报告及其他有关资料；按照批准的关闭矿山报告，完成有关劳动安全、水土保持、土地复垦和环境保护工作，或者缴清土地复垦和环境保护的有关费用。

（3）采矿权注销登记

闭坑工作完成后，采矿权人应报请原颁发采矿许可证的机关办理采矿许可证注销手续。申请采矿权注销登记时，一般应提交采矿权注销申请登记书，采矿许可证，关闭矿山报告或完成报告、终止报告（其中包含矿区范围图、矿山开采现状及实测图件、储量动用及剩余情况、土地复垦利用情况或者依法缴纳土地复垦费情况、采矿权使用费的缴纳情况及相关票据等内容），矿业权出让收益（价款）缴纳或有偿处置材料等。

2. 复垦主要内容

（1）编制土地复垦方案

探矿用地，应当按照土地复垦标准和国务院自然资源主管部门的规定编制土地复垦报告表；采矿用地，应当在申请办理采矿许可证时，编制矿山地质环境保护与土地复垦方案，并报有批准权的自然资源主管部门批准。

（2）实施土地复垦方案

矿业权人应当按照土地复垦方案开展土地复垦工作，将土地复垦费用列入生产成本或者建设项目总投资，每年按规定向有关自然资源主管部门报告土地损毁情况、土地复垦费用使用情况以及土地复垦工程实施情况。生产建设周期长、需要分阶段实施复垦的，还应当对土地复垦工作与生产建设活动统一规划、统筹实施。

（3）缴纳土地复垦费

矿业权人不复垦，或者复垦验收中经整改仍不合格的，应当缴纳土地复垦费，由有关自然资源主管部门代为组织复垦。

二、闭坑、复垦法律合规依据

与闭坑、复垦相关的法律合规依据主要有：《矿产资源法》《矿产资源法实施细则》《矿山安全法》（2009年修正）、《矿山安全法实施条例》《土地复垦条例》《土地复垦条例实施办法》（2019年修正）、《矿山地质环境保护规定》等。

1.《矿产资源法》及《矿产资源法实施细则》

第二十一条规定了矿山企业关闭矿山，须提出矿山闭坑报告及土地复垦利用等相关资料，并按规定报请相关部门审查批准。

第三十二条第1款规定了开采矿产资源，须防止污染环境。第2款规定了开采矿产资源，如破坏林地、耕地及草原的，应因地制宜采取复垦利用、植树种草或其他利用措施。

第三十三条规定了矿山企业关闭矿山，应按照以下程序办理审批手续：一是矿山企业应在规定期限内提出关闭矿山申请，并提交闭坑地质报告；二是闭坑地质报告应经相关部门批准；三是闭坑地质报告经相关部门批准后，采矿权人应编写关闭矿山报告，并报请相关部门进行批准。

第三十四条第1款规定了关闭矿山报告批准后，矿山企业应完成下列工作：一是按照国家有关规定将相关资料整理归档，并汇交闭坑地质报告、关闭矿山报告等其他有关资料；二是矿山企业应完成有关水土保持、土地复垦和环境保护等工作，或缴清有关费用。第2款规定了矿山企业凭关闭矿山报告批准文件和有关证明，办理采矿许可证的注销手续。

2.《矿山安全法》及《矿山安全法实施条例》

《矿山安全法》第十九条规定了矿山企业对排土场、矸石山、尾矿库和矿山闭坑后可能引起的危害，应采取相关预防措施。

《矿山安全法实施条例》第二条第2款规定了矿产资源开采活动是指在依法批准的矿区范围内从事矿产资源勘探和矿山建设、生产、闭坑及有关活动。由此可见，闭坑是绿色砂石项目开发建设过程中一个必不可少的环节。

3.《土地复垦条例》及《土地复垦条例实施办法》

《土地复垦条例》第二条规定了土地复垦是指由相关生产建设单位或个人对生产建设活动和自然灾害损毁的土地采取整治措施，使其达到可供利用状态的活动。

第三条规定了生产建设活动损毁的土地，按照"谁损毁，谁复垦"的原则，由相关生产建设单位或者个人负责复垦。

第十条规定了相关损毁土地由相关生产建设单位或者个人负责复垦：一是露天采矿、挖沙取土等地表挖掘所损毁的土地；二是地下采矿等造成地表塌陷的土地；三是堆放采矿剥离物、废石、矿渣等固体废弃物压占的土地；四是能源、交通、水利等生产建设活动临时占用所损毁的土地。

第十三条第1款规定了相关生产建设单位或者个人应在办理建设用地申请或采矿权申请手续时，报送土地复垦方案。第2款规定了未编制土地复垦方案或者土地复垦方案不符合要求的，不得批准建设用地，不得颁发采矿许可证。

第十八条规定了相关生产建设单位或者个人不复垦，或复垦验收中经整改仍不合格的，应缴纳土地复垦费，由有关国土资源主管部门代为组织复垦。

第十六条第1款规定了相关生产建设单位或者个人应建立土地复垦费用专门账户，按照土地复垦方案确定的资金数额，在土地复垦费用专门账户中足额预存土地复垦费用。第

2款规定了相关生产建设单位或者个人预存的土地复垦费用应遵循"相关生产建设单位或者个人所有，自然资源主管部门监管，专户储存专款使用"的原则。

《土地复垦条例实施办法》第十七条第1款规定了相关生产建设单位或者个人应与损毁土地所在地县级自然资源主管部门、银行共同签订土地复垦费用使用监管协议，并明确土地复垦费用预存和使用的时间、数额、条件和违约责任等。

4.《矿山地质环境保护规定》（2019年修正）

第二十二条第1款规定了矿山关闭前，采矿权人应完成矿山地质环境治理恢复义务。采矿权人在申请办理闭坑手续时，应提交验收合格文件，经审定后，返还相关保证金。第2款规定了采矿权人逾期不履行治理恢复义务或治理恢复仍达不到要求的，由国土资源行政主管部门使用该采矿权人缴存的相关保证金组织治理，治理资金不足部分由采矿权人承担。

三、项目闭坑、复垦的法律合规风险及防范

（一）项目闭坑法律合规风险及防范

绿色砂石项目闭坑的责任在于矿山企业，若是矿山企业在矿山开采结束后因未能有效完成闭坑行为，导致生态环境被破坏或未及时履行生态环境修复义务等情形的，相关机构可依法向矿山企业提起民事公益诉讼。

防范措施：一是完成矿山地质环境保护与土地复垦义务。《矿山地质环境保护规定》第十九条规定，矿山关闭前，采矿权人应当完成矿山地质环境保护与土地复垦义务。采矿权人在申请办理闭坑手续时，应当经自然资源主管部门验收合格，并提交验收合格文件。

二是完成土壤和地下水污染状况调查及修复义务。《工矿用地土壤环境管理办法（试行）》规定，土壤环境污染重点监管单位终止生产经营活动前，应当参照污染地块土壤环境管理有关规定，开展土壤和地下水环境初步调查，编制调查报告，及时上传全国污染地块土壤环境管理信息系统。

（二）项目复垦法律合规风险及防范

项目复垦合规风险主要表现为矿业权人未编制土地复垦报告表，未能按照土地复垦方案开展土地复垦工作，未按规定向有关自然资源主管部门报告土地损毁情况、土地复垦费用使用情况以及土地复垦工程实施情况。矿业权人未按规定复垦，或是未按规定缴纳土地

复垦费很可能面临被行政处罚或是被吊销采矿许可证的风险。

防范措施：一是编制土地复垦方案。矿业权人应当在申请办理采矿许可证时，编制矿山地质环境保护与土地复垦方案，并报有批准权的自然资源主管部门批准。

二是实施土地复垦方案。矿业权人应当按照土地复垦方案开展土地复垦工作，将土地复垦费用列入生产成本或者建设项目总投资，每年按规定向有关自然资源主管部门报告土地损毁情况、土地复垦费用使用情况以及土地复垦工程实施情况。生产建设周期长、需要分阶段实施复垦的，还应当对土地复垦工作与生产建设活动统一规划、统筹实施。

三是依法缴纳土地复垦费。矿业权人不复垦，或者复垦验收中经整改仍不合格的，应当缴纳土地复垦费，由有关自然资源主管部门代为组织复垦。

第六节 安全生产法律合规风险

一、项目安全生产概述

1. 项目安全生产概念及特点

安全生产是指在社会生产活动中，通过人、机、物料、环境、方法的和谐运作，使生产过程中潜在的各种事故风险和伤害因素始终处于有效控制状态，切实保护劳动者的生命安全和身体健康。

鉴于矿山项目开发涉及工程、水文、环境、爆炸物、设施设备、运输管理等多种因素，使得矿山建设和生产过程中存在着工程事故、火灾、爆炸、坠落、中毒、触电、透水等自然性风险和人为风险。

因此，矿山建设和生产过程中事故发生的频率和总量在工业生产各行业中一直是最高的。虽然近些年矿山安全管理取得明显成效，矿山生产安全事故起数、死亡人数、较大事故和重特大事故起数、煤矿百万吨死亡率实现"五个明显下降"，但矿山安全基础总体薄弱及外部环境的不确定性等仍然使得矿山安全生产面临巨大的挑战。实践充分证明，只有全面落实矿山生产安全管理义务，才能最大限度地防止矿山安全事故的发生，实现矿业企业的高质量发展。

2. 项目安全生产主要内容

（1）矿山建设阶段

首先，在矿山建设阶段矿山企业应当履行开展安全评价，即新建、改扩建矿山工程项目需要按照国家有关规定进行安全评价，矿山企业应当委托具有安全评价资质的机构在矿山建设项目可行性研究阶段进行安全预评价，在投入生产或者使用前，进行安全验收评价。

其次，需执行"三同时"制度，即生产经营单位新建、改扩建工程项目的安全设施，必须与主体工程同时设计、同时施工、同时投入生产和使用，安全设施投资应当纳入建设项目概算。

再次，安全设施设计需经依法审批，即安全设施设计完成后，矿山企业应当向矿山安全监督管理部门提出审查申请，未经审查同意的，不得施工。

最后，应依法组织安全设施竣工验收，即矿山建设项目竣工投入生产或者使用前，矿山企业应当组织对安全设施进行竣工验收，形成书面报告备查，安全设施竣工验收合格后，方可投入生产和使用。

（2）矿山开采阶段

矿山开采阶段的安全管理是矿山安全生产的重点。

首先，依法取得安全生产许可，即矿山企业未取得安全生产许可证的，不得从事生产活动。

其次，应当依法采取安全事故隐患预防措施，即矿山企业应按照《矿山安全法》《矿山安全法实施条例》等有关规定和要求采取预防措施。

再次，应当依法使用和检修矿山设备，即矿山企业使用的设备、器材、防护用品及安全检测仪器仪表，应符合国家安全标准或者行业安全标准。矿山使用的涉及人身安全的设备应由专业生产单位生产，并经具有专业资质的检测、检验机构检测、检验合格，方可投入使用。应当依法对外发包工程或托管矿山，即非煤矿山企业应当按照《非煤矿山外包工程安全管理暂行办法》和《关于加强金属非金属地下矿山外包工程安全管理的若干规定》，对工程进行发包。

最后，依法依规进行矿山生产，即应当按照《金属非金属矿山安全规程》GB 16423—2020、《尾矿库安全规程》GB 39496—2020等国家标准、行业标准进行安全生产活动。矿山企业应当按照相关安全标准以及经批准的安全设施设计的要求，依法依规开展矿山生产。

二、项目安全生产法律合规依据

与绿色砂石项目安全生产相关的法律合规依据主要有：《安全生产法》《矿山安全法》《矿山安全法实施条例》。

1.《安全生产法》（2021年修正）

第二十三条第1款规定了生产经营单位应保证安全生产条件所必需的资金投入。第2款规定了有关生产经营单位应按照规定提取和使用安全生产费用，该费用应专门用于改善安全生产条件，其在成本中据实列支。

第二十四条规定了矿山、建筑施工等单位，应设置安全生产管理机构或配备专职安全生产管理人员，即在组织机构上应有所保障。

第三十一条规定了生产经营单位新建、改扩建工程项目的安全设施，应遵循"三同时"原则，即安全设施须与主体工程同时设计、同时施工、同时投入生产和使用，另安全设施投资应当纳入建设项目概算。

第三十二条规定了矿山建设项目，应按照国家相关规定进行安全评价。

第三十四条第1款规定了矿山建设项目的施工单位须按照批准的安全设施设计施工，并对安全设施的工程质量负责。

第四十九条第3款规定了矿山建设项目的施工单位应加强对施工项目的安全管理，不得非法转让施工资质，不得转包或支解分包，亦不得将工程分包给不具备相应资质条件的单位。

2.《矿山安全法》（2009年修正）

第十二条第1款规定了矿山建设工程须按照管理矿山企业的主管部门批准的设计文件施工。第2款规定了矿山建设工程安全设施竣工后，应由相关行政主管部门验收，并须有劳动行政主管部门参加；不符合矿山安全规程和行业技术规范的，不得验收，不得投入生产。

第十九条规定了矿山企业对排土场、尾矿库和矿山闭坑后可能引起的危害，应采取预防措施。

第二十六条规定了矿山企业须对职工进行安全教育、培训。

3.《矿山安全法实施条例》

第九条规定了管理矿山企业的相关行政部门应自收到建设单位报送的综合报告之日起30日内，对安全设施进行检查；不符合矿山安全规程、行业技术规范的，不得验收，亦不得投入生产或者使用。

第二十六条规定了矿山企业应建立、健全相关检查和维护制度；对可能发生的危害，应采取预防措施。

第三十条规定了矿山企业应当根据需要，设置安全机构或者配备专职安全工作人员。

三、项目安全生产的法律合规风险及防范

（一）发生安全事故的法律合规风险及防范

矿业开发属于安全生产的高风险行业，每年都有大量的矿山企业因安全管理不到位而发生安全事故，触目惊心。我国历来高度重视矿业企业安全管理，制定了《安全生产法》《刑法》等一系列法律法规，对安全生产提出了较高的要求。矿山安全事故的发生，轻则发生经济损失，重则发生人身伤害，严重的将会受到行政处罚或是刑事处罚。

1. 法律合规风险责任

（1）承担民事责任

矿山企业违反安全生产的不合规行为，可能会在以下情形下承担民事责任：

一是因生产安全事故造成人员、他人财产损失的，承担相应的赔偿责任；

二是对因生产安全事故受到损害的从业人员提出的赔偿请求，承担相应的赔偿责任；

三是矿山企业将生产经营项目、场所、设备发包或者出租给不具备安全生产条件或者相应资质的单位或者个人，导致发生生产安全事故给他人造成损害的，与承包方、承租方承担连带赔偿责任。

（2）承担行政责任

根据《安全生产法》的规定，企业实施安全生产违法行为的，要承担相应的行政法律责任。责任主体除了企业自身外，还包括企业主要负责人、其他负责人、直接负责的主管人员、其他直接责任人员以及安全生产管理人员。责任形式上则包括行政处罚和行政处分两类。其中行政处罚包括责令限期改正、责令停产停业整顿、吊销有关证照、予以关闭、没收违法所得、从业禁止、行政拘留、罚款等；行政处分包括降级、撤职等。

（3）承担刑事责任

矿山企业违反安全生产相关规定构成犯罪的，将被依法追究刑事责任，涉及的罪名包括重大责任事故罪，强令、组织他人违章冒险作业罪，危险作业罪，重大劳动安全事故罪，大型群众性活动重大安全事故罪，危险物品肇事罪，工程重大安全事故罪，消防责任事故罪，不报、谎报安全事故罪等。

2. 防范措施

一是建立全员安全生产责任制。根据《安全生产法》的规定，矿山企业应当根据安全生产法律法规、规章、规程、标准和技术规范要求，建立覆盖本企业所有层级、所有岗位的全员安全生产责任制，明确各岗位的责任人员、责任范围和考核标准等内容，形成人人有责、各负其责、权责清晰的安全生产责任体系。

二是制定安全生产管理制度。矿山企业应当根据法律法规和相关规范要求，制定安全目标管理、安全奖惩、安全技术措施审批、安全投入保障、设备安全管理、劳动用工、安全教育培训、安全监督检查、事故隐患排查治理、事故报告与责任追究、事故应急救援制度等安全生产规章制度，并制定作业安全规程和各工种操作规程。

三是设置安全生产管理机构。根据《安全生产法》的规定，矿山的生产、经营必须设置安全生产管理机构，配备专职安全生产管理人员和注册安全工程师，安全生产管理人员的任免应当告知负有安全生产监督管理职责的主管部门。

四是依法进行安全生产培训。矿山企业应当按照《生产经营单位安全培训规定》《特种作业人员安全技术培训考核管理规定》等规章规定，对从业人员（包括矿山企业主要负责人、安全生产管理人员、特种作业人员和其他从业人员）进行安全生产培训，未经安全培训合格的从业人员，不得上岗作业。

五是依法构建双重预防机制。要构建安全风险分级管控和隐患排查治理双重预防机制。具体而言，矿山企业应从安全风险辨识、安全风险评估、安全风险管控和安全风险公告四个方面加强安全风险分级管控；从隐患排查、治理、记录、报告四个方面构建全流程闭环管理的隐患排查治理制度。

六是依法投保安全生产责任保险。2021年修订的《安全生产法》增加了高危行业、领域的生产经营单位强制投保安全生产责任保险的规定。非煤矿山属于高危行业领域，依法应当投保安全生产责任保险。

七是矿山企业应将生产经营项目、场所、设备发包或是出租给具备安全生产条件或者相应资质的单位。

（二）关于矿区周边300m范围内存在安全生产的法律合规风险及防范

根据《小型露天采石场安全管理与监督检查规定》第三十一条规定，对于周边300m范围内存在生产生活设施的小型露天采石场，不得对其进行审查和验收。即若小型绿色砂石建材企业的矿区周边300m范围内存在生产生活设施，则相关行政主管部门不得对其进行审查和验收，导致该绿色砂石建材企业不得被授予安全生产许可证或是安全生产许可证面临被撤销的风险，从而导致该绿色砂石建材企业最终面临不得生产的风险。

防范措施：绿色砂石建材企业在申请安全生产许可证时，建设单位应当重点关注以下几点：

一是应关注该采矿区域内是否达到安全生产条件；

二是应关注其配套设施是否达到安全生产条件；

三是应关注该采矿区域边界外是否达到安全生产条件，即采矿区域边界外300m内有无生产生活设施材料,如存在未搬迁的房屋或是存在经济林地等其他相关生产生活设施,则该绿色砂石建材企业应与相关主体签署相关协议,妥善处理此类事项,确保矿区周边300m 范围内不存在生产生活设施,从而依法取得安全生产许可证,最终确保其实现顺利生产的目的。

第七节 砂石矿业权处置法律合规风险

一、砂石矿业权处置概述

砂石矿业权人对矿业权的处置方式,常见的主要包括转让、出租和抵押。《矿业权出让转让管理暂行规定》第六条规定了矿业权人依法可以进行矿业权的转让、出租和抵押。

二、砂石矿业权处置法律合规依据

关于砂石矿业权处置的法律法规有:《探矿权采矿权转让管理办法》《最高人民法院关于审理矿业权纠纷案件适用法律若干问题的解释》《矿业权出让转让管理暂行规定》《最高人民法院关于审理行政协议案件若干问题的规定》。

《探矿权采矿权转让管理办法》第十条规定了转让探矿权、采矿权需向审批管理机关提出申请;准许转让的,转让人与受让人需依法办理权利变更登记手续。第十二条规定了探矿权、采矿权转让后,探矿权人采矿权人权利义务也随之转移。

《最高人民法院关于审理矿业权纠纷案件适用法律若干问题的解释》第六条规定了矿业权转让合同的效力认定相关问题。第十二条规定了矿业权租赁、承包合同的效力认定相关问题。第十五条规定了矿业权设定抵押权设立时间确认问题。

《矿业权出让转让管理暂行规定》第六条规定了矿业权人可以依法出租、抵押矿业权;第五十七条规定了矿业权设定抵押时,矿业权人应办理备案手续。

《最高人民法院关于审理行政协议案件若干问题的规定》第二条明确了矿业权等国有自然资源使用权出让协议属于行政协议,公民、法人就行政协议可以提起行政诉讼,人民法院应当受理。

三、砂石矿业权处置法律合规风险及防范

（一）矿业权转让合同的有效性风险及防范

矿业权转让是指矿业权人在遵守法律、行政法规的前提之下，符合矿业权转让条件，通过出售、合作、合资等方式，依法将其所享有的矿业权转让给他人的法律行为。在我国矿产资源归属国家所有，国家对矿业权的出让、转让设立了相关的条件和审批程序，只有在满足相关条件，并依法经过审批程序之后，矿业权才能移转给他人。然而随着我国矿产资源交易市场的不断发展，矿业权转让合同的有效性问题争议不断。

1. 未经审批的矿业权转让合同效力争议

根据《探矿权采矿权转让管理办法》第十条规定，申请转让探矿权、采矿权的，审批管理机关应当自收到转让申请之日起 40 日内，作出准予转让或者不准转让的决定，并通知转让人和受让人。准予转让的，转让人和受让人应当自收到批准转让通知之日起 60 日内，到原发证机关办理变更登记手续；受让人按照国家规定缴纳有关费用后，领取勘查许可证或者采矿许可证，成为探矿权人或者采矿权人。批准转让的，转让合同自批准之日起生效。不准转让的，审批管理机关应当说明理由。由此可知，矿业权合同属于经批准才能生效的合同，这属于矿业权转让合同的形式要件。

但是根据《民法典》第五百零二条第 2 款规定，依照法律、行政法规的规定，合同应当办理批准等手续的，依照其规定。未办理批准等手续影响合同生效的，不影响合同中履行报批等义务条款以及相关条款的效力。应当办理申请批准等手续的当事人未履行义务的，对方可以请求其承担违反该义务的责任。第 3 款规定，依照法律、行政法规的规定，合同的变更、转让、解除等情形应当办理批准等手续的，适用前款规定。矿业权转让合同未经相关部门的审批，该转让合同未生效，而非无效。合同未生效则是指当事人之间已经达成合意，合同的实质要件已经具备，合同已然成立，只是该合同尚未开始产生拘束力。合同未生效可以赋予当事人履约的抗辩权，即合同一方当事人要求另一方当事人履行合同约定的义务时，另一方当事人有权以合同尚未生效而抗辩，拒绝对方要求其履约的请求。但是合同未生效并不意味着合同双方可以不遵守合同约定，合同条款依然对双方有一定的拘束力，任何一方都不能擅自撤回、解除和变更合同内容。因此矿业权转让合同虽然未经批准，没有生效，但是对矿业权转让双方仍有约束力，该转让合同是未生效，而非无效。

以新疆玉龙矿业有限公司、和田顺祥砂石料有限公司确认合同效力纠纷为例【（2021）新 32 民终 566 号】，法院的审判思路就是如上所述。该案中，和田顺祥砂石料有限公司

（以下简称"和田公司"）竞得建筑用砂石采矿权，2019年5月16日签订矿车资源成交确认书。2天后，新疆玉龙矿业有限公司（以下简称"玉龙公司"）与和田公司签订《土地使用权共有人协议》，在该协议中，双方约定和田公司竞得的采矿权为双方共有，并约定了支付款项、日期等信息。2019年6月11日，和田公司与相关部门签订了《采矿权出让合同》。后和田公司、玉龙公司因《土地使用权共有人协议》效力产生纠纷，诉至法院。二审法院经审理查明，《土地使用权共有人协议》虽然名为土地使用权协议，其实质是采矿权转让合同，该合同已经依法成立，但是尚未办理审批手续。本案一审法院以该矿业权转让合同未经有关机关批准，而判决合同无效，缺乏法律依据。该转让合同虽然未经批准，但是不属于无效合同，当事人完全可以请求和田公司继续履行报批义务，从而使得合同生效。本案之中，虽然二审法院纠正了一审法院判决矿业权转让合同无效的判决结果，但是说理部分依然围绕着合同未生效展开。

根据2020年施行的《最高人民法院关于审理矿业权纠纷案件适用法律若干问题的解释》第六条规定，矿业权转让合同自依法成立之日起具有法律约束力。矿业权转让申请未经国土资源主管部门批准，受让人请求转让人办理矿业权变更登记手续的，人民法院不予支持。当事人仅以矿业权转让申请未经国土资源主管部门批准为由请求确认转让合同无效的，人民法院不予支持。对于该司法解释条文，从文义解释的角度而言，矿业权转让合同的效力已于该合同是否经过审批无关，矿业权转让合同未经审批，只是不能发生物权变动的效果。因此，矿业权转让合同的效力问题已与之前的司法实践观点截然不同。在我国矿业权转让合同设置行政审批流程，其目的是实现对矿业权交易市场的有效监管。但是在司法实践中对此产生了更多争议。由于矿产资源的价格一方面受到市场供需调整，价格波动大，另一方面矿产资源在我国属国家所有，国家政策对矿产资源的价格能够产生巨大的影响。因此，实践中经常会出现一方当事人因矿产资源价格变动而故意拖延履行报批义务和支付矿产资源对价的情况，导致在该类案件的审理过程，频繁依赖于法官的自由裁量权，导致同案不同判的现象。

综上，矿业权转让合同未经相关部门审批，合同有效，但是却不发生物权变动的效力，矿业权审批环节不再是合同生效或无效的考量要件。

2. 以股权转让方式转让矿业权合同的效力争议

司法实践中，通过股权转让方式实现矿业权转移已成矿产资源交易领域常见的投资模式。但是该种模式在我国现有的法律体系内尚不明确。2019年12月17日，自然资源部就《中华人民共和国矿产资源法（修订草案）》公开征求意见。该草案第二十九条规定，矿业权人可以依法转让、出租、抵押矿业权。矿业权人以股权转让等形式变更矿业权实际控制人的，视为矿业权转让，应当办理登记手续。矿业权转让时，矿业权出让合同约定的权利义务随之转移。在该草案中明确规定了矿业公司以股权形式转让矿业权行为的性质,一是若矿业公司股权转让行为并不导致矿业权实际控制人变更,则该股权转让行为将不会导致矿业权转让,是普通的股权转让行为;二是若矿业企业转让股权导致矿业权实际控制人变更,则该股权转让行为就是矿业权转让行为,股权转让合同也就是矿业权转让合同。该草案还规定了登记手续,但是根据《民法典》第五百零二条第2款规定,依照法律、行政法规的规定,合同应当办理批准等手续的,依照其规定。未办理批准等手续影响合同生效的,不影响合同中履行报批等义务条款以及相关条款的效力。由此可知,该草案第二十九条规定登记手续与未经批准的矿业权转让合同效力类似,即通过股权转让方式转让矿业权,未办理登记手续,转让合同有效,但是却不发生物权变动的效果,只有办理登记之后,矿业权受让人才能行使矿业权。由于《中华人民共和国矿产资源法(修订草案)》在征求意见之后,截至2024年9月10日尚未公布实施,所以实践中判断以股权转让矿业权合同的效力问题仍然存在争议。

以大宗集团有限公司、宗锡晋与淮北圣火矿业有限公司、淮北圣火房地产开发有限责任公司等股权转让纠纷案为例,法院判决结果与该草案精神相同。本案中,一审法院查明,大宗集团有限公司(以下简称"大宗公司")、宗锡普与淮北圣火矿业有限公司(以下简称"圣火公司")签订《股权转让协议》。该协议约定:乙方圣火公司合法受让甲方大宗公司、宗锡普在宿州宗圣矿业有限公司(以下简称"宿州公司")、淮北宗圣矿业有限公司(以下简称"淮北公司")各44%的股权(其中大宗公司各占40%的股权,宗锡普各占4%的股权),由甲方协助办理工商登记手续。该协议还约定:(1)无论与两个公司拥有的骑路孙煤炭资源、张油坊煤炭资源、梁花园煤炭资源(以下简称"三处煤炭资源")相关的探矿许可证或采矿许可证是否作废、到期或失效,乙方均无条件地履行本协议约定的所有条款。(2)与两个公司相关的各种证照、印章、权证双方共管,甲乙双方将召开两个公司股东会研究共管方式,任何一方使用前述物品必须征得对方同意。(3)在本协议约定的付款时间内,如果乙方联系第三方购买两个公司股权或两个公司名下的三处煤炭资源相关的探矿权或采矿权,股权转让款、探矿权或采矿权转让款不明显低于市场价格,且乙方同意股权转让款、探矿权或采矿权转让款中的70%优先用于支付本协议约定的乙方尚未支付的股权转让款,甲方须无条件配合前述权利的转让工作。甲乙双方与前述权利的购买方协商关于甲方投入骑路孙煤炭资源的前期费用由购买方承担事宜。另经一审法院审理查明,淮北公司系大宗公司、圣火公司于2007年共同出资成立,其中圣火公司占淮北公司股权的56%。后因国家政策调整,导致双方出现争议诉诸法院。本案中,圣火公司主张双方签订的股权转让协议系以股权转让的方式转让矿业权,双方转让股权的行为从本质上而言是矿业权的转让。该股权转让协议未经批准,合同未生效。一审法院、二审法院经审理均认为，该股权转让协议系甲乙双方的真实意思表示，不违反法律、行政法规的强制性规定，该协议合法有效。由于双方在股权转让协议中约定，大宗公司、宗锡晋将合法持有宿州公司和淮北公司各44%的股权全部转让给圣火公司，圣火矿业公司支付转让款项。由此三处煤炭资源的探矿权许可证和采矿权许可证始终在两个目标公司名下，不存在矿业权主体变更的情况，自然也就不存在矿业权主体变更还需要相关部门进行行政审批的问题。本案中，甲乙双方在《股权转让协议》签订之后，圣火公司通过股权转让，实际控制了这两个目标公司，实现了合同目的。因此，甲乙双方签订股权转让协议，并不涉及矿业权主体资格的变更，双方签订股权转让协议的行为，系单纯的股权转让法律关系。圣火公司主张本案系通过股权转让的方式变相转让矿业权，因合同未经审批而协议无效的主张，最高人民法院不予支持。

3. 以承包、租赁方式转让矿业权的合同效力争议的风险

司法实践中，由于矿产资源的价格随市场波动起伏较大，尤其是近年来砂石料矿山出让规模量大，不少当事人为了能尽快进入矿产资源开采环节，提前上市，抢占先机，往往采用承包、租赁方式，规避矿业权转让合同审批时间。该种矿业权转让模式虽然在实践中大量存在于矿产资源交易领域，但是我国现行的法律、行政法规之中尚未对此种矿业权转让模式进行明确规定，因此在司法实践中该类纠纷不断。

在《最高人民法院审理矿业权纠纷司法解释理解与适用》一书中，矿业权承包或租赁是指在不变更矿业权主体的前提之下，按照矿业权和矿产经营权相分离的原则，以合同形式约定发包人和承包人或出租人和承租人的权利义务，发包人或出租人负责监督，承包人或承租人按照合同约定进行矿产资源的开发利用，并依约支付租金，自主经营，自负盈亏。此种情况下，不需进行矿业权主体变更登记，矿业权不发生移转。根据《最高人民法院关于审理矿业权纠纷案件适用法律若干问题的解释》第十二条规定，当事人请求确认矿业权租赁、承包合同自依法成立之日起生效的，人民法院应予支持。矿业权租赁、承包合同约定矿业权人仅收取租金、承包费，放弃矿山管理，不履行安全生产、生态环境修复等法定义务，不承担相应法律责任的，人民法院应依法认定合同无效。据此，司法实践中，人民法院在审查矿业权承包或租赁合同之时，通常遵循矿业权承包合同或租赁合同自依法成立之日起生效的原则进行审理，而对于以承包或租赁模式变相倒卖矿业权牟利，构成矿业权实质转让的合同，才依法给予否定性法律评价。因此人民法院在审查矿业权承包或租赁合同的效力时，首先要对矿业权承包或租赁合同内容进行审查，其次对矿业权承包或租赁合同的履行情况进行调查，最后才能综合判断矿业权承包或租赁合同的效力。从《最高人民法院关于审理矿业权纠纷案件适用法律若干问题的解释》第十二条规定可以看出，矿业权承包或租赁合同有效的前提是发包人依然是矿业权主体，其根据法律、行政法规要承担的安全生产责任、生态环境保护责任并不因矿业权承包合同或租赁合同而移转给承包人或租赁人。

以宁夏远洲矿业有限公司、宁夏河东综合工业园区华能投资置业有限公司合同纠纷案为例【（2019）最高法民终694号】。一审法院查明，2011年6月7日宁夏远洲矿业有限公司（以下简称"远洲公司"）与南京金可尔工贸实业有限公司（以下简称"金可尔公司"）签订《露天煤矿开采协议书》，双方约定由金可尔公司承包远洲公司位于刘家沟湾煤矿F1断层北侧露天煤矿开采项目，双方约定了承包期限、承包金额及违约责任等合同实质内容，2012年1月12日，双方协议终止《露天煤矿开采协议书》。关于《露天煤矿开采协议书》的效力问题，一审法院认为：从该协议文本出发可知，金可尔公司承包了远洲公司所拥有的露天煤矿2年的开采权，煤矿由金可尔公司运营，远洲公司负责煤矿开采手续的办理工作，保证煤矿正常的经营活动。金可尔公司支付承包费和管理费。双方还约定金可尔公司运营煤矿期间如经营不善或出现严重的违法经营情况的，远洲公司可以解除煤矿的承包合同。但是如果是因政策性原因、自然灾害、社会事件导致煤矿无法继续经营的，双方可以协商解除该协议。由此可知，远洲公司虽然将煤矿的运营权有期限地承包给金可尔公司，但是远洲公司依然是采矿权主体，其依然要继续履行采矿权主体应尽的法律义务，保障金可尔公司能够顺利运营煤矿。同时远洲公司规定了承包协议解除的条款，该条款表明远洲公司承包出去的是一定期限内的生产经营权，而不是采矿权全部权能。从该承包协议本身而言，双方并没有变更采矿权主体的意思表示，远洲公司也没有完全退出煤矿的管理。由此，该协议属于采矿权承包协议，并不违反法律、行政法规的规定，是双方当事人的真实意思表示，该协议合法有效。

（二）砂石矿业权抵押风险及防范

（1）探矿权抵押的风险

根据《矿业权出让转让管理暂行规定》第六条规定，矿业权人可以依照本办法的规定出租、抵押矿业权。从该条款文义出发，矿业权人可以将其享有的矿业权抵押，而矿业权包含探矿权，由此可以推论出探矿权也可以抵押，但是我国法律法规对此并没有给出明确的规定。探矿权能否抵押这个问题在司法实践中存在争议，并不像采矿权可以抵押而没有争议存在。

由于探矿权是发现未知的矿产资源，其本身就具有极大的不确定性，探矿权人在结束矿产资源勘查行为之前，勘查结果并不明确，由此导致探矿权价值的不确定性。根据内蒙古自治区国土资源厅发布的《内蒙古自治区国土资源厅关于探矿权抵押备案和完善采矿权抵押备案有关事宜的通知》可知，在内蒙古自治区探矿权是可以抵押备案的。但是2009

年甘肃省发布的《甘肃省国土资源厅矿业权抵押备案管理暂行办法》第二条规定，探矿权原则上不予抵押备案登记。

由此可知，在我国各省之间对于探矿权能否抵押存在不同意见。虽然甘肃省已于2016年以新的规范性文件废止了该文件的效力。但是在甘肃省在2016年发布的《甘肃省国土资源厅关于进一步规范采矿权抵押备案管理工作的通知》中并没有对探矿权能否抵押、如何抵押备案登记作出具体规定，探矿权抵押权仍不明确。但是国务院办公厅在2001年发布的《国务院办公厅转发国务院西部开发办关于西部大开发若干政策措施实施意见的通知》第二十三条规定，探矿权人、采矿权人可以采取出售、作价出资、合作勘查或开采、上市等方式依法转让探矿权、采矿权，也可以按有关规定出租、抵押探矿权、采矿权。

（2）矿业抵押权的实现方式

根据《民法典》第三百九十四条规定，为担保债务的履行，债务人或者第三人不转移财产的占有，将该财产抵押给债权人的，债务人不履行到期债务或者发生当事人约定的实现抵押权的情形，债权人有权就该财产优先受偿。

从法律规定而言，矿业权抵押权人有权实现对矿业权的抵押权。但是在司法实践中，由于矿业权标的规模大，以股权投资、融资租赁等融资方式多样。同时矿业权纠纷既涉及平等的民事主体，也同行政管理有着密切关系，导致与矿业权相关的法律关系复杂多样，矿业权抵押权实现不易。根据《最高人民法院关于审理矿业权纠纷案件适用法律若干问题的解释》第十六条规定，债务人不履行到期债务或者发生当事人约定的实现抵押权的情形，抵押权人依据民事诉讼法第一百九十六条、第一百九十七条规定申请实现抵押权的，人民法院可以拍卖、变卖矿业权或者裁定以矿业权抵债，但矿业权竞买人、受让人应具备相应的资质条件。第十七条规定，矿业权抵押期间因抵押人被兼并重组或者矿床被压覆等原因导致矿业权全部或者部分灭失，抵押权人请求就抵押人因此获得的保险金、赔偿金或者补偿金等款项优先受偿或者将该款项予以提存的，人民法院应予支持。由此可知，当前矿业权抵押权的实现方式有三种，一是矿业权抵押人或符合条件的被抵押的矿业权受让人清偿债务；二是矿业权抵押权人经催告之后，合理期限内债务人仍不履行债务的，抵押权人有权通过拍卖、变卖矿业权等方式实现矿业权抵押权；三是若矿业权抵押权灭失的，抵押权人可以通过代位金、补偿金等方式维护自身利益。

矿业权抵押权实现方式除方式一没有需要特别注意的地方外，其他两种方式都因为矿业权区别于不动产物权的特殊性，在实现矿业权抵押权的过程中，有需要特别注意的地方，否则会导致矿业权抵押权不能实现。

首先通过拍卖、变卖矿业权抵押权实现方式的。由于矿业权抵押权的特殊性，在抵押权实现的过程中需要格外注意参与抵押权拍卖、变卖的竞买人资质问题。根据法律、行政法规的相关规定，只有符合相关资质的竞买人才能通过拍卖、变卖程序受让矿业权。

其次通过代位金、补偿金方式实现抵押权的。关于代位金、补偿金实现方式，根据《民法典》的相关规定，若负有补偿、赔偿义务的第三人已经实际向抵押人交付了保险金、赔偿金或补偿金的，抵押权人可以采用协议或诉讼的手段主张其对抵押人优先受偿权；若第三人尚未向抵押人交付赔偿金、保险金或补偿金，且该金额能够确定的，抵押权人可以向人民法院提起诉讼预先行使抵押权的优先受偿权，在该诉讼中，被告一方是抵押人，同时可以将负有支付义务的第三方列为第三人，但是由于合同具有相对性，不能将该第三方列为共同被告；若负有支付义务的第三方既未支付给抵押人，该保险金、赔偿金、补偿金金额又不确定，此时抵押权人可以向人民法院申请预先保全，请求人民法院直接向抵押权人支付保险金、赔偿金或补偿金，从而冻结抵押人获得保险金、赔偿金、补偿金的权利；若出现抵押人怠于行使其向负有支付义务的第三方行使权利，则抵押权人有权向人民法院申请以自己的名义代位行使抵押人请求第三方支付的权利。

（3）采矿权期满采矿权抵押权实现和采矿权处置问题

矿业权是一种用益物权，且具有一定的期限，根据《矿产资源开采登记管理办法》第七条规定："采矿许可证有效期，按照矿山建设规模确定，大型以上的，采矿许可证有效期最长为30年；中型的，采矿许可证有效期最长为20年；小型的，采矿许可证有效期最长为10年"。因此，在现实中关于采矿权期满后有两个问题尤为引人关注：一是采矿许可期满，抵押权能否实现的问题，即作为抵押物的采矿权，其采矿许可证有效期届满后，抵押权是否能够实现；二是采矿许可期满后，可以通过拍卖、变卖的方式处置。

一是采矿许可证期满后，抵押权无法实现。根据《矿产资源开采登记管理办法》第七条之规定，采矿权人逾期不办理采矿权延续登记手续，则采矿权在采矿许可证授权的期限到来之后，采矿权许可证作废，原来的采矿权人则自此丧失对矿产资源的开采权限。抵押权以抵押物为基础，抵押物灭失，抵押权归于消灭，因此原采矿权之上设立的抵押权亦因采矿权的灭失而归于消灭，这是基本法理。采矿权抵押权的基础是采矿权人合法拥有的采矿许可证，一旦采矿权人丧失采矿权，则采矿权抵押权丧失存在的法理基础，抵押权将归于消灭。如最高人民法院在审理晋商银行股份有限公司与四子王旗佳辉硅业有限公司【（2018）最高法民终292号】一案中，最高人民法院认为："采矿许可证自行废止意味着四子王旗公司不得对哈拉忽少硅石矿进行开采，不再对该矿产资源享有占有、使用和收益的权利，也就是说四子王旗佳辉硅业有限公司的采矿权在采矿许可证到期后已经灭失。抵押权以抵押物为基础，抵押物灭失，抵押权归于消灭……"

二是采矿许可期满后，可以通过拍卖、变卖的方式处置。我国一直对矿业权二级市场流转采取严格许可的态度，但在二级市场上存在一个实际操作的问题，即采矿许可期满，采矿权如何处置的问题。

2017年《最高人民法院关于审理矿业权纠纷案件适用法律若干问题的解释》出台，明确了矿业权转让合同自依法成立之日起具有法律效力，事实上改变了《矿产资源法》及《探矿权采矿权转让管理办法》关于矿业权转让合同经审批后方能生效的规定。同时，最高人民法院也强调人民法院在审理矿业权纠纷案件时，应进一步突出矿业权的物权属性，适当分离矿业权的财产属性和行政许可属性，消除阻碍矿业权流转的不合理因素，保护矿业权的流转，维护市场秩序和交易安全。

在实际操作中，为了使拍卖中受让人权利受到保护，有的地方采用行政强制手段要求原采矿人或登记机关延期，以确保受让人获得采矿权。如在2021年10月19日云南省高级人民法院与云南省自然资源厅对矿业权查封和处置工作的专题会《会议纪要》上强调，人民法院处置已过矿业权许可证有效期（包括查封时已过期或在查封期间失效）的矿业权时，人民法院决定继续执行的，应告知矿业权人办理延续登记手续，矿业权人经告知后仍不提交延续申请的，人民法院应当责令矿业权人向登记管理机关提交延续申请；矿业权人拒不提交延续申请的，可由人民法院函告登记管理机关，并明确受让人可到登记管理机关申请将矿业权延续及转让变更登记一并办理。

简而言之，采矿权期满未办理延期登记手续不影响采矿权转让合同的效力，采矿权转让合同自订立之时生效。

第八节　压覆矿产法律合规风险及防范

一、压覆矿产概述

（一）压覆矿产资源的内涵

压覆矿产资源是指因建设项目实施后导致矿产资源不能开发利用。[①] 建设项目压覆区与勘查区块范围或矿区范围重叠但不影响矿产资源正常勘查开采的，不作压覆处理。矿产资源作为发展之基、生产之要，伴随着城市化、工业化进程的加快和建设项目的增加，导致出现矿产资源被压覆、开发利用空间被压缩的情况。矿产资源压覆是在当前的经济社会

---

① 《国土资源部关于规范建设项目压覆矿产资源审批工作的通知》（国土资发〔2000〕386号），已失效。

技术条件下，由于重大工程或规划性项目的实施，矿产资源压覆使得矿产资源或重要矿床无法进一步利用。

具体来讲，一般是建设铁路、工厂、水库、输油管道、输电线路和各种大型建筑物或者建筑群等的建设工程单位在了解工程建设范围内的矿业资源现状后，与矿业权人签订初步的补偿协议后，向国土资源管理机构申请进行压覆，因工程的进行造成了矿业资源不能开发利用的情况。

建设项目压覆矿产资源最核心的影响为导致矿业权人无法勘查或开采矿产资源，影响了矿权人正常开展勘查（开采）工作，或者导致其勘查（开采）范围缩减，损害其投资预期收益。压覆矿产资源管理的核心要义在于保护重要矿床。

（二）压覆矿产资源的情形

以是否设置矿业权为标准，压覆矿产资源可以具体分为三种情形：一是压覆了探矿权但未查明矿产资源；二是压覆了采矿权或设置的采矿权内有查明矿产资源的；三是压覆了国家出资查明的资源未设置矿业权的矿产地的。以压覆矿产资源重要性为标准，可以分为压覆重要矿产资源和压覆非重要矿产资源。重要矿产资源包括《矿产资源开采登记管理办法》附录所列34个矿种以及省级行政主管部门确定的本行政区域的优势矿产、紧缺矿产。除重要矿产资源外，均为非重要矿产。

（三）压覆矿产资源的对象

压覆矿产资源管理是国家对重要矿产资源实行的特殊保护措施。重要矿产资源是指《矿产资源开采登记管理办法》附录所列34个矿种和省级国土资源行政主管部门确定的本行政区优势矿产、紧缺矿产。《矿产资源开采登记管理办法》附录所列34个矿种为：煤；石油；油页岩；烃类天然气；二氧化碳气；煤成（层）气；地热；放射性矿产；金；银；铂；锰；铬；钴；铁；铜；铅；锌；铝；镍；钨；锡；锑；钼；稀土；磷；钾；硫；锶；金刚石；铌；钽；石棉；矿泉水。

省级自然资源部门确定本行政区优势矿产、紧缺矿产，例如云南省的优势矿产：锡、铜、铅、锌、镍、锰、金、银、锑、钼、铝土矿、钛铁矿、煤（焦煤）、钨矿、原生钛（磁）铁矿、富铁矿石、铂族金属、硅灰石、硅藻土、芒硝矿石、磷、钾盐、盐矿、硫铁矿、伴生硫、稀土矿、铌、钽、萤石（共计29种）。

此外，原则上不能压覆的重要矿产资源包括：炼焦用煤、富铁矿、铬铁矿、富铜矿、钨、锡、锑、稀土、钼、铌钽、钾盐、金刚石矿产资源储量规模在中型以上的矿区；但国务院批准的或国务院组成部门按照国家产业政策批准的国家重大建设项目除外。

(四)压覆矿产资源管理模式

我国压覆矿产资源管理实行国家—省—市(县)三级管理方式。国务院授权由自然资源部代表国家统筹管理全国压覆矿产资源。自然资源部矿产资源保护监督司承担具体管理职责,负责压覆矿产资源审批管理,制定全国性的压覆矿产资源审批与管理的政策。自然资源部负责审批压覆石油、天然气、放射性矿产,或压覆《矿产资源开采登记管理办法》附录所列矿种(石油、天然气、放射性矿产除外)累计查明资源储量达到大型矿区规模以上的矿产,或矿区查明资源储量规模达到大型并且压覆占三分之一以上的矿产。各省(自治区、直辖市)自然资源主管部门负责制定和发布适用于本辖区的压覆矿产资源管理政策,履行本辖区压覆重要矿产资源的管理职能。除自然资源部负责审批之外的,由各省(自治区、直辖市)自然资源主管部门负责审批建设项目压覆重要矿产资源。各市(县)自然资源主管部门履行本辖区压覆非重要矿产资源的管理职能,主要开展查明矿产资源的压覆资源储量统计、核实与上报工作,负责建设项目压覆非重要矿产资源的审批。

二、压覆矿产的法律合规依据

我国建设项目压覆矿产资源管理法律制度以《矿产资源法》为核心,以相关规范性文件的规定为支撑。2010年,国土资源部公告《国土资源部关于规范建设项目压覆矿产资源审批工作的通知》失效,同时制定出台了《国土资源部关于进一步做好建设项目压覆重要矿产资源审批管理工作的通知》,该通知明确了压覆审批适用范围为建设项目压覆重要矿产资源的情形,并从管理范围、管理分工、审批程序及要件、压覆矿产资源补偿范围、与相关行政管理的衔接等方面规定了压覆审批管理内容,是当前压覆审批管理依据的主要制度文件。

1.《矿产资源法》

第三十三条规定了在建设铁路、工厂、水库、输油管道、输电线路和各种大型建筑物或者建筑群之前,建设单位必须向所在省、自治区、直辖市地质矿产主管部门了解拟建工程所在地区的矿产资源分布和开采情况。非经国务院授权的部门批准,不得压覆重要矿床。

2.《矿产资源法实施细则》

第三十五条规定了建设单位在建设铁路、公路、工厂、水库、输油管道、输电线路和各种大型建筑物前,必须向所在地的省、自治区、直辖市人民政府地质矿产主管部门了解拟建工程所在地区的矿产资源分布情况,并在建设项目设计任务书报请审批时附具地质矿产主管部门的证明。在上述建设项目与重要矿床的开采发生矛盾时,由国务院有关主管部门或者省、自治区、直辖市人民政府提出方案,经国务院地质矿产主管部门提出意见后,报国务院计划行政主管部门决定。

3.《矿产资源开采登记管理办法》

《矿产资源开采登记管理办法》明确了《国务院地质矿产主管部门审批发证矿种目录》包括：煤；石油；油页岩；烃类天然气；二氧化碳气；煤成（层）气；地热；放射性矿产；金；银；铂；锰；铬；钴；铁；铜；铅；锌；铝；镍；钨；锡；锑；钼；稀土；磷；钾；硫；锶；金刚石；铌；钽；石棉；矿泉水。

4.《矿产资源登记统计管理办法》

第二条规定了在中华人民共和国领域及管辖的其他海域从事矿产资源勘查、开采或者工程建设压覆重要矿产资源的，应当依照本办法的规定进行矿产资源登记统计。

第三条明确了矿产资源登记统计、矿产资源储量登记和矿产资源统计的定义，矿产资源登记统计包括矿产资源储量登记和矿产资源统计；矿产资源储量登记是指县级以上国土资源行政主管部门对查明、占用、残留、压覆矿产资源储量的类型、数量、质量特征、产地以及其他相关情况进行登记的活动；矿产资源统计是指县级以上国土资源行政主管部门对矿产资源储量变化及开发利用情况进行统计的活动。

第五条规定了探矿权人、采矿权人或者建设单位应当依照本办法的规定针对工程建设压覆重要矿产资源储量办理矿产资源储量登记。采矿权人占用的矿产资源储量发生重大变化后新计算的矿产资源储量，由县级以上国土资源行政主管部门决定是否登记。

第六条规定了登记矿产资源储量时，应当向县级以上国土资源行政主管部门提交下列资料：矿产资源储量登记书、矿产资源储量评审（审查）意见书、矿产资源储量（评估）报告及主要附图、附表、附件。除提交前款规定的资料外，探矿权人、采矿权人还应当同时提交勘查许可证或者采矿许可证复印件；压覆重要矿产资源的建设单位还应当同时提交国土资源部或者省级国土资源行政主管部门同意压覆重要矿产资源的批准文件。

第七条规定了工程建设项目压覆的重要矿产资源储量，由批准建设用地的国土资源行政主管部门在办理建设用地审批手续时同时办理。

5.《国土资源部关于进一步做好建设项目压覆重要矿产资源审批管理工作的通知》

该通知第二项规定了凡建设项目实施后，导致其压覆区内已查明的重要矿产资源不能开发利用的，都应按本通知规定报批。未经批准，不得压覆重要矿产资源。建设项目压覆区与勘查区块范围或矿区范围重叠但不影响矿产资源正常勘查开采的，不作压覆处理。矿山企业在本矿区范围内的建设项目压覆矿产资源不需审批。重要矿产资源是指《矿产资源开采登记管理办法》附录所列 34 个矿种和省级国土资源行政主管部门确定的本行政区优势矿产、紧缺矿产。炼焦用煤、富铁矿、铬铁矿、富铜矿、钨、锡、锑、稀土、钼、铌钽、钾盐、金刚石矿产资源储量规模在中型以上的矿区原则上不得压覆，但国务院批准的或国务院组成部门按照国家产业政策批准的国家重大建设项目除外。

第三项规定了建设项目压覆重要矿产资源由省级以上国土资源行政主管部门审批。压覆石油、天然气、放射性矿产，或压覆《矿产资源开采登记管理办法》附录所列矿种（石油、天然气、放射性矿产除外）累计查明资源储量数量达到大型矿区规模以上的，或矿区查明资源储量规模达到大型并且压覆占三分之一以上的，由国土资源部负责审批。

建设项目选址前，建设单位应向省级国土资源行政主管部门查询拟建项目所在地区的矿产资源规划、矿产资源分布和矿业权设置情况，各级国土资源行政主管部门应为建设单位查询提供便利条件。不压覆重要矿产资源的，由省级国土资源行政主管部门出具未压覆重要矿产资源的证明；确需压覆重要矿产资源的，建设单位应根据有关工程建设规范确定建设项目压覆重要矿产资源的范围，委托具有相应地质勘查资质的单位编制建设项目压覆重要矿产资源评估报告。

建设项目压覆已设置矿业权矿产资源的，新的土地使用权人还应同时与矿业权人签订协议，协议应包括矿业权人同意放弃被压覆矿区范围及相关补偿内容。补偿的范围原则上应包括：矿业权人被压覆资源储量在当前市场条件下所应缴的价款（无偿取得的除外）；所压覆的矿产资源分担的勘查投资、已建的开采设施投入和搬迁相应设施等直接损失。

建设单位应在收到同意压覆重要矿产资源的批复文件后45个工作日内，到项目所在地省级国土资源行政主管部门办理压覆重要矿产资源储量登记手续。45个工作日内不申请办理压覆重要矿产资源储量登记手续的，审批文件自动失效。

第五项明确了加强审批管理。各级国土资源行政主管部门要提高工作效率，规范管理，做好服务。（1）凡符合审批要求的压覆重要矿产资源申请，国土资源部自受理之日起20个工作日内，做出准予压覆或者不准压覆的决定，并通知申请人和省（区、市）国土资源厅（局），由省（区、市）国土资源厅（局）通知相关矿业权人。（2）省（区、市）国土资源厅（局）办理压覆重要矿产资源储量登记时应通知相应矿业权人在45个工作日内到原发证机关办理相应的勘查区块或矿区范围变更手续。逾期不办理的，由原发证机关直接进行勘查区块或矿区范围调整，并告知矿业权人。（3）已批准建设项目压覆的矿产资源，各级国土资源行政主管部门不得设立矿业权。

第六项明确了要做好与土地管理衔接。国土资源行政主管部门应加强协调，做好建设项目压覆重要矿产资源审批管理与土地管理的衔接。凡申请办理土地预审或用地审批的，要按照有关规定，提交省级国土资源行政主管部门出具的未压覆重要矿产资源证明或压覆重要矿产资源储量登记有关材料。否则，不予受理其用地申请。

6.《关于矿产资源储量评审备案与登记、建设项目压覆矿产资源审批、矿业权价款评估备案等事项相关资料实行政务大厅接转和发送的公告》

该公告的附件3明确了建设项目压覆重要矿产资源审批申报的资料。必须报送的材料包括：（1）建设单位关于压覆重要矿产资源的申请函；（2）省级国土资源主管部门初审意见；（3）建设项目压覆矿产资源不可避免性论证材料；（4）压覆重要矿产资源评估报告及评审意见书（纸质及电子版）。建设项目压覆已设置矿业权矿产资源的，还应报送的材料有：（1）建设单位与被压覆矿业权人签订的协议；（2）被压覆矿业权人有效期内的勘查许可证或采矿许可证复印件。

7.《自然资源部办公厅关于做好建设项目压覆重要矿产资源审批服务的通知》

该通知规定了全面开展特定区域调查评估。经国务院或省级人民政府已批准设立的各类开发区、国务院已批准的自由贸易试验区等特定区域内的建设项目，不再对区域内的市场主体单独提出评估要求。省级自然资源主管部门负责组织特定区域内查明的重要矿产资源情况的统一调查评估和录入矿产资源储量数据库工作。新设立的及范围调整的特定区域，应在批准前完成调查评估，并要求做好取消压覆矿产资源储量登记后的工作衔接。建设项目压覆重要矿产资源审批通过后，自然资源主管部门应将相关信息录入矿产资源储量数据库，并同时发送建设单位和相关矿业权人。取消压覆矿产资源储量登记后，以压覆重要矿产资源批复文件作为转发用地批复及供地的条件。

三、压覆矿产法律合规风险及防范

（一）压覆矿产补偿争议法律合规风险及防范

1. 压覆矿产补偿争议风险

《国土资源部关于进一步做好建设项目压覆重要矿产资源审批管理工作的通知》对压覆矿产的补偿范围进行了原则上的规定：（1）矿业权人被压覆资源储量在当前市场条件下所应缴纳的价款（无偿取得的除外）；（2）所压覆的矿产资源分担的勘查投资、已建的开采设施投入和搬迁相应设施等直接损失。根据该规定，补偿压覆矿产资源主要依成本补偿原则进行，并非依资源价值进行补偿。

但是实践中，对于压覆补偿计算标准司法裁判却有不同的做法，主要包括按直接损失计算、按照矿业权人的直接损失加预期利润进行计算和按照矿业权价值进行计算三种情况，存在压覆矿产补偿争议风险。

（1）压覆矿产补偿按照矿业权人直接损失计算

《国土资源部关于进一步做好建设项目压覆重要矿产资源审批管理工作的通知》规定，对矿业权人实施补偿的适用范围原则上涵盖了矿业权的获取成本及其他直接经济损失。山东、江西、河南、新疆等地区在该规定压覆补偿以直接经济损失的原则，同时对建设项目中压覆矿业权的补偿适用范围作出规范。例如《山东省建设项目压覆重要矿产资源管理办法》规定，补偿方式参照以下原则确定：有偿取得矿业权的，补偿矿业权人被压覆区域内保有的已查明重要矿产资源在当时应缴纳的价款和勘查投资；无偿取得矿业权的，只补偿矿业权人被压覆区域内的勘查投资；压覆采矿权范围内已建的开采设施投入和搬迁相应设施的，补偿直接经济损失；由于建设项目压覆需关闭矿山的，应开展资源和资产评估。资源评估指剩余资源储量价款评估；资产评估包括井下资产和地面资产。

在山西交通控股集团有限公司忻州北高速公路分公司［原灵河高速公路（原神段）建设管理处］、神池县向阳石料购销有限公司物权保护纠纷再审审查与审判监督民事裁定书【（2019）最高法民申1285号】中认为，"关于向阳公司应获赔偿范围问题。本案中，向阳公司的经济损失经案涉司法鉴定机构鉴定的评估价值为18905269元，包括营运损失、固定资产、经营利润、采矿权评估价值等项目。而从鉴定的项目可以看出，向阳公司损失的评估值不仅包括直接损失，而且包括间接损失，其中营运损失、经营利润、采矿权等评估价值，超出了直接损失的范畴。原审判决考虑到高速公路分公司建设的灵河高速公路原神段是《山西省高速公路网规划》的重要组成部分，涉及社会公共利益，故参照《国土资源部关于进一步做好建设项目压覆重要矿产资源审批管理工作的通知》规定，按照压覆矿产赔偿直接损失的原则进行处理，将向阳公司应获得赔偿损失的范围认定为直接损失，扣除司法鉴定意见书中超出直接损失的评估价值，并结合向阳公司缴纳的矿产资源费用、已建的开采设施投入、现存资源储量所占整个资源储量的比例以及2013年3月因温岭隧道项目建设矿山开采被迫停产的实际，判令高速公路分公司赔偿向阳公司经济损失8069946.26元及自2013年3月12日起至判决给付之日止的中国人民银行同期贷款利率，并无不当。"在该案件中，人民法院认为对矿业权人的补偿应当以直接损失为原则。

（2）压覆矿产补偿按照矿业权人的直接损失加预期利润进行计算

直接损失加预期收益的补偿方法，是以矿业权人的实际投资利益为基准，虽然同时兼顾了资源勘查投入与对矿业投资的行业收益，但在法律性质上仍然属于基于对矿业权人直接经济损失而做出的赔偿。

关于预期利润的认定，各方所持观点也有所不同。建设单位为最大限度地降低压覆矿产资源的补偿费用，主张其建设项目是为公共利益进行的压覆行为，应当适用征收征用的补偿方式，无须对预期利润进行补偿。而实际情况通常是由于部分压覆造成的矿业权剩余区域在当前科技或经济状况等情况下不能顺利开发，或者造成其他勘查区域不能开采或采矿设备无法满足矿产产出条件，矿业权人存在矿业权完全灭失的可能性，所以矿业权人极力倡导采取总体压覆原则或充分考虑压覆的影响程度后加以补偿，否则间接压覆损失难以得到补偿。无论是探矿权还是采矿权，权利人均有实现预期收益的正当、合理预期，故应当保护矿业权人的预期利益损失即间接损失。由于《国土资源部关于进一步做好建设项目压覆重要矿产资源审批管理工作的通知》发布至今已有十余年，且其为原国土资源部的部门规范性文件，故实践中是否必须参照该规定仅对矿业权人的直接损失给予补偿，存在争议。

以唐山不锈钢有限责任公司与唐山市宏文卑家店煤炭有限公司侵权损害赔偿纠纷申请再审案为例，最高人民法院认为，评估公司作出的鉴定意见为煤炭公司损失四千余万元，鉴定意见中的损失计算包括《停产通知》所述的储水池、运料铁路及大规模储料压覆造成唐山市宏文卑家店煤炭有限公司停产期间全部的正常经济利润和非正常生产的维护费用。鉴定意见经过双方当事人质证，鉴定意见合理，一审、二审人民法院采信鉴定意见并作为定案依据并无不妥。

（3）压覆矿产补偿按照矿业权价值进行计算

矿业权市场价值是指矿业权的价格，即经由具备合法资格的矿业权评估组织独立评定估算后产生的公允价格。根据矿业权价格进行的补偿，一般是指通过矿业权评估机构评定确定被压覆矿业权的价格，并由此作为确定压覆补偿数额的基础。矿业权属于法律保障的用益物权。作为用益物权，矿业权有着自己的法律意义，不但包含对其所拥有的许可证许可范围内矿藏资源的使用权，还应当包含对矿藏资源的财产权收益权。所以，对矿业权这个用益物权的损害赔偿民事责任，也应当依据用益物权的经济价值来确认，即对于侵犯矿业权的财产损失，应依据经济损失出现当时的市场经济社会价值和其他方法计算。

在贵州成黔矿产有限公司（以下简称"成黔公司"）与贵州高速公路集团有限公司（以下简称"高速公路公司"）财产损害赔偿纠纷一案【（2017）黔民终542号】中，原告成黔公司诉称，被告修建兰海高速扩容工程建设压覆原告采矿权矿区范围内的铝土矿资源，直接导致其无法开采，原告作为被压覆的损失者有权索取补偿。请求被告补偿被压覆铝土矿资源损失、地质工作勘查投资损失。被告辩称，案涉工程项目是对基础设施、公益项目的修建，被压覆铝土矿资源应以成本价格为补偿依据。补偿范围应为原告在当前市场条件下应缴纳的价款及已建的开采设施、勘查投资等直接损失。人民法院经审理认为，采矿权属于用益物权，权利人有占有、使用和收益的民事财产权利。权利人因征占丧失采矿权这一民事财产权利时，应当获得相应价值的补偿。该相应价值不应当以行政机关确定的缴纳标准为依据，而应当量化为市场经济价值，即权利人因丧失采矿权而未获得的财产性收益，该收益为必然可得收益。故，本案中被压覆铝土矿的相应价值应当为铝土矿开采所能获取的除去所有成本后的纯经济利益。这一确定符合依法保护合法私有财产权的价值取向。故，2号评估报告认定的压覆资源储量评估价值13061100.00元，应当作为成黔公司因案涉铝土矿被压覆而获得的补偿金额，由高速公路公司予以补偿。在本案中，人民法院支持压覆补偿按照量化的市场经济价值进行计算。

2. 压覆矿产补偿争议风险的防范

一方面，建设项目压覆补偿应由建设项目法人与矿业权人双方协商，争取达成一致。为保证补偿的客观公平，双方也可以选择专业的评估机构进行评估，作为协商补偿的依据。双方就赔偿或补偿事宜进行协商，并由双方或侵权人委托对损失进行评估，双方参考评估金额签订书面的补偿协议，那么人民法院可能认为评估报告所确定的评估结果可以作为案涉探矿权的市场价值的参考。补偿协议对于补偿金额的约定视为双方对损失金额达成的一致，故而优先依据补偿合同约定的金额对损失金额予以认定，这也符合侵权责任中的损失赔偿责任可以由侵权人和被侵权人双方约定的法理。

另一方面，补偿协议的补偿范围还需关注各省有无具体规定。根据《国土资源部关于进一步做好建设项目压覆重要矿产资源审批管理工作的通知》规定，根据矿产资源类型的不同，压覆矿产资源需经省级以上自然资源行政主管部门审批或需经自然资源部审批。对于需经自然资源部审批的压覆，其补偿标准可参照《国土资源部关于进一步做好建设项目压覆重要矿产资源审批管理工作的通知》中的规定。但对于仅需省级以上自然资源行政主管部门审批的矿产资源补偿协议的补偿标准，交由省级人民政府制定。例如，《江西省人民政府办公厅关于进一步规范省重点建设项目压覆矿产资源评估补偿工作的通知》（赣府厅字〔2013〕15号）规定："六、省重点建设项目压覆矿产资源的补偿内容，包括探矿权补偿和采矿权补偿两个方面：1.探矿权以被压覆的矿区范围内探矿权价款、实际投入的勘查投资及其他相关投入为依据补偿；整个矿区或核心区域被压覆的，应按照取得该矿业权的全部投资为依据补偿。2.采矿权补偿由直接损失、出让合同已缴价款组成：（1）直接损失的补偿。含所压覆矿产资源分担的勘查投资、已建的开采设施投入和搬迁相应设施等直接损失。矿山开采、加工开发等专用设备按市场评估价减去设备出让价给予补偿，通用设备按搬迁所产生费用给予补偿；（2）已缴价款补偿。按矿业权人被压覆资源储量在当前市场条件下所应缴的价款（无偿取得的除外）给予补偿。"因此，对于该类压覆，补偿范围需关注各省有无具体规定。

（二）压覆矿产资源审批法律合规风险及防范

1. 压覆矿产资源审批风险

建设项目压覆矿产资源审批是《矿产资源法》确定的一项重要管理工作，对避免或减少压覆重要矿产资源、提高矿产资源保障能力，保障建设项目正常进行具有重要作用。《矿产资源法》第三十三条授权国土资源主管部门履行压覆矿产资源审批管理的法定职责，也确立了非经矿产资源主管部门批准不得压覆矿产资源的根本准则。

为了进一步细化落实《矿产资源法》第三十三条的规定，原国土资源部发布了一系列政策性文件。《国土资源部关于规范建设项目压覆矿产资源审批工作的通知》规定了在工程建设前，应先了解拟建工程项目所属区域的矿产品分布情况与开发状况，对各级管理机关的压覆审批权限进行了分工；《国土资源部关于进一步做好建设项目压覆重要矿产资源审批管理工作的通知》扩大了原省级国土资源主管部门的审批权限，同时将签订补偿协议设立为批准压覆的前置条件。

根据《国土资源部关于进一步做好建设项目压覆重要矿产资源审批管理工作的通知》规定，建设单位压覆重要矿产资源需办理压覆审批登记手续，未经压覆审批登记不得压覆。其中建设项目压覆重要矿产资源由省级以上自然资源行政主管部门审批。压覆石油、天然气、放射性矿产，或压覆《矿产资源开采登记管理办法》附录所列矿种（石油、天然气、放射性矿产除外）累计查明资源储量数量达到大型矿区规模以上的，或矿区查明资源储量规模达到大型并且压覆占三分之一以上的，由自然资源部负责审批。

2. 压覆矿产资源审批风险防范

建设项目应当根据已查明的被压覆矿产资源的种类和规模，按照具体划分审批权限和流程由省级自然资源行政主管部门进行审核，报自然资源部审批或者直接由省级自然资源行政主管部门审批。

建设项目压覆已查明重要矿产资源的，涉及的压覆矿产行政审批的主要流程包括如下步骤：（1）向建设项目所在地自然资源主管部门申请查询压覆矿产资源情况。建设项目选址前，建设单位应向项目所在地国土资源行政主管部门查询拟建项目所在地区的矿产资源规划、矿产资源分布和矿业权设置情况，各级国土资源行政主管部门应为建设单位查询提供便利条件。（2）委托地质勘查单位编制压覆矿产资源评估报告。如通过查询了解到建设项目可能压覆矿产资源或与矿业权范围重叠以及情况不明的，建设单位应根据有关工程建设规范确定建设项目压覆重要矿产资源的范围，委托具有相应地质勘查资质的单位编制建设项目压覆重要矿产资源评估报告。评估报告应对建设项目必要性、压覆重要矿产资源不可避免性、项目社会经济效益等进行充分论证和评价。（3）建设项目压覆矿产资源调查评估报告编制完成后，需办理压覆资源储量评审备案。建设项目压覆矿产资源评估报告编制完成后，应提交省自然资源厅组织专家审查，出具审查意见，办理压覆资源储量的评审备案程序，取得储量评审意见书及备案证明。其中，压覆石油、天然气、页岩气、天然气水合物和放射性矿产资源的，由自然资源部负责评审备案；压覆其他重要矿产资源的，由省级自然资源主管部门负责评审备案。（4）建设项目压覆已设置矿业权矿产资源的，建设单位应与矿业权人签署压覆补偿协议，提交自然资源主管部门备案。建设项目压覆已设置矿业权的矿产资源的，在办理审批手续前，建设单位须与矿业权人签订补偿协议，若短期内难以签订补偿协议，可与矿业权人先签订意向性协议，作为办理压覆矿产资源审批的依据。协议应包括矿业权人同意放弃被压覆矿区范围或不动用建设项目拟申请压覆的矿产资源储量，以及双方权利、相关补偿方式等内容。（5）申请取得压覆审批文件。建设项目压覆矿产资源评估报告审查通过后，经认定涉及压覆矿产资源，确实无法避让，且"审查意见"已原则同意压覆的建设项目，建设单位应在项目完成立项审批后，及时按要求向省自然资源厅申请办理压覆矿产资源审批手续。压覆石油、天然气、放射性矿产，或压覆《矿产资源开采登记管理办法》附录所列矿种（石油、天然气、放射性矿产除外）累计查明资源储量数量达到大型矿区规模以上的，或矿区查明资源储量规模达到大型并且压覆占三分之一以上的，由自然资源部审批；压覆其他重要矿产资源的，由省级自然资源主管部门审批。自然资源主管部门对申请材料进行审查后，符合审批条件的，出具建设项目压覆重要矿床（矿产资源）批复文件；不符合审批条件的，不予批复并书面告知申请人。（6）办理压覆矿产资源储量登记。建设单位应在收到同意压覆重要矿产资源的批复文件后45个工作日内，到项目所在地省级国土资源行政主管部门办理压覆重要矿产资源储量登记手续。（7）勘查区块或矿区范围变更登记。建设项目压覆重要矿产资源审批通过后，自然资源主管部门应将相关信息录入矿产资源储量数据库，同时通知相关矿业权人在45个工作日内到原发证机关办理相应的勘查区块或矿区范围变更手续。逾期不办理的，由原发证机关直接进行勘查区块或矿区范围调整。

第九节　非法采矿法律合规风险

一、非法采矿概述

（一）非法采矿的定义

2023年3月28日，自然资源部公开通报了两类共25起土地矿产违法案件，其中12起为涉及企业或个人在未办理采矿许可证的情况下，以设施农业、农业开发、工程施工、矿山地质环境修复治理等名义实施的违法采矿案件。

矿产资源是人民群众生产、生活的物质基础，是山水林田湖草沙生命共同体的重要组成部分。《矿产资源法》明确规定，矿产资源属于国家所有，由国务院行使国家对矿产资源的所有权。地表或者地下的矿产资源的国家所有权，不因其所依附的土地的所有权或者使用权的不同而改变。正是由于矿产资源的稀缺性和其无可替代的重要价值，随着矿产资源价格的攀升，在巨大的经济利益的诱惑下，不少企业和个人将矿产资源作为谋取不正当利益的工具，进行非法采矿。

根据《刑法》第三百四十三条规定，非法采矿是指违反矿产资源法的规定，未取得采矿许可证擅自采矿，擅自进入国家规划矿区、对国民经济具有重要价值的矿区和他人矿区范围采矿，或者擅自开采国家规定实行保护性开采的特定矿种。

（二）非法采矿的情形

国家对矿产资源的开采实行许可证制度，开采矿产资源必须依法申请登记，领取采矿许可证，取得采矿权。采矿许可证有效期与采矿权有效期、采矿许可有效期关系密切，采矿许可证有效期届满，则采矿许可终止，被该采矿许可赋予而产生的采矿权随之消灭。

非法采矿的情形主要包括：（1）未依法取得采矿许可证而擅自采矿；（2）采矿许可证有效期已满未办理延续登记手续继续采矿；（3）采矿许可证被依法注销、吊销后继续采矿；（4）未按采矿许可证规定的矿种采矿（共生、伴生矿除外）；（5）持勘查许可证采矿；（6）非法转让采矿权的受让方未进行采矿权变更登记采矿；（7）擅自进入国家规划矿区和对国民经济具有重要价值的矿区范围采矿；（8）擅自开采国家规定实行保护性开采的特定矿种；（9）其他未取得采矿许可证采矿的行为；（10）采矿权人擅自超出《采矿许可证》载明的矿区范围（含平面范围和开采深度）开采矿产资源的行为；（11）采矿权人违反矿产资源开发利用方案，采取不合理的开采方法、开采顺序等破坏性的开采方法开采矿产资源、造成矿产资源破坏的行为。

（三）非法采矿侵害的对象

矿产资源具有经济和生态双重属性，保护矿产资源的根本目的是要使矿产资源得到合理开发和持续利用，更好地服务中华民族永续发展。非法采矿行为侵害的是矿产资源和生态环境安全，对生态资源造成的是复合性危害，不仅造成国家矿产资源损失，还必然造成开采区域生态环境破坏及生态要素损失。一方面，矿产资源属于不可再生资源，处于持续递减的消耗中，非法采矿妨害了社会管理秩序和矿业发展；另一方面，极易破坏生态环境，给生态文明建设带来严峻挑战，导致生物栖息地锐减，生物多样性下降，生态服务功能遭受严重损害。

以洞庭湖下塞湖区域非规划区非法采砂为例，非法采砂行为对相关区域造成水环境质量受损、河床结构受损、水源涵养受损和水生生物资源受损，且所造成的生态环境影响的空间范围极大。一个生态要素的破坏，必然会对整个生态系统的多个要素造成不利影响。非法采矿将直接导致开采区域的植被和土壤破坏，山体损坏影响到林、草蓄积，林、草减少影响到水土涵养。上述生态要素的破坏又直接、间接影响到鸟类和其他动物的栖息环境，造成生态系统的整体破坏及生物多样性的减少。自然要素生态利益的系统损害必将影响人类的生产生活和优美生态环境的实现。

二、非法采矿行为涉及的法律法规规制依据

关于非法采矿行为涉及的主要法律法规包括：《矿产资源法》《矿产资源法实施细则》《矿产资源开采登记管理办法》《水法》《长江保护法》《长江河道采砂管理条例》《刑法》《最高人民法院最高人民检察院关于办理非法采矿、破坏性采矿刑事案件适用法律若干问题的解释》《最高人民法院关于充分发挥环境资源审判职能作用依法惩处盗采矿产资源犯罪的意见》《民法典》《最高人民法院关于审理生态环境侵权纠纷案件适用惩罚性赔偿的解释》，对非法采矿的定义、范围和责任承担进行了规定。

1.《矿产资源法》

第三条规定了矿产资源属于国家所有，由国务院行使国家对矿产资源的所有权。地表或者地下的矿产资源的国家所有权，不因其所依附的土地的所有权或者使用权的不同而改变。国家保障矿产资源的合理开发利用。禁止任何组织或者个人用任何手段侵占或者破坏矿产资源。各级人民政府必须加强矿产资源的保护工作。勘查、开采矿产资源，必须依法分别申请、经批准取得探矿权、采矿权，并办理登记；但是，已经依法申请取得采矿权的矿山企业在划定的矿区范围内为本企业的生产而进行的勘查除外。国家保护探矿权和采矿权不受侵犯，保障矿区和勘查作业区的生产秩序、工作秩序不受影响和破坏。从事矿产资源勘查和开采的，必须符合规定的资质条件。

第五条规定了国家实行探矿权、采矿权有偿取得的制度；但是，国家对探矿权、采矿权有偿取得的费用，可以根据不同情况规定予以减缴、免缴。具体办法和实施步骤由国务院规定。开采矿产资源，必须按照国家有关规定缴纳资源税和资源补偿费。

第六条规定了除按下列规定可以转让外，探矿权、采矿权不得转让：（1）探矿权人有权在划定的勘查作业区内进行规定的勘查作业，有权优先取得勘查作业区内矿产资源的采矿权。探矿权人在完成规定的最低勘查投入后，经依法批准，可以将探矿权转让他人；（2）已取得采矿权的矿山企业，因企业合并、分立，与他人合资、合作经营，或者因企业

资产出售以及有其他变更企业资产产权的情形而需要变更采矿权主体的，经依法批准可以将采矿权转让他人采矿。前款规定的具体办法和实施步骤由国务院规定。禁止将探矿权、采矿权倒卖牟利。

第十六条规定了由国务院地质矿产主管部门审批，并颁发采矿许可证的矿产资源类别包括：（1）国家规划矿区和对国民经济具有重要价值的矿区内的矿产资源；（2）前项规定区域以外可供开采的矿产储量规模在大型以上的矿产资源；（3）国家规定实行保护性开采的特定矿种；（4）领海及中国管辖的其他海域的矿产资源；（5）国务院规定的其他矿产资源。开采石油、天然气、放射性矿产等特定矿种的，可以由国务院授权的有关主管部门审批，并颁发采矿许可证。

开采上述以外的矿产资源，其可供开采的矿产的储量规模为中型的，由省、自治区、直辖市人民政府地质矿产主管部门审批和颁发采矿许可证。开采矿产资源的管理办法，由省、自治区、直辖市人民代表大会常务委员会依法制定。审批和颁发采矿许可证的，由省、自治区、直辖市人民政府地质矿产主管部门汇总向国务院地质矿产主管部门备案。矿产储量规模的大型、中型的划分标准，由国务院矿产储量审批机构规定。

第四十二条规定了买卖、出租或者以其他形式转让矿产资源的，没收违法所得，处以罚款。违法将探矿权、采矿权倒卖牟利的，吊销勘查许可证、采矿许可证，没收违法所得，处以罚款。

2.《矿产资源法实施细则》

第三条规定了矿产资源属于国家所有，地表或者地下的矿产资源的国家所有权，不因其所依附的土地的所有权或者使用权的不同而改变。国务院代表国家行使矿产资源的所有权。国务院授权国务院地质矿产主管部门对全国矿产资源分配实施统一管理。

第四条明确了在中华人民共和国领域及管辖的其他海域勘查、开采矿产资源，必须遵守《矿产资源法》和本细则。

第五条规定了国家对矿产资源的勘查、开采实行许可证制度。勘查矿产资源，必须依法申请登记，领取勘查许可证，取得探矿权；开采矿产资源，必须依法申请登记，领取采矿许可证，取得采矿权。矿产资源勘查工作区范围和开采矿区范围，以经纬度划分的区块为基本单位。具体办法由国务院地质矿产主管部门制定。

第六条明确了探矿权和采矿权的含义，探矿权是指在依法取得的勘查许可证规定的范围内，勘查矿产资源的权利。取得勘查许可证的单位或者个人称为探矿权人；采矿权是指在依法取得的采矿许可证规定的范围内，开采矿产资源和获得所开采的矿产品的权利。取得采矿许可证的单位或者个人称为采矿权人。

第三十条规定了采矿权人享有的权利，包括：（1）按照采矿许可证规定的开采范围和期限从事开采活动;(2)自行销售矿产品,但是国务院规定由指定的单位统一收购的矿产品除外;(3)在矿区范围内建设采矿所需的生产和生活设施;(4)根据生产建设的需要依法取得土地使用权;(5)法律法规规定的其他权利。采矿权人行使前款所列权利时,法律法规规定应当经过批准或者履行其他手续的,依照有关法律法规的规定办理。

第三十一条规定了采矿权人应当履行的义务,包括:(1)在批准的期限内进行矿山建设或者开采;(2)有效保护、合理开采、综合利用矿产资源;(3)依法缴纳资源税和矿产资源补偿费;(4)遵守国家有关劳动安全、水土保持、土地复垦和环境保护的法律法规;(5)接受地质矿产主管部门和有关主管部门的监督管理,按照规定填报矿产储量表和矿产资源开发利用情况统计报告。

第四十二条规定了违反《矿产资源法》处以罚款的情形和金额:(1)未取得采矿许可证擅自采矿的,擅自进入国家规划矿区、对国民经济具有重要价值的矿区和他人矿区范围采矿的,擅自开采国家规定实行保护性开采的特定矿种的,处以违法所得50%以下的罚款;(2)超越批准的矿区范围采矿的,处以违法所得30%以下的罚款;(3)买卖、出租或者以其他形式转让矿产资源的,买卖、出租采矿权的,对卖方、出租方、出让方处以违法所得一倍以下的罚款;(4)非法用采矿权作抵押的,处以5000元以下的罚款;(5)违反规定收购和销售国家规定统一收购的矿产品的,处以违法所得一倍以下的罚款;(6)采取破坏性的开采方法开采矿产资源,造成矿产资源严重破坏的,处以相当于矿产资源损失价值50%以下的罚款。

第四十三条规定了有下列行为之一的,对主管人员和直接责任人员给予行政处分;构成犯罪的,依法追究刑事责任:(1)批准不符合办矿条件的单位或者个人开办矿山的;(2)对未经依法批准的矿山企业或者个人颁发采矿许可证的。

3.《矿产资源开采登记管理办法》

第三条规定了由国务院地质矿产主管部门审批登记并颁发采矿许可证的矿产资源包括:(1)国家规划矿区和对国民经济具有重要价值的矿区内的矿产资源;(2)领海及中国管辖的其他海域的矿产资源;(3)外商投资开采的矿产资源;(4)本办法附录所列的矿产资源。开采石油、天然气矿产的,经国务院指定的机关审查同意后,由国务院地质矿产主管部门登记,颁发采矿许可证。

由省、自治区、直辖市人民政府地质矿产主管部门审批登记并颁发采矿许可证的矿产资源包括:(1)由国务院地质矿产主管部门审批登记以外的矿产储量规模中型以上的矿产资源;(2)国务院地质矿产主管部门授权省、自治区、直辖市人民政府地质矿产主管部门审批登记的矿产资源。

除上述以外的矿产资源,由县级以上地方人民政府负责地质矿产管理工作的部门,按照省、自治区、直辖市人民代表大会常务委员会制定的管理办法审批登记，颁发采矿许可证。矿区范围跨县级以上行政区域的，由所涉及行政区域的共同上一级登记管理机关审批登记，颁发采矿许可证。县级以上地方人民政府负责地质矿产管理工作的部门在审批发证后，应当逐级向上一级人民政府负责地质矿产管理工作的部门备案。

第五条规定了采矿权申请人申请办理采矿许可证时，应当向登记管理机关提交的资料，包括：（1）申请登记书和矿区范围图；（2）采矿权申请人资质条件的证明；（3）矿产资源开发利用方案；（4）依法设立矿山企业的批准文件；（5）开采矿产资源的环境影响评价报告；（6）国务院地质矿产主管部门规定提交的其他资料。

申请开采国家规划矿区或者对国民经济具有重要价值的矿区内的矿产资源和国家实行保护性开采的特定矿种的，还应当提交国务院有关主管部门的批准文件。申请开采石油、天然气的，还应当提交国务院批准设立石油公司或者同意进行石油、天然气开采的批准文件以及采矿企业法人资格证明。

第七条规定了采矿许可证的有效期分为：大型以上的，采矿许可证有效期最长为30年；中型的，采矿许可证有效期最长为20年；小型的，采矿许可证有效期最长为10年。采矿许可证有效期满，需要继续采矿的，采矿权人应当在采矿许可证有效期届满的30日前，到登记管理机关办理延续登记手续。采矿权人逾期不办理延续登记手续的，采矿许可证自行废止。

第九条规定了国家实行采矿权有偿取得的制度。采矿权使用费，按照矿区范围的面积逐年缴纳，标准为每平方公里每年1000元。

第十七条规定了任何单位和个人未领取采矿许可证擅自采矿的，擅自进入国家规划矿区和对国民经济具有重要价值的矿区范围采矿的，擅自开采国家规定实行保护性开采的特定矿种的，超越批准的矿区范围采矿的，由登记管理机关依照有关法律、行政法规的规定予以处罚。

4.《水法》

第三十一条规定了从事水资源开发、利用、节约、保护和防治水害等水事活动，应当遵守经批准的规划；因违反规划造成江河和湖泊水域使用功能降低、地下水超采、地面沉降、水体污染的，应当承担治理责任。开采矿藏或者建设地下工程，因疏干排水导致地下水水位下降、水源枯竭或者地面塌陷，采矿单位或者建设单位应当采取补救措施；对他人生活和生产造成损失的，依法给予补偿。

第三十九条规定了国家实行河道采砂许可制度。河道采砂许可制度实施办法，由国务院规定。在河道管理范围内采砂，影响河势稳定或者危及堤防安全的，有关县级以上人民政府水行政主管部门应当划定禁采区和规定禁采期，并予以公告。

第七十二条规定了侵占、毁坏水工程及堤防、护岸等有关设施，毁坏防汛、水文监测、水文地质监测设施的或在水工程保护范围内，从事影响水工程运行和危害水工程安全的爆破、打井、采石、取土等活动的，构成犯罪的，依照刑法的有关规定追究刑事责任；尚不够刑事处罚，且防洪法未作规定的，由县级以上地方人民政府水行政主管部门或者流域管理机构依据职权，责令停止违法行为，采取补救措施，处一万元以上五万元以下的罚款；违反治安管理处罚法的，由公安机关依法给予治安管理处罚；给他人造成损失的，依法承担赔偿责任。

第七十七条规定了对违反本法第三十九条有关河道采砂许可制度规定的行政处罚，由国务院规定。

5.《长江保护法》

第二十八条规定了国家建立长江流域河道采砂规划和许可制度。长江流域河道采砂应当依法取得国务院水行政主管部门有关流域管理机构或者县级以上地方人民政府水行政主管部门的许可。国务院水行政主管部门有关流域管理机构和长江流域县级以上地方人民政府依法划定禁止采砂区和禁止采砂期，严格控制采砂区域、采砂总量和采砂区域内的采砂船舶数量。禁止在长江流域禁止采砂区和禁止采砂期从事采砂活动。国务院水行政主管部门会同国务院有关部门组织长江流域有关地方人民政府及其有关部门开展长江流域河道非法采砂联合执法工作。

第九十一条规定了违反本法规定，在长江流域未依法取得许可从事采砂活动，或者在禁止采砂区和禁止采砂期从事采砂活动的，由国务院水行政主管部门有关流域管理机构或者县级以上地方人民政府水行政主管部门责令停止违法行为，没收违法所得以及用于违法活动的船舶、设备、工具，并处货值金额两倍以上二十倍以下罚款；货值金额不足十万元的，并处二十万元以上二百万元以下罚款；已经取得河道采砂许可证的，吊销河道采砂许可证。

6.《长江河道采砂管理条例》

第九条规定了国家对长江采砂实行采砂许可制度。河道采砂许可证由沿江省、直辖市人民政府水行政主管部门审批发放；属于省际边界重点河段的，经有关省、直辖市人民政府水行政主管部门签署意见后，由长江水利委员会审批发放；涉及航道的，审批发放前应当征求长江航务管理局和长江海事机构的意见。省际边界重点河段的范围由国务院水行政主管部门划定。河道采砂许可证式样由国务院水行政主管部门规定，由沿江省、直辖市人民政府水行政主管部门和长江水利委员会印制。

第十七条规定了禁止运输、收购、销售未取得河道采砂许可证的单位、个人开采的长江河道砂石。

第十八条规定了违反本条例规定，未办理河道采砂许可证，擅自在长江采砂的，由县级以上地方人民政府水行政主管部门或者长江水利委员会依据职权，责令停止违法行为，没收违法开采的砂石和违法所得以及采砂船舶和挖掘机械等作业设备、工具，并处违法开采的砂石货值金额2倍以上20倍以下的罚款；货值金额不足10万元的，并处20万元以上200万元以下的罚款；构成犯罪的，依法追究刑事责任。

第十九条规定了采砂单位、个人未按照河道采砂许可证规定的要求采砂的，由县级以上地方人民政府水行政主管部门或者长江水利委员会依据职权，责令停止违法行为，没收违法开采的砂石和违法所得，并处违法开采的砂石货值金额1倍以上2倍以下的罚款；情节严重或者在禁采区、禁采期采砂的，没收违法开采的砂石和违法所得以及采砂船舶和挖掘机械等作业设备、工具，吊销河道采砂许可证，并处违法开采的砂石货值金额2倍以上20倍以下的罚款，货值金额不足10万元的，并处20万元以上200万元以下的罚款；构成犯罪的，依法追究刑事责任。

第二十六条规定了对有下列行为之一，对负有责任的主管人员和其他直接责任人员依法给予处分；构成犯罪的，依法追究刑事责任：（1）不执行已批准的长江采砂规划、擅自修改长江采砂规划或者违反长江采砂规划组织采砂的；（2）不按照规定审批发放河道采砂许可证或者其他批准文件的；（3）不履行本条例规定的监督检查职责，造成长江采砂秩序混乱或者造成重大责任事故的。

7.《刑法》

第三百四十三条规定了非法采矿罪，违反矿产资源法的规定，未取得采矿许可证擅自采矿，擅自进入国家规划矿区、对国民经济具有重要价值的矿区和他人矿区范围采矿，或者擅自开采国家规定实行保护性开采的特定矿种，情节严重的，处三年以下有期徒刑、拘役或者管制，并处或者单处罚金；情节特别严重的，处三年以上七年以下有期徒刑，并处罚金。

8.《最高人民法院、最高人民检察院关于办理非法采矿、破坏性采矿刑事案件适用法律若干问题的解释》

第一条规定了违反《矿产资源法》《水法》等法律、行政法规有关矿产资源开发、利用、保护和管理的规定的，应当认定为《刑法》第三百四十三条规定的"违反矿产资源法的规定"。

第二条规定了具有下列情形之一的，应当认定为《刑法》第三百四十三条第一款规定的"未取得采矿许可证"：（1）无许可证的；（2）许可证被注销、吊销、撤销的；（3）超越许可证规定的矿区范围或者开采范围的；（4）超出许可证规定的矿种的（共生、伴生矿种除外）；（5）其他未取得许可证的情形。

第三条规定了实施非法采矿行为，具有下列情形之一的，应当认定为《刑法》第三百四十三条第一款规定的"情节严重"：（1）开采的矿产品价值或者造成矿产资源破坏的价值在十万元至三十万元以上的；（2）在国家规划矿区、对国民经济具有重要价值的矿区采矿，开采国家规定实行保护性开采的特定矿种，或者在禁采区、禁采期内采矿，开采的矿产品价值或者造成矿产资源破坏的价值在五万元至十五万元以上的；（3）二年内曾因非法采矿受过两次以上行政处罚，又实施非法采矿行为的；（4）造成生态环境严重损害的；（5）其他情节严重的情形。

实施非法采矿行为，具有下列情形之一的，应当认定为《刑法》第三百四十三条第一款规定的"情节特别严重"：（1）数额达到前款第一项、第二项规定标准五倍以上的；（2）造成生态环境特别严重损害的；（3）其他情节特别严重的情形。

第四条规定了在河道管理范围内采砂，具有下列情形之一，符合《刑法》第三百四十三条第一款和本解释第二条、第三条规定的，以非法采矿罪定罪处罚：（1）依据相关规定应当办理河道采砂许可证，未取得河道采砂许可证的；（2）依据相关规定应当办理河道采砂许可证和采矿许可证，既未取得河道采砂许可证，又未取得采矿许可证的。

实施前款规定行为，虽不具有本解释第三条第一款规定的情形，但严重影响河势稳定，危害防洪安全的，应当认定为《刑法》第三百四十三条第一款规定的"情节严重"。

第五条规定了未取得海砂开采海域使用权证，且未取得采矿许可证，采挖海砂，符合《刑法》第三百四十三条第一款和本解释第二条、第三条规定的，以非法采矿罪定罪处罚。实施前款规定行为，虽不具有本解释第三条第一款规定的情形，但造成海岸线严重破坏的，应当认定为《刑法》第三百四十三条第一款规定的"情节严重"。

第六条规定了造成矿产资源破坏的价值在五十万元至一百万元以上，或者造成国家规划矿区、对国民经济具有重要价值的矿区和国家规定实行保护性开采的特定矿种资源破坏的价值在二十五万元至五十万元以上的，应当认定为《刑法》第三百四十三条第二款规定的"造成矿产资源严重破坏"。

第十条规定了实施非法采矿犯罪，不属于"情节特别严重"，或者实施破坏性采矿犯罪，行为人系初犯，全部退赃退赔，积极修复环境，并确有悔改表现的，可以认定为犯罪情节轻微，不起诉或者免予刑事处罚。

9.《最高人民法院关于充分发挥环境资源审判职能作用依法惩处盗采矿产资源犯罪的意见》

第五项规定了严格依照《刑法》第三百四十三条及《最高人民法院、最高人民检察院关于办理非法采矿、破坏性采矿刑事案件适用法律若干问题的解释》（以下简称"《解释》"）的规定，对盗采矿产资源的行为定罪量刑。对犯罪分子主观恶性深、人身危险性大,犯罪情节恶劣、后果严重的,坚决依法从严惩处。

第六项规定了正确理解和适用《解释》第二条、第四条第一款、第五条第一款规定,准确把握盗采矿产资源行为入罪的前提条件。对是否构成"未取得采矿许可证"情形,要在综合考量案件具体事实、情节的基础上依法认定。

第七项规定了正确理解和适用《解释》第三条、第四条第二款、第五条第二款规定,对实施盗采矿产资源行为同时构成两种以上"情节严重"或者"情节特别严重"情形的,要综合考虑各情节,精准量刑。对在河道管理范围、海域实施盗采砂石行为的,要充分关注和考虑其危害堤防安全、航道畅通、通航安全或者造成岸线破坏等因素。

第八项规定了充分关注和考虑实施盗采矿产资源行为对生态环境的影响,加大生态环境保护力度。对具有破坏生态环境情节但非依据生态环境损害严重程度确定法定刑幅度的,要酌情从重处罚。盗采行为人积极修复生态环境、赔偿损失的,可以依法从轻或者减轻处罚;符合《解释》第十条规定的,可以免予刑事处罚。

第十项规定了依法用足用好罚金刑,提高盗采矿产资源犯罪成本,要综合考虑矿产品价值或者造成矿产资源破坏的价值、生态环境损害程度、社会影响等情节决定罚金数额。法律、行政法规对同类盗采矿产资源行为行政罚款标准有规定的,决定罚金数额时可以参照行政罚款标准。盗采行为人就同一事实已经支付了生态环境损害赔偿金、修复费用的,决定罚金数额时可予酌情考虑,但不能直接抵扣。

10.《民法典》

第一千二百二十九条规定了因污染环境、破坏生态造成他人损害的,侵权人应当承担侵权责任。

第一千二百三十四条规定了违反国家规定造成生态环境损害,生态环境能够修复的,国家规定的机关或者法律规定的组织有权请求侵权人在合理期限内承担修复责任。侵权人在期限内未修复的,国家规定的机关或者法律规定的组织可以自行或者委托他人进行修复,所需费用由侵权人负担。

第一千二百三十五条规定了违反国家规定造成生态环境损害的,国家规定的机关或者法律规定的组织有权请求侵权人赔偿下列损失和费用:(1)生态环境受到损害至修复完成期间服务功能丧失导致的损失;(2)生态环境功能永久性损害造成的损失;(3)生态环境损害调查、鉴定评估等费用;(4)清除污染、修复生态环境费用;(5)防止损害的发生和扩大所支出的合理费用。

11.《最高人民法院关于审理生态环境侵权纠纷案件适用惩罚性赔偿的解释》

第二条规定了因环境污染、生态破坏受到损害的自然人、法人或者非法人组织,依据《民法典》第一千二百三十二条的规定,请求判令侵权人承担惩罚性赔偿责任的,适用本解释。

第四条规定了被侵权人主张侵权人承担惩罚性赔偿责任的,应当提供证据证明以下事实:(1)侵权人污染环境、破坏生态的行为违反法律规定;(2)侵权人具有污染环境、破坏生态的故意;(3)侵权人污染环境、破坏生态的行为造成严重后果。

第七条规定了未取得勘查许可证、采矿许可证,或者采取破坏性方法勘查开采矿产资源的,人民法院应当认定侵权人具有污染环境、破坏生态的故意。

第八条规定了人民法院认定侵权人污染环境、破坏生态行为是否造成严重后果,应当根据污染环境、破坏生态行为的持续时间、地域范围、造成环境污染、生态破坏的范围和程度,以及造成的社会影响等因素综合判断。

第十一条规定了侵权人因同一污染环境、破坏生态行为,应当承担包括惩罚性赔偿在内的民事责任、行政责任和刑事责任,其财产不足以支付的,应当优先用于承担民事责任。侵权人因同一污染环境、破坏生态行为,应当承担包括惩罚性赔偿在内的民事责任,其财产不足以支付的,应当优先用于承担惩罚性赔偿以外的其他责任。

第十二条规定了国家规定的机关或者法律规定的组织作为被侵权人代表,请求判令侵权人承担惩罚性赔偿责任的,人民法院可以参照前述规定予以处理。但惩罚性赔偿金数额的确定,应当以生态环境受到损害至修复完成期间服务功能丧失导致的损失、生态环境功能永久性损害造成的损失数额作为计算基数。

三、非法采矿法律合规风险及防范

(一)刑事责任法律风险

非法采矿的刑事责任法律风险主要是指构成《刑法》第三百四十三条的非法采矿罪。违反《矿产资源法》的规定,未取得采矿许可证擅自采矿,擅自进入国家规划矿区、对国民经济具有重要价值的矿区和他人矿区范围采矿,或者擅自开采国家规定实行保护性开采的特定矿种,情节严重的,处三年以下有期徒刑、拘役或者管制,并处或者单处罚金;情节特别严重的,处三年以上七年以下有期徒刑,并处罚金。单位犯非法采矿罪的,依照相应自然人犯罪的定罪量刑标准,对直接负责的主管人员和其他直接责任人员定罪处罚,并对单位判处罚金。

"未取得采矿许可证"包括无许可证的、许可证被注销、吊销、撤销的、超越许可证规定的矿区范围或者开采范围的、超出许可证规定的矿种的(共生、伴生矿种除外)和其他未取得许可证的情形。

实施非法采矿行为,具有下列情形之一的属于"情节严重":(1)开采的矿产品价值或者造成矿产资源破坏的价值在十万元至三十万元以上的；（2）在国家规划矿区、对国民经济具有重要价值的矿区采矿，开采国家规定实行保护性开采的特定矿种，或者在禁采区、禁采期内采矿，开采的矿产品价值或者造成矿产资源破坏的价值在五万元至十五万元以上的；（3）二年内曾因非法采矿受过两次以上行政处罚，又实施非法采矿行为的；（4）造成生态环境严重损害的；（5）其他情节严重的情形。

具有下列情形之一的属于"情节特别严重"：（1）数额达到情节严重规定标准五倍以上的；（2）造成生态环境特别严重损害的；（3）其他情节特别严重的情形。因此，根据上述规定，非法采矿行为满足非法采矿罪的主客观条件后，将构成非法采矿罪，并承担相应的刑事法律责任。

以江苏省盱眙县孙某某等人以生猪养殖、农业产业园项目为名违法采矿案为例：孙某某、杜某某 2 人在未取得采矿许可证的情况下，在盱眙县河桥镇玉皇山村，以生猪养殖、农业产业园项目为名，违法开采玄武岩 3.5167 万 t 出售牟利。盱眙县自然资源和规划局以涉嫌构成非法采矿罪将案件移送司法机关追究刑事责任。2021 年 11 月，盱眙县人民法院判决孙某某、杜某某犯非法采矿罪，判处孙某某有期徒刑 5 年，罚金 50 万元；判处杜某某有期徒刑 3 年 6 个月，罚金 30 万元；孙某某赔偿生态环境损害费用 30.48 万元，孙某某、杜某某连带赔偿生态环境损害费用 220.46 万元；责令孙某某、杜某某在媒体上向社会公众公开赔礼道歉。[①]

（二）民事责任法律风险

非法采矿的民事责任法律风险主要是指非法采矿人或单位应当承担因非法采矿导致的生态环境修复费用和生态环境受到损害至修复完成期间服务功能丧失导致的损失赔偿责任。

《民法典》第一千二百二十九条规定，因污染环境、破坏生态造成他人损害的，侵权人应当承担侵权责任；第一千三百二十五条规定，违反国家规定造成生态环境损害的，国家规定的机关或者法律规定的组织有权请求侵权人赔偿下列损失和费用：（一）生态环境受到损害至修复完成期间服务功能丧失导致的损失；（二）生态环境功能永久性损害造成的损失；（三）生态环境损害调查、鉴定评估等费用；（四）清除污染、修复生态环境费用；（五）防止损害的发生和扩大所支出的合理费用，明确了生态环境损害应赔偿的五个方面损失。《最高人民法院关于审理环境民事公益诉讼案件适用法律若干问题的解释》规定，人民法院可以判决承担生态环境修复费用和生态环境受到损害至修复完成期间服务功

---

① 自然资源部官网：《自然资源部公开通报 25 起土地矿产违法案件》。

能丧失导致的损失。

以湖南省益阳市人民检察院诉夏顺安等15人生态破坏民事公益诉讼案为例，2016年6月至11月，夏顺安等15名被告为牟取非法利益，分别驾驶九江采158号、湘沅江采1168号、江苏籍999号等采砂船至洞庭湖下塞湖区域非规划区非法采砂。夏顺安等人的非法采砂行为构成非法采矿罪，被相关刑事生效判决予以认定。2019年7月，湖南省益阳市人民检察院以夏顺安等15人实施非法采砂行为，造成洞庭湖生态环境受损，损害社会公共利益为由，提起生态破坏民事公益诉讼，请求判令夏顺安等被告对所造成的生态环境损害承担3.8万元至873.579万元不等的连带赔偿修复费用，并赔礼道歉。经湖南省环境保护科学研究院生态环境损害司法鉴定中心鉴定，夏顺安等人非法采砂行为对非法采砂区域的生态环境造成的影响分为水环境质量受损、河床结构受损、水源涵养受损和水生生物资源受损，所造成的生态环境影响的空间范围共计约9.9万 m^2，其中造成的水生生物资源损失为2.653万元，修复水生生物资源受损和河床结构与水源涵养受损所需的费用分别为7.969万元和865.61万元，合计873.579万元。

湖南省益阳市中级人民法院于2020年6月8日作出民事判决【（2019）湘09民初94号】，判决被告夏顺安对非法采砂造成的采砂水域河床原始结构、水源涵养量修复费用865.61万元、水生生物资源修复费用7.969万元共计873.579万元生态环境修复费用承担赔偿责任；判决其他14名被告依据其具体侵权行为分别在3.8万元至869.6万元不等范围内承担连带责任；判决夏顺安等15人在国家级媒体公开赔礼道歉。王德贵提起上诉，湖南省高级人民法院于2020年12月29日作出【（2020）湘民终1862号】民事判决：驳回上诉，维持原判。

（三）行政处罚责任法律风险

非法采矿的行政处罚责任是指行为人违反《矿产资源法》等法律法规和规章的规定，擅自进入国家规划矿区、对国民经济具有重要价值的矿区和他人矿区范围采矿，或者擅自开采国家规定实行保护性开采的特定矿种尚不构成犯罪，但达到应当受到行政处罚的程度所承担的责任。《矿产资源法》第三十九条规定：违反本法规定，未取得采矿许可证擅自采矿的，擅自进入国家规划矿区、对国民经济具有重要价值的矿区范围采矿的，擅自开采国家规定实行保护性开采的特定矿种的，责令停止开采、赔偿损失，没收采出的矿产品和违法所得，可以并处罚款；拒不停止开采，造成矿产资源破坏的，依照《刑法》第一百五十六条的规定对直接责任人员追究刑事责任。《矿产资源法》第四十二条明确规定，将探矿权、采矿权倒卖牟利的，吊销勘查许可证、采矿许可证，没收违法所得，处以罚款。《矿产资源法实施细则》第四十二条规定：（1）未取得采矿许可证擅自采矿的，擅自进入国家规划矿区、对国民经济具有重要价值的矿区和他人矿区范围采矿的，擅自开采国家规定实行保护性开采的特定矿种的，处以违法所得50%以下的罚款；（2）超越批准的矿区范围采矿的，处以违法所得30%以下的罚款；（3）买卖、出租或者以其他形式转让矿产资源的，买卖、出租采矿权的，对卖方、出租方、出让方处以违法所得一倍以下的罚款；（4）非法用采矿权作抵押的，处以5000元以下的罚款；（5）违反规定收购和销售国家规定统一收购的矿产品的，处以违法所得一倍以下的罚款；（6）采取破坏性的开采方法开采矿产资源，造成矿产资源严重破坏的，处以相当于矿产资源损失价值50%以下的罚款。《长江保护法》第九十一条规定，在长江流域未依法取得许可从事采砂活动，或者在禁止采砂区和禁止采砂期从事采砂活动的，由国务院水行政主管部门有关流域管理机构或者县级以上地方人民政府水行政主管部门责令停止违法行为，没收违法所得以及用于违法活动的船舶、设备、工具，并处货值金额两倍以上二十倍以下罚款；货值金额不足十万元的，并处二十万元以上二百万元以下罚款；已经取得河道采砂许可证的，吊销河道采砂许可证。因此，非法采矿人在尚未构成犯罪的情形下将承担相应的行政处罚责任。

以杨佳林非法采矿行政处罚案为例，杨佳林未经自然资源行政主管部门批准，在绥中县李家堡乡马营子村西面恒温库北侧用钩机擅自采矿，违法挖砂取土（面积170.43m^2，方量116.8m^3）。2023年11月22日，绥中县砂石局作出行政处罚决定书（绥自罚决字〔2023〕第101号），以杨佳林违反了《矿产资源法》第三条的规定，依据《矿产资源法》第三十九条和《矿产资源法实施细则》第四十二条第一款的规定作出行政处罚：没收违法所得人民币2452.80元，罚款人民币122.64元。杨佳林因违反《矿产资源法》等法律法规，但尚未构成刑事犯罪，因此承担相应的没收违法所得和罚款的责任。

（四）非法采矿法律合规风险防范

《刑法》对非法采矿罪的犯罪主体要求较为宽泛，自然人和单位均可构成非法采矿罪。当单位构成非法采矿罪时，根据《刑法》及《最高人民法院、最高人民检察院关于办理非法采矿、破坏性采矿刑事案件适用法律若干问题的解释》第九条的规定，对直接负责的主管人员和其他直接责任人员按照相应自然人犯罪的标准定罪量刑，并对单位判处罚金。故相关企业主管人员需要时刻注意本企业是否涉嫌非法采矿，一旦单位被认定构成非法采矿罪，自己也可能需要承担刑事责任。

为避免单位或者个人成为非法采矿刑事责任、民事责任和行政责任的承担主体，在进行矿产资源开采过程中，应当依法合规开展采矿活动，通过合法经营，加强管理，杜绝非法采矿行为。在企业日常经营中，应当按照国家法律规定办理采矿许可证，并且按照采矿许可证的规定，在许可范围内开采特定矿种，不得随意扩大开采范围，亦不得在未经许可的情况下开采其他矿种。当采矿许可证被注销、吊销、撤销后,应当立即停止开采行为,待采矿许可证恢复后再继续开采。相关企业在从事经营时,需要对所在地的规定进行了解,遵守地方具体规定,确保证件有效齐全,防止因证件不全而承担相应法律责任的情形。对于矿产品上下游加工企业,应该确保本企业生产所使用的矿产原料来源合法,不是通过非法开采所取得的矿产,避免成为犯罪行为的中间环节。需要对矿产品的来源严格审查,以免承担不必要的刑事风险。

第十节 绿色砂石税费法律合规风险

一、绿色砂石税费概述

随着建筑、道路、桥梁和基础建设用量的增加,以及天然砂石资源的减少,近年来开采矿山加工成机制砂石快速增长,我国砂石行业已从开采自然砂石为主,发展到以开采矿山加工机制砂石为主。绿色砂石矿山企业通过开采矿山,加工机制砂、石料,生产出符合质量要求的不同规格、种类的建筑用机制砂和石料。对于绿色砂石矿山企业而言,其涉及的税费主要有资源税、增值税、水土保持补偿费、矿业权占用费、教育费附加、地方教育附加、印花税、城市维护建设税等的主要税费种类。

以绿色砂石企业资源税为例,资源税旨在调节资源级差收入、体现国有资源有偿使用,具有"普遍征收、级差调节"的特点,是绿色砂石矿山企业在矿产资源开采环节中发生的重要费用,主要由《矿产资源法》《资源税法》《税收征收管理法》以及财政部、国家税务总局、地方税务局制定的部门规章文件进行规制。

资源税是以应税资源为课税对象,对在中华人民共和国领域和中华人民共和国管辖的其他海域开发应税资源的单位和个人,就其应税资源销售额或销售数量为计税依据而征收的一种税。《资源税法》采取正列举的方式,共设置5个一级税目,包括能源矿产、金属矿产、非金属矿产、水气矿产和盐五大类,17个二级子税目,下辖164个子税目。资源税的征税对象也分为三种,即原矿、选矿、原矿或选矿,涵盖所有已经发现的矿种和盐。

《资源税法》确立了以从价计征为主、从量计征为辅的资源税征收方式,即按照矿产资源销售额计征或按照矿产资源销售量计征。所列164个税目中,有158个税目实行从价计征,其余6个税目可视征管便利度选择从价计征或从量计征,主要是地热、矿泉水、石灰岩、砂石、其他黏土、天然卤水。

资源税税率则采取固定税率和幅度税率两种类型，其中实行幅度税率的，具体适用税率由省、自治区、直辖市人民政府统筹考虑该应税资源的品位、开采条件以及对生态环境的影响等情况，在《税目税率表》规定的税率幅度内提出，报同级人民代表大会常务委员会决定，并报全国人民代表大会常务委员会和国务院备案。因此，绿色砂石矿山企业开发实行幅度税率的矿产资源时，需要核实省级地方政府对税率的细化性规定。

二、绿色砂石税费主要法律合规依据

"绿水青山就是金山银山"，节约资源、保护环境是我国的基本国策，面对日益严峻的资源环境约束，党的十八大以来，按照绿色发展和建设生态文明的战略要求，我国积极推动税制绿色化改革和转型，逐步构建具有中国特色的绿色税收制度，并出台了一系列支持绿色发展的税费优惠政策，进一步促进了经济社会发展全面绿色转型和可持续发展战略的有效实施。[①]

关于涉及绿色砂石矿山企业增值税和资源税的法律法规及规范性文件主要有《增值税暂行条例》《财政部　国家税务总局关于部分货物适用增值税低税率和简易办法征收增值税政策的通知》《财政部　国家税务总局关于简并增值税征收率政策的通知》《资源税法》《资源税暂行条例实施细则》《关于进一步支持小微企业和个体工商户发展有关税费政策的公告》《税收征收管理法》《重大税收违法失信主体信息公布管理办法》和《刑法》。

其中《资源税法》于2019年8月26日发布，于2020年9月1日正式实施，这是我国首次为资源税立法。《资源税法》的出台是贯彻习近平生态文明思想、落实税收法定原则和完善地方税体系的重要举措，是绿色税制建设的重要组成部分。《资源税法》首次对税目进行了全国层面的统一，明确了164个应税资源具体品目，并详细归纳于资源税税目税率表中，涵盖了现今发现的所有矿种和盐；确定了应税资源品目征税的固定税率和幅度税率，鉴于资源富集存在地区差异的原因，授予省级政府在幅度税率范围内根据各省市矿产资源具体情况确定具体税率的权利；《资源税法》明确在法律条文中详细规定了资源税的减免政策，便于矿业企业长期稳定适用减免政策，有利于纳税人在项目开展前进行税务筹划相关工作。

1.《增值税暂行条例》

第一条规定了在中华人民共和国境内销售货物或者加工、修理修配劳务（以下简称劳务），销售服务、无形资产、不动产以及进口货物的单位和个人，为增值税的纳税人，应

---

① 许文. 我国绿色税制的改革进展、趋势与方向[J]. 财政科学, 2023（1）: 26.

当依照本条例缴纳增值税。

第二条规定了不同的增值税税率：（1）纳税人销售货物、劳务、有形动产租赁服务或者进口货物，除本条第二项、第四项、第五项另有规定外，税率为17%；（2）纳税人销售交通运输、邮政、基础电信、建筑、不动产租赁服务，销售不动产，转让土地使用权，销售或者进口下列货物，税率为11%：粮食等农产品、食用植物油、食用盐；自来水、暖气、冷气、热水、煤气、石油液化气、天然气、二甲醚、沼气、居民用煤炭制品；图书、报纸、杂志、音像制品、电子出版物；饲料、化肥、农药、农机、农膜；国务院规定的其他货物；（3）纳税人销售服务、无形资产，除本条第一项、第二项、第五项另有规定外，税率为6%；（4）纳税人出口货物，税率为零；但是，国务院另有规定的除外；（5）境内单位和个人跨境销售国务院规定范围内的服务、无形资产，税率为零。税率的调整，由国务院决定。

第四条规定了应纳税额的计算公式，除特别规定外，纳税人销售货物、劳务、服务、无形资产、不动产（以下统称应税销售行为），应纳税额为当期销项税额抵扣当期进项税额后的余额：应纳税额＝当期销项税额－当期进项税额。当期销项税额小于当期进项税额不足抵扣时，其不足部分可以结转下期继续抵扣。

第五条规定了销项税额的计算公式。纳税人发生应税销售行为，按照销售额和本条例第二条规定的税率计算收取的增值税额，为销项税额。销项税额计算公式：销项税额＝销售额×税率。

2.《财政部、国家税务总局关于部分货物适用增值税低税率和简易办法征收增值税政策的通知》

第二条第（三）项规定了建筑用和生产建筑材料所用的砂、土、石料。可选择按照简易办法依照6%征收率计算缴纳增值税：不得抵扣进项税额：

3.《财政部、国家税务总局关于简并增值税征收率政策的通知》

《财政部、国家税务总局关于部分货物适用增值税低税率和简易办法征收增值税政策的通知》第二条第（三）项"依照6%征收率"调整为"依照3%征收率"。

4.《资源税法》

第一条规定了在中华人民共和国领域和中华人民共和国管辖的其他海域开发应税资源的单位和个人，作为资源税的纳税人，应当依照本法规定缴纳资源税。应税资源的具体范围，由所附资源税《税目税率表》确定。

第二条规定了资源税的税目、税率，依照《税目税率表》执行。《税目税率表》中规定实行幅度税率的，其具体适用税率由省、自治区、直辖市人民政府统筹考虑该应税资源的品位、开采条件以及对生态环境的影响等情况，在《税目税率表》规定的税率幅度内提出，报同级人民代表大会常务委员会决定，并报全国人民代表大会常务委员会和国务院备案。《税目税率表》中规定征税对象为原矿或者选矿的，应当分别确定具体适用税率。

第三条规定了资源税按照《税目税率表》实行从价计征或者从量计征。《税目税率表》中规定可以选择实行从价计征或者从量计征的，具体计征方式由省、自治区、直辖市人民政府提出，报同级人民代表大会常务委员会决定，并报全国人民代表大会常务委员会和国务院备案。实行从价计征的，应纳税额按照应税资源产品（以下简称"应税产品"）的销售额乘以具体适用税率计算。实行从量计征的，应纳税额按照应税产品的销售数量乘以具体适用税率计算。应税产品为矿产品的，包括原矿和选矿产品。

第四条规定了纳税人开采或者生产不同税目应税产品的，应当分别核算不同税目应税产品的销售额或者销售数量；未分别核算或者不能准确提供不同税目应税产品的销售额或者销售数量的，从高适用税率。

第五条规定了纳税人开采或者生产应税产品自用的，应当依照本法规定缴纳资源税；但是，自用于连续生产应税产品的，不缴纳资源税。

第六条规定了从衰竭期矿山开采的矿产品，减征30%资源税。根据国民经济和社会发展需要，国务院对有利于促进资源节约集约利用、保护环境等情形可以规定免征或者减征资源税，报全国人民代表大会常务委员会备案。

第七条规定了省、自治区、直辖市针对以下情形可以决定免征或者减征资源税：（1）纳税人开采或者生产应税产品过程中，因意外事故或者自然灾害等原因遭受重大损失；（2）纳税人开采共伴生矿、低品位矿、尾矿。

第十二条规定了资源税按月或者按季申报缴纳；不能按固定期限计算缴纳的，可以按次申报缴纳。纳税人按月或者按季申报缴纳的，应当自月度或者季度终了之日起十五日内，向税务机关办理纳税申报并缴纳税款；按次申报缴纳的，应当自纳税义务发生之日起十五日内，向税务机关办理纳税申报并缴纳税款。

5.《关于进一步支持小微企业和个体工商户发展有关税费政策的公告》

第二条规定自2023年1月1日至2027年12月31日，对增值税小规模纳税人、小型微利企业和个体工商户减半征收资源税（不含水资源税）、城市维护建设税、房产税、城镇土地使用税、印花税（不含证券交易印花税）、耕地占用税和教育费附加、地方教育附加。

6.《税收征收管理法》

第十九条规定了纳税人、扣缴义务人按照有关法律、行政法规和国务院财政、税务主管部门的规定设置账簿，根据合法、有效凭证记账，进行核算。

第二十五条规定了纳税人必须依照法律、行政法规规定或者税务机关依照法律、行政法规的规定确定的申报期限、申报内容如实办理纳税申报，报送纳税申报表、财务会计报表以及税务机关根据实际需要要求纳税人报送的其他纳税资料。扣缴义务人必须依照法律、行政法规规定或者税务机关依照法律、行政法规的规定确定的申报期限、申报内容如实报送代扣代缴、代收代缴税款报告表以及税务机关根据实际需要要求扣缴义务人报送的其他有关资料。

第三十一条规定了纳税人、扣缴义务人按照法律、行政法规规定或者税务机关依照法律、行政法规的规定确定的期限，缴纳或者解缴税款。纳税人因有特殊困难，不能按期缴纳税款的，经省、自治区、直辖市国家税务局、地方税务局批准，可以延期缴纳税款，但是最长不得超过三个月。

第三十二条规定了纳税人未按照规定期限缴纳税款的，扣缴义务人未按照规定期限解缴税款的，税务机关除责令限期缴纳外，从滞纳税款之日起，按日加收滞纳税款万分之五的滞纳金。

第六十条规定了纳税人有下列行为之一的，由税务机关责令限期改正，可以处二千元以下的罚款；情节严重的，处二千元以上一万元以下的罚款：（1）未按照规定的期限申报办理税务登记、变更或者注销登记的；（2）未按照规定设置、保管账簿或者保管记账凭证和有关资料的；（3）未按照规定将财务、会计制度或者财务、会计处理办法和会计核算软件报送税务机关备查的；（4）未按照规定将其全部银行账号向税务机关报告的；（5）未按照规定安装、使用税控装置，或者损毁或者擅自改动税控装置的。纳税人不办理税务登记的，由税务机关责令限期改正；逾期不改正的，经税务机关提请，由工商行政管理机关吊销其营业执照。纳税人未按照规定使用税务登记证件，或者转借、涂改、损毁、买卖、伪造税务登记证件的，处二千元以上一万元以下的罚款；情节严重的，处一万元以上五万元以下的罚款。

第六十一条规定了扣缴义务人未按照规定设置、保管代扣代缴、代收代缴税款账簿或者保管代扣代缴、代收代缴税款记账凭证及有关资料的，由税务机关责令限期改正，可以处二千元以下的罚款；情节严重的，处二千元以上五千元以下的罚款。

第六十二条规定了纳税人未按照规定的期限办理纳税申报和报送纳税资料的，或者扣缴义务人未按照规定的期限向税务机关报送代扣代缴、代收代缴税款报告表和有关资料的，由税务机关责令限期改正，可以处二千元以下的罚款；情节严重的，可以处二千元以上一万元以下的罚款。

第六十三条规定了纳税人伪造、变造、隐匿、擅自销毁账簿、记账凭证，或者在账簿上多列支出或者不列、少列收入，或者经税务机关通知申报而拒不申报或者进行虚假的纳税申报，不缴或者少缴应纳税款的，是偷税。对纳税人偷税的，由税务机关追缴其不缴或者少缴的税款、滞纳金，并处不缴或者少缴的税款50%以上五倍以下的罚款；构成犯罪的，依法追究刑事责任。扣缴义务人采取前款所列手段，不缴或者少缴已扣、已收税款，由税务机关追缴其不缴或者少缴的税款、滞纳金，并处不缴或者少缴的税款50%以上五倍以下的罚款；构成犯罪的，依法追究刑事责任。

第六十四条规定了纳税人、扣缴义务人编造虚假计税依据的，由税务机关责令限期改正，并处五万元以下的罚款。纳税人不进行纳税申报，不缴或者少缴应纳税款的，由税务机关追缴其不缴或者少缴的税款、滞纳金，并处不缴或者少缴的税款50%以上五倍以下的罚款。

第六十五条规定了纳税人欠缴应纳税款，采取转移或者隐匿财产的手段，妨碍税务机关追缴欠缴的税款的，由税务机关追缴欠缴的税款、滞纳金，并处欠缴税款50%以上五倍以下的罚款；构成犯罪的，依法追究刑事责任。

第六十七条规定了以暴力、威胁方法拒不缴纳税款的，是抗税，除由税务机关追缴其拒缴的税款、滞纳金外，依法追究刑事责任。情节轻微，未构成犯罪的，由税务机关追缴其拒缴的税款、滞纳金，并处拒缴税款一倍以上五倍以下的罚款。

第六十八条规定了纳税人、扣缴义务人在规定期限内不缴或者少缴应纳或者应解缴的税款，经税务机关责令限期缴纳，逾期仍未缴纳的，税务机关除依照本法第四十条的规定采取强制执行措施追缴其不缴或者少缴的税款外，可以处不缴或者少缴的税款50%以上五倍以下的罚款。

第六十九条规定了扣缴义务人应扣未扣、应收而不收税款的，由税务机关向纳税人追缴税款，对扣缴义务人处应扣未扣、应收未收税款50%以上三倍以下的罚款。

第七十条规定了纳税人、扣缴义务人逃避、拒绝或者以其他方式阻挠税务机关检查的，由税务机关责令改正，可以处一万元以下的罚款；情节严重的，处一万元以上五万元以下的罚款。

第七十七条规定了纳税人、扣缴义务人有本法第六十三条、第六十五条、第六十六条、第六十七条、第七十一条规定的行为涉嫌犯罪的，税务机关应当依法移交司法机关追究刑事责任。

7.《重大税收违法失信主体信息公布管理办法》

第六条规定了重大税收违法失信主体是指有下列情形之一的纳税人、扣缴义务人或者其他涉税当事人：（1）伪造、变造、隐匿、擅自销毁账簿、记账凭证，或者在账簿上多列支出或者不列、少列收入，或者经税务机关通知申报而拒不申报或者进行虚假的纳税申报，不缴或者少缴应纳税款100万元以上，且任一年度不缴或者少缴应纳税款占当年各税种应纳税总额10%以上的，或者采取前述手段，不缴或者少缴已扣、已收税款，数额在100万元以上的；（2）欠缴应纳税款，采取转移或者隐匿财产的手段，妨碍税务机关追缴欠缴的税款，欠缴税款金额100万元以上的；（3）骗取国家出口退税款的；（4）以暴力、威胁方法拒不缴纳税款的；（5）虚开增值税专用发票或者虚开用于骗取出口退税、抵扣税款的其他发票的；（6）虚开增值税普通发票100份以上或者金额400万元以上的；（7）私自印制、伪造、变造发票，非法制造发票防伪专用品，伪造发票监制章的；（8）具有偷税、逃避追缴欠税、骗取出口退税、抗税、虚开发票等行为，在稽查案件执行完毕前，不履行税收义务并脱离税务机关监管，经税务机关检查确认走逃（失联）的；（9）为纳税人、扣缴义务人非法提供银行账户、发票、证明或者其他方便，导致未缴、少缴税款100万元以上或者骗取国家出口退税款的；（10）税务代理人违反税收法律、行政法规造成纳税人未缴或者少缴税款100万元以上的；（11）其他性质恶劣、情节严重、社会危害性较大的税收违法行为。

8.《刑法》

第二百零一条规定了逃税罪及其刑事法律责任。纳税人采取欺骗、隐瞒手段进行虚假纳税申报或者不申报，逃避缴纳税款数额较大并且占应纳税额10%以上的，处三年以下有期徒刑或者拘役，并处罚金；数额巨大并且占应纳税额30%以上的，处三年以上七年以下有期徒刑，并处罚金。扣缴义务人采取前款所列手段，不缴或者少缴已扣、已收税款，数额较大的，依照前款的规定处罚。对多次实施前两款行为，未经处理的，按照累计数额计算。有第一款行为，经税务机关依法下达追缴通知后，补缴应纳税款，缴纳滞纳金，已受行政处罚的，不予追究刑事责任；但是，五年内因逃避缴纳税款受过刑事处罚或者被税务机关给予二次以上行政处罚的除外。

第二百零二条规定了抗税罪及其刑事法律责任。以暴力、威胁方法拒不缴纳税款的，处三年以下有期徒刑或者拘役，并处拒缴税款一倍以上五倍以下罚金；情节严重的，处三年以上七年以下有期徒刑，并处拒缴税款一倍以上五倍以下罚金。

第二百零三条规定了逃避追缴欠税罪及其法律责任。纳税人欠缴应纳税款，采取转移或者隐匿财产的手段，致使税务机关无法追缴欠缴的税款，数额在一万元以上不满十万元的，处三年以下有期徒刑或者拘役，并处或者单处欠缴税款一倍以上五倍以下罚金；数额在十万元以上的，处三年以上七年以下有期徒刑，并处欠缴税款一倍以上五倍以下罚金。

第二百零四条规定了骗取出口退税罪及其法律责任。以假报出口或者其他欺骗手段，骗取国家出口退税款，数额较大的，处五年以下有期徒刑或者拘役，并处骗取税款一倍以上五倍以下罚金；数额巨大或者有其他严重情节的，处五年以上十年以下有期徒刑，并处骗取税款一倍以上五倍以下罚金；数额特别巨大或者有其他特别严重情节的，处十年以上有期徒刑或者无期徒刑，并处骗取税款一倍以上五倍以下罚金或者没收财产。纳税人缴纳税款后，采取前款规定的欺骗方法，骗取所缴纳的税款的，按照逃税罪定罪处罚；骗取税款超过所缴纳的税款部分，依照前款的规定处罚。

第二百零五条规定了虚开增值税专用发票、用于骗取出口退税、抵扣税款发票罪及其刑事责任。虚开增值税专用发票或者虚开用于骗取出口退税、抵扣税款的其他发票的，处三年以下有期徒刑或者拘役，并处二万元以上二十万元以下罚金；虚开的税款数额较大或者有其他严重情节的，处三年以上十年以下有期徒刑，并处五万元以上五十万元以下罚金；虚开的税款数额巨大或者有其他特别严重情节的，处十年以上有期徒刑或者无期徒刑，并处五万元以上五十万元以下罚金或者没收财产。单位犯本条规定之罪的，对单位判处罚金，并对其直接负责的主管人员和其他直接责任人员，处三年以下有期徒刑或者拘役；虚开的税款数额较大或者有其他严重情节的，处三年以上十年以下有期徒刑；虚开的税款数额巨大或者有其他特别严重情节的，处十年以上有期徒刑或者无期徒刑。虚开增值税专用发票或者虚开用于骗取出口退税、抵扣税款的其他发票，是指有为他人虚开、为自己虚开、让他人为自己虚开、介绍他人虚开行为之一的。虚开第二百零五条规定以外的其他发票，情节严重的，处二年以下有期徒刑、拘役或者管制，并处罚金；情节特别严重的，处二年以上七年以下有期徒刑，并处罚金。单位犯前款罪的，对单位判处罚金，并对其直接负责的主管人员和其他直接责任人员，依照前款的规定处罚。

第二百一十一条明确了单位犯危害税收征管罪的，对单位判处罚金，并对其直接负责的主管人员和其他直接责任人员，依照该条的规定处罚。

三、绿色砂石税费法律合规风险及防范

（一）行政责任法律风险

绿色砂石矿山企业可能因逃避缴纳税款、逃避追缴欠税、骗取出口退税、拒不缴纳税款、虚开增值税专用发票或者虚开用于骗取出口退税、抵扣税款的其他发票、虚开普通发票等违法行为遭受行政处罚。

根据《税收征收管理法》的规定，绿色砂石矿山企业必须依照法律、行政法规规定或者税务机关依照法律、行政法规的规定确定的申报期限、申报内容如实办理纳税申报，报送纳税申报表、财务会计报表以及税务机关根据实际需要要求报送的其他纳税资料。以逃避缴纳税款违法行为为例，绿色砂石矿山企业伪造、变造、隐匿、擅自销毁账簿、记账凭

证,或者在账簿上多列支出或者不列、少列收入,或者经税务机关通知申报而拒不申报或者进行虚假的纳税申报,不缴或者少缴应纳税款的,是偷税。对绿色砂石矿山企业偷税的,由税务机关追缴其不缴或者少缴的税款、滞纳金,并处不缴或者少缴的税款 50% 以上五倍以下的罚款;构成犯罪的,依法追究刑事责任。

以山西省吕梁市岚县文林矿业有限公司偷税案为例,经国家税务总局吕梁市税务局第二稽查局检查发现,其在 2012 年 01 月 01 日至 2019 年 06 月 30 日期间,采取偷税手段,不缴或者少缴应纳税款 1567.95 万元。吕梁市税务局第二稽查局依照《税收征收管理法》等相关法律法规的有关规定,对其处以追缴税款 1567.95 万元的行政处理、处以罚款 3135.91 万元的行政处罚。

此外,针对逃避追缴欠税、骗取出口退税、拒不缴纳税款、虚开增值税专用发票或者虚开用于骗取出口退税、抵扣税款的其他发票、虚开普通发票等违法行为,税收征收管理法均规定了相应的行政处罚法律责任。一旦绿色砂石矿山企业违法涉税相关法律法规,将承担补缴税款、滞纳金、罚款的行政处罚责任,甚至被列入重大税收违法失信主体,严重影响企业声誉。

(二)刑事责任法律风险

绿色砂石矿山企业可能面临的主要刑事责任风险有:逃税罪、抗税罪、逃避追缴欠税罪、骗取出口退税罪、虚开增值税专用发票、用于骗取出口退税、抵扣税款发票罪和虚开发票罪;单位犯上述危害税收征管罪的,对单位判处罚金,并对其直接负责的主管人员和其他直接责任人员,依照各项罪名的规定处罚。

以逃税罪为例,根据《刑法》第二百零一条规定,绿色砂石矿山企业采取欺骗、隐瞒手段进行虚假纳税申报或者不申报,逃避缴纳税款数额较大并且占应纳税额 10% 以上的,处三年以下有期徒刑或者拘役,并处罚金。数额巨大并且占应纳税额 30% 以上的,处三年以上七年以下有期徒刑,并处罚金。扣缴义务人采取上述所列手段,不缴或者少缴已扣、已收税款,数额较大的,依照上述规定处罚。对多次实施前述行为,未经处理的,按照累计数额计算。有逃税行为,经税务机关依法下达追缴通知后,补缴应纳税款,缴纳滞纳金,已受行政处罚的,不予追究刑事责任;但是,五年内因逃避缴纳税款受过刑事处罚或者被税务机关给予二次以上行政处罚的除外。根据该条款可知,针对绿色砂石矿山企业逃税犯罪行为,企业将面临罚金,企业的直接负责的主管人员和其他直接责任人员将面临拘役或有期徒刑,并处罚金。

以大田县楚云矿业有限公司、陈加淼逃税罪一案【(2017)闽 0425 刑初 133 号】为例,2013 年 7 月 18 日,被告单位大田县楚云矿业有限公司与三明市盛隆矿业有限公司签订关于铁精矿的《购销合同》，2013年7月至11月间共进行四笔交易，其中大田县楚云矿业有限公司分别于2013年8月销售精矿2877.25t（不含水分2557.88t），金额2551594.8元，于2013年11月销售精矿3612.99t（不含水分3248.08t），金额3144139.5元，共计5695734.3元，三明市盛隆矿业有限公司均已结清货款。被告人陈加淼作为大田县楚云矿业有限公司的法定代表人，为逃避缴纳税款，指使该公司会计陈某采用隐瞒手段未将上述两笔收入共计5695734.3元向税务机关进行申报，该两笔收入应缴纳增值税827585.32元，占全年应缴纳税款34.79%。2015年5月5日，大田县国家税务局稽查局对大田县楚云矿业有限公司作出税务处理决定书【田国处（2015）5号】和行政处罚决定书【田国罚（2015）4号】，大田县楚云矿业有限公司应补增值税税额827585.32元，罚款827585.32元，大田县楚云矿业有限公司均未履行。经人民法院审判认定：被告单位大田县楚云矿业有限公司及其直接负责的主管人员被告人陈加淼违反国家税收管理的法律法规，指使他人共同以非法占有为目的，采用隐瞒手段不申报纳税金额计人民币5695734.3元，逃避缴纳税款计人民币827585.32元，占全年应缴纳税款的34.79%，数额巨大并且占应纳税额30%以上的，其行为均已构成逃税罪。该案系单位犯罪和共同犯罪。被告人陈加淼在共同犯罪中起主要作用，系主犯，应当按照其所参与的全部犯罪处罚。鉴于被告人陈加淼具有坦白及本案具体的情节，可依法予以从轻处罚。判决结果如下：（1）被告单位大田县楚云矿业有限公司犯逃税罪，判处罚金人民币100000元。（2）被告人陈加淼犯逃税罪，判处有期徒刑三年，并处罚金人民币50000元。（3）继续追缴被告人陈加淼未缴纳税款人民币827585.32元。

该案件是一起比较典型的矿山企业通过隐匿收入、虚假申报逃避纳税的刑事违法案件，不仅要追缴逃税人未缴纳的税款，而且企业要承担罚金，负责人员遭受有期徒刑和罚金，对企业和个人都造成严重的负面影响。

（三）绿色砂石税费法律合规风险防范

1. 积极开展税务风险自查，强化经营合规意识

绿色砂石矿山企业应当强化税务风险意识，重视对自身业务的健康检查，积极开展自查工作，通过开展税务健康检查，排除业务中的风险点。具体而言，可以从业务真实性、货物真实性、资金收付、票货一致、完税情况、上、下游业务单位审查等方面开展检查。对检查发现存在历史遗留问题的，及时进行历史问题业务的剥离；对有风险的历史业务造成少缴税款的，应当及时进行补税申报。此外，为避免绿色砂石矿山企业承担涉税法律责任风险，矿山企业还可以定期向业务、财务部门和行政管理层开展涉税法律风险防范培训，强化经营合规意识。

2. 高度重视税务稽查，与税务机关积极有效沟通

如果企业因税务问题被税务机关稽查，税务稽查的结论往往决定了案件的走向。稽查人员在检查期间会通过调取企业会计资料、业务资料及问询相关业务人员的形式了解案件的情况，核实业务真实性。在此期间，绿色砂石矿山企业应协助检查，提供真实、有效、全面的材料。同时，绿色砂石矿山企业应积极主动寻求与税务沟通，述明案件事实以及对案件法律定性的观点，对案涉业务的交易情况、该类案件的查处情况等问题积极与税务机关进行交流。如果税务稽查认定案件中涉嫌犯罪行为，则将移送司法机关处理，此时相关企业与人员将面临刑事风险。因此绿色砂石矿山企业应高度重视税务稽查应对，在稽查程序中通过专业税务律师介入，与税务机关进行积极有效沟通，以最大限度地化解风险，避免承担刑事责任。

3. 重视刑事案件辩护的及时性、专业性

在案件进入刑事程序后，企业应把握刑事辩护的"黄金时期"，及时聘请专业律师介入。律师将在全面梳理业务资料后，就案件的罪与非罪、此罪与彼罪、量刑情节等内容与司法机关充分沟通，避免司法机关对案件整体定性产生偏差，为案涉绿色砂石矿山企业及当事人争取良好定性。案涉企业及相关责任人应当积极向检察机关、人民法院申请刑事合规，充分了解启动合规整改的程序与条件，争取合规不起诉、免予刑事处罚、从轻减轻处罚、缓刑等结果。

第六章

项目运营与砂石建材销售

第一节 项 目 运 营

一、绿色砂石建材项目运营概述

绿色砂石建材项目运营是通过既定的管理模式对已建成的矿山项目进行发掘开采、生产加工、运输及销售，并产生经济效益的全过程。项目运营涉及矿山资源的合理开发，矿山设备的充分利用，人员投入的有效配置，以及伴随的经济成本管理、安全管理、环境保护等事项。项目运营应该充分考虑矿山项目产品类型、生产工艺、目标市场等因素，从而选择能够提高开采效率，降低生产成本，确保可持续发展的运营模式。

二、绿色砂石建材企业运营模式分类

相比传统的投资项目运营模式，绿色砂石建材企业运营模式与大部分矿企运营模式相似，模式也相对比较固定，根据投资方是否运营砂石骨料可以分为自营模式和外包模式。

（一）自营模式

绿色砂石建材企业自营模式又以是否"因矿设司、一矿一司"的方式，细分为"不设立项目公司的完全自营"模式和"设立项目公司，由项目公司自营"模式等。

1. 不设立项目公司的完全自营模式

完全自营模式是指绿色砂石建材企业以自己的名义投资获取采矿权，自行组织匹配的矿山施工与运营队伍，进行投资、建设、运营和销售一体化的自营模式。

（1）适用范围

完全自营模式主要适用于一些大型的资源投资集团、原材料生产企业、资金实力雄厚、专业信息化水平较高的大型矿山企业。这类企业往往拥有强大的矿山施工与运营队伍，爆破、开采、运输各环节技术力量强，同时资金充足、管理组织强大，有明确的产品目标市场和营销能力。

（2）模式优点

完全自营模式可以充分利用自身优势资源，在建设和运营过程中提升成本和进度管控能力，可以省去建设和运营过程中外包管理的成本费用，更有利于集中管控。

（3）模式缺点

一是人员需求大。完全自营模式管理的链条较长，需要建立庞大的生产部门和管理部门，集合矿山开采的各类专业化人才，企业整体用人用工风险、人才配置风险较大。

二是资金缺口大。完全自营模式下，企业需要强大的资金或财团支持，一次性购买采、挖、运各种大型设备，同时对基础建设进行投资和建造，会给财力造成巨大的压力和负担，因此对资金的要求很高。

三是法律风险高。相较设立单独的项目公司而言，该模式下，绿色砂石建材企业在为旗下任意矿山项目开展的建设和运营过程中，会产生大量投资融资、生产设备投入、矿石产品生产和销售等重点核心活动，由此对外产生债权债务关系，纷繁复杂，与绿色砂石建材企业其他重点核心业务及其他矿山项目业务并行，整体法律风险陡增，不利于企业整体风险防范。

2. 设立项目公司，由项目公司自营模式

设立项目公司，由项目公司自营模式，顾名思义，绿色砂石建材企业不以自己的名义投资获取采矿权，在获取采矿权之前设立项目公司（子公司），由项目公司获取采矿权、自行组织矿山施工与运营队伍，或者利用绿色砂石建材企业自身的施工运营资源，对矿山项目进行自营的模式。其中，在项目公司发起设立时，可以考虑吸收具有融资、建设、设备、市场等方面优势的公司股东，共同发起设立项目公司，在后续建设与运营过程中，充分发挥各公司股东的自身优势，分散资金成本和风险，共同促成自营模式下更大的经济效益。

（1）模式优点

该模式既可以享受完全自营模式的全部优点，又可以通过对项目公司的实际控制，充分利用项目公司独立法人隔离风险的作用，避免绿色砂石建材企业直面市场产生的各类风险。

（2）模式缺点

一是需要较强的项目运作能力。该模式下，投资企业主要通过成立项目公司实现，这不仅需要较强的资本运作能力，同时需要一定的项目管理能力。

二是初期成本。设立项目公司需要投入一定的资金和时间，包括注册成本、办公场地、人员招聘等费用，这些成本可能会增加项目的总成本。

三是融资难度较大。项目公司通常依赖单一或有限的项目收入，这可能使融资变得困难，尤其是在项目的早期阶段，长期依赖项目收入可能会限制项目公司的资本结构和发展潜力，一般情况下项目融资也需要股东进行相应的担保或增信。

(二)外包模式

绿色砂石建材外部承包经营模式是指绿色砂石建材企业在获取采矿权后,将其采矿权范围内的矿产资源开采或基建工程全部或部分发包给专业的、具有独立法人资格的总承包单位;或者将作业区域、生产环节分包,将某一区域的矿产资源或某一生产环节发包给专业的、具有独立法人资格的分包单位,如露天采场不同台阶、不同区域分包,或剥离、穿爆、采装及运输等环节分包。由总承包单位或者分包单位,按照总承包合同或者分包合同的约定,完成一定矿石生产量或工程量的开采经营方式。

随着国内绿色砂石开采规模逐年扩大,越来越多的企业扩大了对绿色砂石矿山的投资规模,这些企业本身不具备绿色砂石矿山的开采发掘能力或者配套的资源不足,同时由于社会分工越来越细和生产方式趋向于专业化发展,绿色砂石建材企业往往采用总承包开采和分包开采等多种外部承包经营模式。

绿色砂石建材外部承包经营模式的主要合规依据是 2015 年 5 月国家安全生产监督管理总局修订发布的《非煤矿山外包工程安全管理暂行办法》。

1. 外包模式优点

绿色砂石建材外部承包经营模式优势在于,绿色砂石建材企业可以根据自身的资源、组织能力,结合实际矿山的建设、生产过程情况,把不具备自建自产能力、专业性生产、不定时生产、季节性生产、辅助类的生产环节,量体裁衣式地进行总承包或分包。经过合理有效的总承包或分包组合,可以极大地为企业节省精力、降低成本,可以让绿色砂石建材企业更专注于内部核心资产保值增值管理、核心技术管理,补齐资源短板,最大化地实现企业运营的效益。

2. 外包模式风险

《非煤矿山外包工程安全管理暂行办法》明确了绿色砂石建材企业进行外包工程依然存在一定的安全风险。

一是外包工程的安全生产,由发包单位(绿色砂石建材企业)负主体责任,承包单位对其施工现场的安全生产负责。绿色砂石建材企业仍然应当依法设置安全生产管理机构或者配备专职安全生产管理人员,对外包工程的安全生产实施管理和监督。

二是外包工程安全准入门槛低,承包工程总公司对其项目部监管不到位,承包项目部的安全管理薄弱,承包施工队伍素质差,缺乏基本的技术支撑。

三是政府监管方式缺乏科学性,安全监管部门对外包工程监管经验不足、执法依据不充分等。

3. 外包模式下绿色砂石建材企业法律合规管理重点

（1）绿色砂石建材企业应当建立外包工程安全生产的激励和约束机制，提升矿山外包工程安全生产管理水平。

（2）绿色砂石建材企业不得擅自压缩外包工程合同约定的工期，不得违章指挥或者强令承包单位及其从业人员冒险作业。绿色砂石建材企业仍然需要依法取得非煤矿山安全生产许可证。

（3）绿色砂石建材企业除审查承包单位的安全生产许可证和相应资质外，还应当审查项目部的安全生产管理机构、规章制度和操作规程、工程技术人员、主要设备设施、安全教育培训和负责人、安全生产管理人员、特种作业人员持证上岗等情况。

（4）绿色砂石建材企业应当与承包单位签订安全生产管理协议，明确各自的安全生产管理职责。安全生产管理协议应当包括下列内容：安全投入保障；安全设施和施工条件；隐患排查与治理；安全教育与培训；事故应急救援；安全检查与考评；违约责任。

（5）绿色砂石建材企业是外包工程安全投入的责任主体，应当按照国家有关规定和合同约定及时、足额向承包单位提供保障施工作业安全所需的资金，明确安全投入项目和金额，并监督承包单位落实到位。

（6）绿色砂石建材企业对地下矿山一个生产系统进行分项发包的，承包单位原则上不得超过3家，避免相互影响生产、作业安全。《非煤矿山外包工程安全管理暂行办法》规定的发包单位在地下矿山正常生产期间，不得将主通风、主提升、供排水、供配电、主供风系统及其设备设施的运行管理进行分项发包。

（7）绿色砂石建材企业应当建立健全外包工程安全生产考核机制，对承包单位每年至少进行一次安全生产考核。

（8）绿色砂石建材企业应当按照国家有关规定建立应急救援组织，编制本单位事故应急预案，并定期组织演练。外包工程实行总发包的，绿色砂石建材企业应当督促总承包单位统一组织编制外包工程事故应急预案；实行分项发包的，绿色砂石建材企业应当将承包单位编制的外包工程现场应急处置方案纳入本单位应急预案体系，并定期组织演练。

4. 外包模式下总承包、分包单位法律合规管理重点

（1）总承包单位对施工现场的安全生产负责，分项承包单位按照分包合同的约定对总承包单位负责。总承包单位和分项承包单位对分包工程的安全生产承担连带责任。

（2）总承包单位依法将外包工程分包给其他单位的，其外包工程的主体部分应当由总承包单位自行完成。禁止承包单位转包其承揽的外包工程。禁止分项承包单位将其承揽的外包工程再次分包。

（3）承包单位应当依法取得非煤矿山安全生产许可证和相应等级的施工资质，并在其资质范围内承包工程。

（4）承包单位应当加强对所属项目部的安全管理，每半年至少进行一次安全生产检查，对项目部人员每年至少进行一次安全生产教育培训与考核。

（5）禁止承包单位以转让、出租、出借资质证书等方式允许他人以本单位的名义承揽工程。

（6）承包单位及其项目部应当根据承揽工程的规模和特点，依法健全安全生产责任体系，完善安全生产管理基本制度，设置安全生产管理机构，配备专职安全生产管理人员和有关工程技术人员。

（7）承包地下矿山工程的项目部应当配备与工程施工作业相适应的专职工程技术人员，其中至少有1名注册安全工程师或者具有5年井下工作经验的安全生产管理人员。项目部具备初中以上文化程度的从业人员比例应当不低于50%。

（8）总承包单位项目部负责人应当取得安全管理人员资格证。承包地下矿山工程的项目部负责人不得同时兼任其他工程的项目部负责人。

（9）承包单位应当依照法律法规、规章的规定以及承包合同和安全生产管理协议的约定，及时将发包单位投入的安全资金落实到位，不得挪作他用。

（10）承包单位应当依照有关规定制定施工方案，加强现场作业安全管理，及时发现并消除事故隐患，落实各项规章制度和安全操作规程。承包单位发现事故隐患后应当立即治理；不能立即治理的应当采取必要的防范措施，并及时书面报告发包单位协商解决，消除事故隐患。地下矿山工程承包单位及其项目部的主要负责人和领导班子其他成员应当严格依照《金属非金属地下矿山企业领导带班下井及监督检查暂行规定》执行带班下井制度。

（11）外包工程实行总承包的，总承包单位应当统一组织编制外包工程应急预案。总承包单位和分项承包单位应当按照国家有关规定和应急预案的要求，分别建立应急救援组织或者指定应急救援人员，配备救援设备设施和器材，并定期组织演练。外包工程实行分项承包的，分项承包单位应当根据建设工程施工的特点、范围以及施工现场容易发生事故的部位和环节，编制现场应急处置方案，并配合发包单位定期进行演练。

（12）承包单位在登记注册地以外的省、自治区、直辖市从事施工作业的，应当向作业所在地的县级人民政府安全生产监督管理部门书面报告外包工程概况和本单位资质等级、主要负责人、安全生产管理人员、特种作业人员、主要安全设施设备等情况，并接受其监督检查。

三、绿色砂石建材企业运营模式的选择

矿山生产本身安全风险较大，因此对许多绿色砂石建材企业来说，在决定矿山是应采用自主开采模式、外包模式时，必须做全面细致的比较、分析和考察，既要考虑自身的管理、技术和施工能力，也要综合考察矿山开采承包市场现状、承包商的综合能力、市场价格等，对各种可选矿山经营模式下的运营成本和经营风险进行合理评估，做出切合实际情况的决策，才能够获得最大的经济效益。

在选择总承包和分包模式时，考虑到矿山开采虽属于大型工程的一种，需要动用的设备、厂房、周转、资金数量巨大，所以对总承包单位和分包单位的选择应有更高的要求与标准，尽量选择一些国有企业，或者诚信、口碑、素养都相对较好的民营企业，不仅能够保证工程的质量，还能提高外包生产的效率，降低潜在的风险。

第二节　绿色砂石建材销售

一、绿色砂石建材销售概述

绿色砂石建材销售是指基于产品本身特点和生产成本，结合对市场需求了解和分析，制定或者磋商合理的出让模式和价格，对外出让产品并获取经济效益的过程。绿色砂石建材销售应当符合市场需求，保障产品生产的流畅性，确保实现经济效益的最大化。

二、绿色砂石产品销售市场

（一）当前市场需求情况

微信公众号"砂石数据中心"的数据显示，近十年，全国砂石骨料需求量呈波动下降趋势，从2014年的186.91亿t降至2023年的151.72亿t。2023年，受房地产市场持续低迷及地方财政收入减少等因素影响，全年砂石需求量降幅达到4.49%，目前国内砂石市场已完成由增量市场转变为存量市场。[1]

---

[1] 砂石数据中心：《2023年中国砂石骨料行业分析报告》，微信公众号"砂石数据中心"。

（二）绿色砂石价格情况

砂石骨料网行情通的数据显示，2023年全国砂石价格指数全年下降3.71点，跌幅为3.81%。分品类来看，碎石全年跌2.95点，机制砂跌3.87点，天然砂跌4.22点；从价格指数变化趋势来看，2023年全国砂石价格延续2022年的下跌态势，各品类价格均有不同程度的下降。2023年全国砂石平均到用料单位价格均有小幅下降。截至2023年12月，碎石、机制砂、天然砂的平均到用料单位价格分别为98元/t、109元/t和117元/t，碎石平均到用料单位价格与2023年1月价格相比下降4元/t，机制砂价格同样下降4元/t，天然砂价格则下降5元/t。根据百年建筑网分析，2024年全国砂石行业处于快速转型升级阶段，砂石产能过剩，当下建筑行业下行压力较大，部分小型砂石加工企业逐步退出。因市场需求下滑明显，且量价利润齐跌，全国机制砂中砂价格为86元/t，同比下跌9.5%。[①]

三、矿山企业产品销售模式选择

从销售价格的确定方式上来看，有自行定价挂牌销售的模式和通过竞争确定价格的模式；从是否依赖外部平台上来看，有通过自建交易平台和第三方交易平台寻找客户模式。因此，矿山企业应根据产品的特性、应用场景、自行开发寻找客户的模式、规模、生产地区和销售地区等因素，综合判断选择适合的销售模式。

四、绿色砂石建材销售主要法律风险

绿色砂石建材销售主要涉及买卖合同，结合《民法典》关于买卖合同的规定，绿色砂石建材销售合同是指绿色砂石建材企业将所生产的绿色砂石产品所有权转让给买家，买家支付价款并获取产品所有权的合同。绿色砂石建材销售合同内容一般包括合同双方的名称、住所、法定代表人，产品的名称、数量、质量、价款、履行期限、履行地点和方式、运输方式、包装方式、检验标准和方法、结算方式、违约责任、合同使用的文字及其效力、解决争议方法等条款。

---

① 百年建筑：2024年上半年砂石市场回顾与下半年展望—砥砺前行，百年建筑网。

（一）产品质量条款不明

1. 风险描述

质量条款是买卖合同的重要条款，需要根据具体情况明确相关标准。绿色砂石建材企业所开采的砂石成品，往往因为其岩石种类、开采方式不同，呈现出不同的质量特性，不一定能与现有的国家标准、行业标准、地方标准完全匹配。如在绿色砂石建材买卖合同中，对于产品质量仅笼统约定为"产品符合国家标准、行业标准"，则有可能因为实际产品不符合相关标准而产生违约责任风险。

2. 风险防范

一是建立企业标准，在合同中明确约定符合本企业标准的砂石产品质量指标，包括产品规格、元素成分、含泥量、含水量等，合同条款尽量在买卖双方都充分知悉了解产品特性的基础上进行准确描述。

二是签订凭样品买卖合同，在买卖双方都充分知悉了解的基础上留取封存一定比例的样品，绿色砂石建材企业凭样品向买方出让砂石产品。

三是绿色砂石建材企业作为卖方，在合同中明确产品的检验期限和质量异议期，如果超过异议期则视为产品合格。

（二）交付条款不规范

1. 风险描述

按照《民法典》的规定，货物损毁、灭失的风险自货物交付之日起转移给买方，绿色砂石建材买卖合同的交付条款往往需要与砂石产品的运输方式相互衔接，如果对交付的节点、方式、地点、交接资料的人员权限约定不明，则容易引起法律纠纷。

2. 风险防范

一是合同中清晰明确约定产品的交付方式，如约定砂石产品通过装载设备转移至买方指定的船舶、车辆等第一承运人时，视为交付，砂石产品损毁、灭失的风险即转移给了买方。对于不需要运输的砂石产品，买卖双方知道货物具体位置的，双方在该地点直接交付砂石产品即可，货物损毁、灭失风险也由此转移。

二是交付时，买方负责接收砂石产品的人员必须具备买方开具的授权委托手续，或者在买卖合同中明确约定具体接收砂石产品的人员及其权限。绿色砂石建材企业应当注意接收保留相对应的授权委托书及授权委托人签署的接收文书，同时避免无权限人员在接收文书上签字。

(三)分供商资信风险

1. 风险描述

绿色砂石建材买卖合同往往涉及大额资金,且资金可能是分期、分批支付,在合同签订前要对买方公司主体资格真实性、履约能力以及洽谈人的资格和代理权限进行审查,从而防范可能出现的违约责任法律风险,乃至欺诈法律风险。

2. 风险防范

一是绿色砂石建材企业建立规范的资格信用审查制度,配置专门进行此项工作的人员,对于前来洽谈砂石产品买卖的潜在客户,依制度审查其主体资格真实性,洽谈人的资格和代理权限等信息。

二是在签订合同时,买方公司法人代表、地址、合同经办人、联系电话等信息要详细,双方的名称清晰、准确、统一,与公司营业执照上的名称一致,不得用简称或缩写。

(四)支付条款约定不清晰

1. 风险描述

合同支付条款绿色砂石建材买卖合同的核心条款,关系到企业的资金成本、资金安全和应收账款,也是合同法律纠纷较为集中的环节。

2. 风险防范

合同应明确价款的支付时间,绿色砂石建材企业作为卖方则尽量采取先收款后发货的方式,如果资金较大难以一次支付到位,可以采取比较折中的办法,即采取分期付款的方式,以降低彼此的风险,同时确保绿色砂石建材企业可以"见款发货"。

(五)违约的风险

1. 风险描述

《民法典》规定,当事人一方不履行合同义务或者履行合同义务不符合约定的,应当承担继续履行、采取补救措施或者损失赔偿等违约责任。从法律条款的规定中可以看出,违约责任的内容主要包括继续履行、采取补救措施或者损失赔偿三个方面。绿色砂石建材企业与买方在草拟合同或签订合同前,应当从以上三个方面判断违约责任的内容是否完整。

2. 风险防范

一是合同必须有违约条款,应明确一般违约以及严重违约的不同后果。

二是若约定违约金,原则上约定的违约金不能过高,违约金如果约定过高,对方可以请求人民法院或者仲裁委予以降低,最好是约定一方违约后向另一方赔偿损失的计算方法。

（六）管辖权约定的风险

1. 风险描述

绿色砂石建材买卖合同一般会有争议解决条款，用于约定管辖，而约定管辖主要是对地域管辖进行约定。约定管辖的法律依据则是《民事诉讼法》的规定，合同或者其他财产权益纠纷的当事人可以书面协议选择被告住所地、合同履行地、合同签订地、原告住所地、标的物所在地等与争议有实际联系的地点的人民法院管辖，但不得违反本法对级别管辖和专属管辖的规定。该条款列举了5个约定管辖的连接点，同时以兜底式规定明确了约定管辖的标准，即"与争议有实际联系的地点"。这一条规定看起来非常简单，但绿色砂石建材买卖合同实务中的约定管辖条款往往千差万别，很多并不是严格参照法律条文规定来约定管辖地，此时存在对约定管辖法律规定的理解和适用问题，诸如"约定履行地与实际履行地的分歧""未明确约定合同履行地时，合同履行地的确定"等。

2. 风险防范

在合同条款上，绿色砂石建材企业应尽量在己方所在地人民法院或者己方所在地商事仲裁机构；难以确定到己方所在地人民法院管辖时，可以约定纠纷发生时，双方均有权向各自所在地人民法院申请解决，这对双方相对公平。

（七）通知条款不明或缺失

1. 风险描述

通知与送达条款关系着合作双方的信息递送畅通，有利于合同履行。否则，双方信息不能及时、有效沟通，会导致合同履行迟延甚至引起诉讼纠纷。通知与送达条款能够更好地帮助人民法院及时送达相关诉讼文书，节约诉讼成本。另外，通知与送达条款对于合同履行中相关证据的保存也是非常有利的。合同履行中所有文件的传递过程都通过通知与送达条款中约定的联系方式留有痕迹，极大地解决了发生争议之后举证困难的问题。

2. 风险防范

一是明确合同双方联系人姓名、联系地址、电话及电子邮箱等，并约定不同的通信途径对应的送达节点，如采用多种方式送达的，则送达时间以最先送达的为准。双方按照约定的方式送达即为有效，否则该送达将不发生法律效力。

二是无法送达时，"视为送达"的相关内容。如通过以上约定送达不成时，则以文书退回之日或交邮后第 × 日视为送达。

三是明确本合同通知条款可作为诉讼文书送达地址。本条款适用于本合同履行期间，以及发生争议后进入民事诉讼后的所有程序。

第三节 砂石建材运输

一、砂石建材运输

(一) 绿色砂石建材运输概述

绿色砂石建材是较为特殊的建材产品,其特点是需求体量大、交易规模大、单位价值较低、应用较分散。长久以来,砂石建材一直被称为地材,其运输半径往往很小,言下之意是绿色砂石建材就地取材最经济。

绿色砂石建材运输使用链条主要包括:矿山开采—运输—搅拌站加工—终端市场。根据运输使用链条的地理距离或长或短,以及运输使用链条产业集中程度或高或低等不同因素,绿色砂石建材运输呈现不同的特点,这些特点深度制约着绿色砂石建材运输方式的选择。

(二) 绿色砂石建材运输方式的选择

1. 公路运输

一般来说,如果运输使用链条短、产业集中度高,则可以考虑选择公路汽运的方式。公路汽运的运输方式多为利用现有公路网络运输,不需要额外投资建设成本,加之近年来新能源重卡车的逐步推广使用,运输成本进一步降低,环保风险可控。因此在运输使用链条短、产业集中度高的前提下,公路汽运不失为一种灵活可用的运输方式。但是,因国家逐步加大公路运输车辆立法执法力度,大型车辆的最大实际运量和可用卡车数量双双减少,货物运输载重量依法依规减少,运输成本摊高,直接造成砂石产品的单位运价上涨,不利于企业应对逐步饱和的绿色砂石建材市场。

2. 水运

水运作为一种低成本、高效率、环保的运输方式,尤其是在长江流域和内陆河流沿岸地区,具有运输成本低、运输效率高、环境友好、容量大、便于联运等优点,但缺点是受限于江河和码头条件,辐射区域小,通常需要"水转铁"或"水转公"来完成运输。因此在推动砂石建材水运发展时需综合考虑各种因素,制定科学规划和管理措施,以实现高效、安全、环保的砂石建材运输。

3."公转铁、公转水"

如果运输使用链条长、产业集中度低,那么公路汽运受交通管制、环境保护、运输效率低下和成本较高等因素影响,不是绿色砂石建材运输的最优解。货运铁路、物流廊道运输和水路船运,因其低成本、运力大、绿色环保、安全高效,是这种情形下绿色砂石建材运输的理想方式。2019年11月4日,国家10部门联合发布《关于推进机制砂石行业高质量发展的若干意见》(以下简称"10部门意见"),这是我国关于砂石行业发展的首个指导意见,标志着中国砂石行业进入高质量发展的新时代。"10部门意见"指出,推进机制砂石中长距离运输"公转铁、公转水",减少公路运输量,增加铁路运输量,完善内河水运网络和港口集疏运体系建设。有序发展多式联运,加强不同运输方式间的有效衔接,大力发展集装箱铁公联运,切实提高机制砂石运输能力。计划到2025年,形成较为完善合理的机制砂石供应保障体系,"公转铁、公转水"运输取得明显进展,培育100家以上智能化、绿色化、质量高、管理好的企业。

二、砂石建材运输主要法律合规风险

(一)绿色砂石建材企业委托运输合规要点

1.绿色砂石建材企业应当委托有相关资质的企业从事砂石产品运输。

2.《道路货物运输及站场管理规定》第三十一条明确,道路货物绿色砂石建材企业应当按照《民法典》的要求与道路货物运输经营者,订立道路货物运输合同。

(二)道路货物运输经营者、运输车辆及驾驶人员资质合规要点

根据《道路运输条例》和《道路货物运输及站场管理规定》的相关规定:

1.道路货物运输经营者应当按照《道路运输经营许可证》核定的经营范围从事货物运输经营,不得转让、出租道路运输经营许可证件。

2.道路货物运输经营者应当按照国家有关规定在其重型货运车辆、牵引车上安装、使用行驶记录仪,并采取有效措施,防止驾驶人员连续驾驶时间超过4个小时。

3.道路货物运输经营者应当要求其聘用的车辆驾驶员随车携带按照规定要求取得的《道路运输证》。《道路运输证》不得转让、出租、涂改、伪造。

4.道路货物运输经营者应当聘用按照规定要求持有从业资格证的驾驶人员。

5.营运驾驶员应当按照规定驾驶与其从业资格类别相符的车辆。驾驶营运车辆时,应当随身携带按照规定要求取得的从业资格证。

6. 运输的货物应当符合货运车辆核定的载重量，载物的长、宽、高不得违反装载要求。禁止货运车辆违反国家有关规定超限、超载运输。

第四节　项目运营与产品销售主要税费

一、资源税

2019年8月26日，《资源税法》经十三届全国人大常委会第十二次会议审议通过，自2020年9月1日起施行。为保障《资源税法》顺利实施，财政部、国家税务总局联合印发了《关于继续执行的资源税优惠政策的公告》和《关于资源税有关问题执行口径的公告》，国家税务总局印发了《关于资源税征收管理若干问题的公告》。现行的资源税减免政策既有长期性的政策，也有阶段性的政策。《资源税法》对现行长期实行而且实践证明行之有效的优惠政策作出了明确的规定，包括对油气开采运输过程中自用资源和因安全生产需要抽采煤成（层）气，免征资源税；对衰竭期矿山减征资源税等。同时，为更好地适应实际需要，便于相机调控，《资源税法》授权国务院对有利于资源节约集约利用，保护环境等情形可以减免资源税，并报全国人大常委会备案。

矿山企业应长期重点关注国务院及财政部、国家税务总局等出台的资源税法的优惠政策，精准掌握资源税的调整变化，做好企业转型升级，促进资源节约集约利用，充分享受税收优惠。

（一）缴纳主体

在中华人民共和国领域和中华人民共和国管辖的其他海域开发应税资源的单位和个人，作为资源税的纳税人，应依法应当缴纳资源税。

（二）征税范围

《资源税法》《资源税税目税率表》列举了能源矿产、金属矿产、非金属矿产、水气矿产和盐共164种应税资源。我国征收资源税的税目主要有原油、煤炭、天然气、其他非金属矿原矿、黑色金属矿原矿、有色金属矿原矿、盐等。

(三)应纳税额

资源税按照《资源税税目税率表》实行从价计征或者从量计征。实行从价计征的,应纳税额按照应税资源产品的销售额乘以具体适用税率计算;实行从量计征的,应纳税额按照应税产品的销售数量乘以具体适用税率计算。

纳税人开采或者生产不同税目应税产品的,应当分别核算不同税目应税产品的销售额或者销售数量;未分别核算或者不能准确提供不同税目应税产品的销售额或者销售数量的,从高适用税率。

以砂石产品中的石灰岩为例,从销售额计征比例为1%—5%,从数量计征为每吨(或者每立方米)0.1—5元,具体是从价还是从量,税率是多少,由应税产品开采地或者生产地的税务机关确定。我国主要矿山资源税目税率表见表6.4-1。

资源税税目税率表　　　　　　　　表 6.4-1

税目			征税对象	税率
能源矿产		原油	原矿	6%
		天然气、页岩气、天然气水合物	原矿	6%
		煤	原矿或者选矿	2%—10%
		煤成(层)气	原矿	1%—2%
		铀、钍	原矿	4%
		油页岩、油砂、天然沥青、石煤	原矿或者选矿	1%—4%
		地热	原矿	1%—20% 或者每立方米 1—30 元
金属矿产	黑色金属	铁、锰、铬、钒、钛	原矿或者选矿	1%—9%
	有色金属	铜、铅、锌、锡、镍、锑、镁、钴、铋、汞	原矿或者选矿	2%—10%
		铝土矿	原矿或者选矿	2%—9%
		钨	选矿	6.5%
		钼	选矿	8%
		金、银	原矿或者选矿	2%—6%
		铂、钯、钌、锇、铱、铑	原矿或者选矿	5%—10%
		轻稀土	选矿	7%—12%
		中重稀土	选矿	20%
		铍、锂、锆、锶、铷、铯、铌、钽、锗、镓、铟、铊、铪、铼、镉、硒、碲	原矿或者选矿	2%—10%
非金属矿产	矿物类	高岭土	原矿或者选矿	1%—6%
		石灰岩	原矿或者选矿	1%—6% 或者每吨(或者每立方米)1—10 元
		磷	原矿或者选矿	3%—8%

续表

税目			征税对象	税率
非金属矿产	矿物类	石墨	原矿或者选矿	3%—12%
		萤石、硫铁矿、自然硫	原矿或者选矿	1%—8%
		天然石英砂、脉石英、粉石英、水晶、工业用金刚石、冰洲石、蓝晶石、硅线石（砂线石）、长石、滑石、刚玉、菱镁矿、颜料矿物、天然碱、芒硝、钠硝石、明矾石、砷、硼、碘、溴、膨润土、硅藻土、陶瓷土、耐火黏土、铁矾土、凹凸棒石黏土、海泡石黏土、伊利石黏土、累托石黏土	原矿或者选矿	1%—12%
		叶蜡石、硅灰石、透辉石、珍珠岩、云母、沸石、重晶石、毒重石、方解石、蛭石、透闪石、工业用电气石、白垩、石棉、蓝石棉、红柱石、石榴子石、石膏	原矿或者选矿	2%—12%
		其他黏土（铸型用黏土、砖瓦用黏土、陶粒用黏土、水泥配料用黏土、水泥配料用红土、水泥配料用黄土、水泥配料用泥岩、保温材料用黏土）	原矿或者选矿	1%—5%或者每吨（或者每立方米）0.1—5元
	岩石类	大理岩、花岗岩、白云岩、石英岩、砂岩、辉绿岩、安山岩、闪长岩、板岩、玄武岩、片麻岩、角闪岩、页岩、浮岩、凝灰岩、黑曜岩、霞石正长岩、蛇纹岩、麦饭石、泥灰岩、含钾岩石、含钾砂页岩、天然油石、橄榄岩、松脂岩、粗面岩、辉长岩、辉石岩、正长岩、火山灰、火山渣、泥炭	原矿或者选矿	1%—10%
		砂石	原矿或者选矿	1%—5%或者每吨（或者每立方米）0.1—5元
	宝玉石类	宝石、玉石、宝石级金刚石、玛瑙、黄玉、碧玺	原矿或者选矿	4%—20%
	水气矿产	二氧化碳气、硫化氢气、氮气、氦气	原矿	2%—5%
		矿泉水	原矿	1%—20%或者每立方米1—30元
	盐	钠盐、钾盐、镁盐、锂盐	选矿	3%—15%
		天然卤水	原矿	3%—15%或者每吨（或者每立方米）1—30元
		海盐		2%—5%

（四）税务申报时间

资源税按月或者按季申报缴纳；不能按固定期限计算缴纳的，可以按次申报缴纳。

纳税人按月或者按季申报缴纳的，应当自月度或者季度终了之日起十五日内，向税务机关办理纳税申报并缴纳税款；按次申报缴纳的，应当自纳税义务发生之日起十五日内，向应税产品开采地或者生产地的税务机关办理纳税申报并缴纳税款。

（五）免征、减征情形

《资源税法》规定，有下列情形之一的，免征资源税：

1. 开采原油以及在油田范围内运输原油过程中用于加热的原油、天然气。
2. 煤炭开采企业因安全生产需要抽采的煤成（层）气。

具有下列情形之一的，省、自治区、直辖市可以决定免征或者减征资源税：

1. 纳税人开采或者生产应税产品过程中，因意外事故或者自然灾害等原因遭受重大损失；
2. 纳税人开采共伴生矿、低品位矿、尾矿。

有下列情形之一的，减征资源税：

1. 从低丰度油气田开采的原油、天然气，减征20%资源税。
2. 高含硫天然气、三次采油和从深水油气田开采的原油、天然气，减征30%资源税。
3. 稠油、高凝油减征40%资源税。
4. 从衰竭期矿山开采的矿产品，减征30%资源税。

纳税人向税务机关申请免税、减税的，应当单独核算销售额或者销售数量；未单独核算或者不能准确提供销售额或者销售数量的，不予免税或者减税。

（六）应税销售额

资源税应税产品（以下简称"应税产品"）的销售额，按照纳税人销售应税产品向购买方收取的全部价款确定，不包括增值税税款。

计入销售额中的相关运杂费用，凡取得增值税发票或者其他合法有效凭据的，准予从销售额中扣除。相关运杂费用是指应税产品从坑口或者洗选（加工）地到车站、码头或者购买方指定地点的运输费用、建设基金以及随运销产生的装卸、仓储、港杂费用。

纳税人以自采原矿（经过采矿过程采出后未进行选矿或者加工的矿石）直接销售，或者自用于应当缴纳资源税情形的，按照原矿计征资源税。纳税人以自采原矿洗选加工为选矿产品（通过破碎、切割、洗选、筛分、磨矿、分级、提纯、脱水、干燥等过程形成的产品，包括富集的精矿和研磨成粉、粒级成型、切割成型的原矿加工品）销售，或者将选矿产品自用于应当缴纳资源税情形的，按照选矿产品计征资源税，在原矿移送环节不缴纳资源税。对于无法区分原生岩石矿种的粒级成型砂石颗粒，按照砂石税目征收资源税。纳税人以外购原矿与自采原矿混合为原矿销售，或者以外购选矿产品与自产选矿产品混合为选矿产品销售的，在计算应税产品销售额或者销售数量时，直接扣减外购原矿或者外购选矿产品的购进金额或者购进数量。

纳税人以外购原矿与自采原矿混合洗选（加工）为选矿产品销售的，在计算应税产品销售额或者销售数量时，按照下列方法进行扣减：

准予扣减的外购应税产品购进金额（数量）=外购原矿购进金额（数量）×（本地区原矿适用税率/本地区选矿产品适用税率）

不能按照上述方法计算扣减的，按照主管税务机关确定的其他合理方法进行扣减。

（七）资源税纳税申报表

根据国家税务总局规定，我国资源税纳税申报表主要格式见表6.4-2。

资源税纳税申报表 表6.4-2

资源税纳税申报表

纳税人识别号（统一社会信用代码）：
纳税人名称：   金额单位：人民币元（列至角分）
税款所属期限：自 年 月 日至 年 月 日

本期是否适用增值税小规模纳税人减征政策（减免性质代码：060449901）						是	否	减征比例（%）		
税目	子目	计量单位	计税销售数量	计税销售额	适用税率	本期应缴纳额	本期减免税额	本期增值税小规模纳税人减征税额	本期已缴税额	本期应补（退）税额
1	2	3	4	5	6	7①=4×6 7②=5×6	8	9=(7-8)×减征比例	10	11=7-8-9-10
合计		—			—					

谨声明：本纳税申报表是根据国家税收法律法规及相关规定填报的，是真实的、可靠的、完整的。

纳税人（签章）：   年 月 日

经办人：	受理人：
经办人身份证号：	受理税务机关（章）：
代理机构签章：	受理日期： 年 月 日
代理机构统一社会信用代码：	

（八）注意事项

《资源税法》实施后，大部分矿山企业的矿产品都实行从价计征，计税依据为应税产品的销售额，准确确定应税产品的销售额对于资源税的申报征收非常关键，也是税务稽查的重点。实践中,由于资源税的应税产品形态多样、纳税人账簿完善程度不同、涉及关联企业交易等,有时会出现纳税人申报的应税产品销售额明显偏低的情况。此外,当纳税人将应税产品自用于应当缴纳资源税情形时,还会出现自用应税产品但无销售额的情况。

如矿山企业在申报资源税时,应税产品销售额明显偏低且无正当理由的,或者有自用应税产品行为而无销售额的,税务机关可以按下列方法和顺序确定其应税产品销售额:

1. 按纳税人最近时期同类产品的平均销售价格确定。
2. 按其他纳税人最近时期同类产品的平均销售价格确定。
3. 按后续加工非应税产品销售价格,减去后续加工环节的成本利润后确定。
4. 按应税产品组成计税价格确定。

组成计税价格＝成本×(1＋成本利润率)/(1－资源税税率)

上述公式中的成本利润率由省、自治区、直辖市税务机关确定。

5. 按其他合理方法确定。

(九)资源税缴纳依据

1. 全国人大常委会《资源税法》。
2. 财政部、国家税务总局公告《关于继续执行的资源税优惠政策的公告》。
3. 财政部、国家税务总局公告《关于资源税有关问题执行口径的公告》。
4. 国家税务总局公告《关于资源税征收管理若干问题的公告》。

二、水土保持补偿费

(一)缴费主体

中华人民共和国领域内,损坏水土保持设施和地貌植被、不能恢复原有水土保持功能的生产建设单位和个人为水土保持补偿费的征缴对象,依法应承担水土保持补偿费。

矿山企业是水土保持补偿费的征缴对象,应当在项目建设期和开采运营期依法缴纳水土保持补偿费。

(二)水土保持补偿费的定义

《水土保持法》第四章规定了缴纳水土保持补偿费的情形,出现"水土保持补偿费"的名词,但没有对水土保持补偿费进行明确定义。为进一步规范水土保持补偿费征收使用管理，2014年1月29日，财政部、国家发展改革委、水利部、中国人民银行联合发布关于印发《水土保持补偿费征收使用管理办法》的通知，该文件第二条对水土保持补偿费的含义进行了界定，即水土保持补偿费是水行政主管部门对损坏水土保持设施和地貌植被、不能恢复原有水土保持功能的生产建设单位和个人征收并专项用于水土流失预防治理的资金。

根据该文件第三条可知，水土保持补偿费全额上缴国库，纳入政府性基金预算管理，实行专款专用，年终结余结转下年使用。因此，水土保持补偿费属于政府非税收入，应纳入国有资产管理范围。2020年12月17日，最高人民检察院公布了9起国有财产保护、国有土地使用权出让领域行政公益诉讼典型案例，其中《陕西省志丹县水土保持补偿费行政公益诉讼案》中明确企业应缴的水土保持补偿费属于国有资产，适用公益诉讼。

（三）征缴情形

在山区、丘陵区、风沙区以及水土保持规划确定的容易发生水土流失的其他区域开办生产建设项目或者从事其他生产建设活动时，损坏水土保持设施、地貌植被，不能恢复原有水土保持功能的单位和个人（以下简称"缴纳义务人"），应当缴纳水土保持补偿费。其他生产建设活动包括：取土、挖砂、采石（不含河道采砂）；烧制砖、瓦、瓷、石灰；排放废弃土、石、渣。

（四）征缴主管部门

县级以上地方水行政主管部门按照以下规定征收水土保持补偿费：开办生产建设项目的单位和个人应当缴纳的水土保持补偿费，由县级以上地方水行政主管部门按照水土保持方案审批权限负责征收。由水利部审批水土保持方案的，水土保持补偿费由生产建设项目所在地省（区、市）水行政主管部门征收；生产建设项目跨省（区、市）的，由生产建设项目涉及区域各相关省（区、市）水行政主管部门分别征收。从事其他生产建设活动的单位和个人应当缴纳的水土保持补偿费，由生产建设活动所在地县级水行政主管部门负责征收。

需要注意的是，自2021年1月1日起，根据《国家税务总局关于水土保持补偿费等政府非税收入项目征管职责划转有关事项的公告》第一条规定，水土保持补偿费的征缴按照前述规定，同步同级划转至对应税务部门征收。

（五）计征方式

水土保持补偿费按照下列方式计征：

1. 开办一般性生产建设项目的,按照占用土地面积计征。

2. 开采矿产资源的,在建设期间按照占用土地面积计征;在开采期间,对石油、天然气以外的矿产资源按照开采量计征,对石油、天然气按照油气生产井占地面积每年计征。

3. 取土、挖砂、采石以及烧制砖、瓦、瓷、石灰的,按照取土、挖砂、采石量计征。

4. 排放废弃土、石、渣的,按照排放量计征。对缴纳义务人已按照前三种方式计征水土保持补偿费的,其排放废弃土、石、渣,不再按照排放量重复计征。

就矿山企业而言,处于项目建设期的,应当在建设活动开始前一次性缴纳水土保持补偿费;处于项目开采运营期的,应当按季度缴纳水土保持补偿费。

(六)征缴流程

1. 矿山企业应当向负责征收水土保持补偿费的税务部门如实报送矿产资源开采量、取土挖砂采石量、弃土弃渣量等资料。

2. 负责征收水土保持补偿费的税务部门审核确定水土保持补偿费征收额,并向矿山企业送达水土保持补偿费缴纳通知单。缴纳通知单应当载明矿产资源开采量、取土挖砂采石量、弃土弃渣量、征收标准、缴纳金额、缴纳时间和地点等事项。

3. 矿山企业再按照缴纳通知单的规定缴纳水土保持补偿费。

(七)水土保持补偿费的征收标准

由国家发展改革委、财政部会同水利部另行制定。矿山企业应同时关注产品开采地或者生产地发展改革委、水利、财政、税务等主管部门的相关文件要求。

(八)水土保持补偿费征缴依据

水土保持补偿费征缴依据见表 6.4-3。

水土保持补偿费征缴依据　　　　　　表 6.4-3

序号	制定地区	名称
1	北京市	《关于降低本市水土保持补偿费收费标准的通知》
2	上海市	《关于同意设立水土保持补偿费有关事项的复函》
3	上海市	《上海市水土保持补偿费免征"免申即享"工作方案》
4	河北省	《关于调整水土保持补偿费收费标准的通知》
5	山西省	《关于水土保持补偿费收费标准的通知》
6	内蒙古自治区	《关于降低水土保持补偿费收费标准的通知》
7	江苏省	《关于降低水土保持补偿费征收标准的通知》

续表

序号	制定地区	名称
8	浙江省	《关于水土保持补偿费收费标准的通知》
9	安徽省	《安徽省水土保持补偿费征收使用管理实施办法》
10	安徽省	《安徽省水土保持补偿费、水土流失防治费收缴标准和使用管理办法》
11	河南省	《关于我省水土保持补偿费收费标准的通知》
12	湖北省	《关于水土保持补偿费收费标准的通知》
13	湖南省	《湖南省水土保持补偿费征收使用管理办法》
14	广东省	《关于规范水土保持补偿费征收标准的通知》
15	广西壮族自治区	《关于调整我区水土保持补偿费征收标准有关问题的通知》
16	海南省	《关于降低水土保持补偿费收费标准及有关问题的通知》
17	重庆市	《关于水土保持补偿费收费标准的通知（2017）》
18	四川省	《关于制定水土保持补偿费收费标准的通知》
19	四川省	《水土保持补偿费征收使用管理实施办法》
20	贵州省	《水土保持补偿费征收管理办法》
21	云南省	《云南省物价局关于云南省水土保持补偿费收费标准有关事项的公示》
22	甘肃省	《关于水土保持补偿收费标准的通知》
23	宁夏回族自治区	《水土保持补偿费征收使用管理实施办法》
24	新疆维吾尔自治区	《我区水土保持补偿费政策有关事宜的通知》

三、矿业权占用费

（一）矿业权占用费的定义

财政部和国土资源部于 1999 年 6 月 7 日联合颁布的《探矿权采矿权使用费和价款管理办法》第三条规定，采矿权使用费是国家将矿产资源采矿权出让给采矿权人，按规定向采矿权人收取的使用费。

国务院于 2017 年 4 月 13 日印发的《矿产资源权益金制度改革方案》，该方案第二条第（二）款规定，在矿业权占有环节，将探矿权采矿权使用费整合为矿业权占用费。将现行主要依据占地面积、单位面积按年定额征收的探矿权采矿权使用费，整合为根据矿产品价格变动情况和经济发展需要实行动态调整的矿业权占用费。由此，原采矿权使用费整合为矿业权占用费。

(二)缴纳主体

在中华人民共和国领域和中华人民共和国管辖的其他海域开采矿产资源,并取得采矿权的矿山企业,为矿业权占用费(原采矿权使用费)的缴纳主体,应依法缴纳矿业权占用费。

(三)征缴主管部门

《矿产资源开采登记管理办法》第十一条规定,采矿权使用费和国家出资勘查形成的采矿权价款由登记管理机关收取,全部纳入国家预算管理。具体管理、使用办法,由国务院地质矿产主管部门会同国务院财政部门、计划主管部门制定。

(四)计征方式

《矿产资源开采登记管理办法》第九条规定,国家实行采矿权有偿取得的制度。采矿权使用费,按照矿区范围的面积逐年缴纳,标准为每平方公里每年 1000 元。

(五)矿业权占用费缴纳依据

矿业权占用费缴纳依据见表 6.4-4。

矿业权占用费缴纳依据 表 6.4-4

序号	制定机构	名称
1	国务院	《矿产资源开采登记管理办法》
2	国务院	《矿产资源权益金制度改革方案》
3	财政部、原国土资源部	《探矿权采矿权使用费和价款管理办法》
4	财政部、原国土资源部	《探矿权采矿权使用费和价款管理办法》的补充通知
5	原国土资源部	《中央所得探矿权采矿权使用费和价款使用管理暂行办法》

四、教育费附加、地方教育附加

为贯彻落实《中共中央关于教育体制改革的决定》,加快发展地方教育事业,扩大地方教育经费的资金来源,国务院于 1986 年 4 月 28 日发布《征收教育费附加的暂行规定》,指出凡缴纳产品税、增值税、营业税的单位和个人,除按照《国务院关于筹措农村学校办学经费的通知》的规定,缴纳农村教育事业费附加的单位外,都应当按照该规定缴纳教育费附加。

地方教育附加是指各省、自治区、直辖市根据国家有关规定，为实施"科教兴省"战略，增加地方教育的资金投入，促进本省、自治区、直辖市教育事业发展，开征的一项地方政府性基金。该收入主要用于各地方的教育经费的投入补充，属于政府性基金收入。在预算管理中，地方教育附加列入一般公共预算。

（一）教育费附加、地方教育附加的主要区别

1. 教育费附加的规定是由国务院于1986年发布的，自当年7月1日起执行，后经两次修订和补充，成为现行规定。地方教育附加征收制度是由各省市地方政府制定的，按当地政府的规定执行。

2. 法规的立法层次不同。教育费附加是由国务院规定的，地方教育附加是经财政部同意由省政府规定的。

3. 征收费率不同。教育费附加的征收费率为3%，地方教育附加征收费率为2%。

4. 收入进国库的级次不同。教育费附加中铁道、银行总行、保险总公司缴纳的部分归中央，其余部分归地方，而地方教育附加收入全部归地方。

（二）缴纳主体

增值税、消费税的纳税人为教育费附加、地方教育附加的缴费人。凡代扣代缴增值税、消费税的单位和个人，亦为代扣代缴教育费附加、地方教育附加的义务人。凡代征增值税、消费税的单位和个人，亦为代征教育费附加、地方教育附加的义务人。

（三）征收范围

教育费附加、地方教育附加与增值税、消费税的征收范围相同。凡实际缴纳增值税、消费税的单位和个人，都应当依照规定缴纳教育费附加、地方教育附加。

（四）征收标准

以纳税人依法实际缴纳的增值税为计税依据。教育费附加以绿色砂石建材企业实际缴纳增值税的3%计征，地方教育附加以2%计征。

需要注意的是，依法实际缴纳的增值税、消费税税额，是指纳税人依照增值税、消费税相关法律法规和税收政策规定计算的应当缴纳的两税税额（不含因进口货物或境外单位和个人向境内销售劳务、服务、无形资产缴纳的两税税额），加上增值税免抵税额，扣除直接减免的两税税额和期末留抵退税退还的增值税税额后的金额。

（五）征收期限

按次、按月或按季征收。教育费附加、地方教育附加的申报缴纳期限与纳税人的增值税、消费税纳税期限相同。

（六）免征、减征情形

1. 财政部、国家税务总局于 2016 年 1 月 29 日发布《关于扩大有关政府性基金免征范围的通知》，规定自 2016 年 2 月 1 日起，将免征教育费附加和地方教育附加的范围，由按月纳税的月销售额或营业额不超过 3 万元（按季度纳税的季度销售额或营业额不超过 9 万元）的缴纳义务人，扩大到按月纳税的月销售额或营业额不超过 10 万元（按季度纳税的季度销售额或营业额不超过 30 万元）的缴纳义务人。

2. 财政部、国家税务总局于 2022 年 3 月 1 日发布《关于进一步实施小微企业"六税两费"减免政策的公告》，规定在 2022 年 1 月 1 日至 2024 年 12 月 31 日期间，由省、自治区、直辖市人民政府根据本地区实际情况，以及宏观调控需要确定，对增值税小规模纳税人、小型微利企业和个体工商户可以在 50% 的税额幅度内减征资源税、城市维护建设税、房产税、城镇土地使用税、印花税（不含证券交易印花税）、耕地占用税和教育费附加、地方教育附加。

（七）教育费附加、地方教育附加缴纳依据

教育费附加、地方教育附加缴纳依据见表 6.4-5。

教育费附加、地方教育附加缴纳依据 表 6.4-5

序号	制定机构	名称
1	国务院	《征收教育费附加的暂行规定》（2011 年修订）
2	财政部、国家税务总局	《关于扩大有关政府性基金免征范围的通知》
3	财政部、国家税务总局	《关于进一步实施小微企业"六税两费"减免政策的公告》

五、印花税

印花税是对在经济活动和经济交往中书立、领受具有法律效力凭证的行为而征收的一种税。其因采用在应税凭证上粘贴印花税票作为完税的标志而得名，粘贴标志即视为已经缴纳税款。印花税的征收是针对经营活动中使用法定凭证的行为，领受使用规定凭证的企

业事业单位、军事单位、个体工商户等均在纳税人之列，应纳税额根据凭证类型的不同按相应比例税率计算缴纳。

绿色砂石建材企业建设运营日常涉及的借贷合同、融资租赁合同、租赁合同、买卖合同、承揽合同、建设工程合同、运输合同、技术合同等，都在印花税的税目范围内，应当依法缴纳印花税。

（一）纳税主体

《印花税法》第一条规定，在中华人民共和国境内书立应税凭证、进行证券交易的单位和个人，作为印花税的纳税人，应当依照本法规定缴纳印花税。在中华人民共和国境外书立在境内使用的应税凭证的单位和个人，应当依照本法规定缴纳印花税。

（二）缴纳范围

应税凭证、进行证券交易。《印花税法》第二条规定，本法所称应税凭证，是指本法所附《印花税税目税率表》列明的合同、产权转移书据和营业账簿。《印花税法》第三条规定，本法所称证券交易，是指转让在依法设立的证券交易所、国务院批准的其他全国性证券交易场所交易的股票和以股票为基础的存托凭证。证券交易印花税对证券交易的出让方征收，不对受让方征收。

（三）缴纳时间

印花税的纳税义务发生时间为纳税人书立应税凭证或者完成证券交易的当日。证券交易印花税扣缴义务发生时间为证券交易完成的当日。

《印花税法》第十六条规定，印花税按季、按年或者按次计征。实行按季、按年计征的，纳税人应当自季度、年度终了之日起十五日内申报缴纳税款；实行按次计征的，纳税人应当自纳税义务发生之日起十五日内申报缴纳税款。

（四）征缴主管部门

纳税人为单位的，应当向其机构所在地的主管税务机关申报缴纳印花税；纳税人为个人的，应当向应税凭证书立地或者纳税人居住地的主管税务机关申报缴纳印花税。不动产产权发生转移的，纳税人应当向不动产所在地的主管税务机关申报缴纳印花税。

（五）计算方式

印花税的应纳税额按照计税依据乘以适用税率计算。同一应税凭证载有两个以上税目事项并分别列明金额的，按照各自适用的税目税率分别计算应纳税额；未分别列明金额的，从高适用税率。同一应税凭证由两方以上当事人书立的，按照各自涉及的金额分别计算应纳税额。

（六）税率表

印花税税目税率见表6.4-6。

印花税税目税率表　　　　　　　　　　　　　表6.4-6

税目		税率	备注
合同（指书面合同）	借款合同	借款金额的万分之零点五	指银行业金融机构、经国务院银行业监督管理机构批准设立的其他金融机构与借款人（不包括同业拆借）的借款合同
	融资租赁合同	租金的万分之零点五	
	买卖合同	价款的万分之三	指动产买卖合同（不包括个人书立的动产买卖合同）
	承揽合同	报酬的万分之三	
	建设工程合同	价款的万分之三	
	运输合同	运输费用的万分之三	指货运合同和多式联运合同（不包括管道运输合同）
	技术合同	价款、报酬或者使用费的万分之三	不包括专利权、专有技术使用权转让书据
	租赁合同	租金的千分之一	
	保管合同	保管费的千分之一	
	仓储合同	仓储费的千分之一	
	财产保险合同	保险费的千分之一	不包括在保险合同

（七）印花税缴纳依据

印花税缴纳依据见表6.4-7。

印花税缴纳依据　　　　　　　　　　　　　表6.4-7

序号	制定机构	名称
1	全国人大常委会	《印花税法》
2	国务院	《国务院关于调整证券交易印花税中央与地方分享比例的通知》
3	国家税务总局	《国家税务总局关于实施〈中华人民共和国印花税法〉等有关事项的公告》

六、城市维护建设税

（一）纳税主体

《城市维护建设税法》第一条规定，在中华人民共和国境内缴纳增值税、消费税的单位和个人，作为城市维护建设税的纳税人，应当依照本法规定缴纳城市维护建设税。

（二）缴纳时间

城市维护建设税的纳税义务发生时间与增值税、消费税的纳税义务发生时间一致，分别与增值税、消费税同时缴纳。

（三）计算方式

城市维护建设税的应纳税额按照计税依据乘以具体适用税率计算。

城市维护建设税以纳税人依法实际缴纳的增值税、消费税税额为计税依据。城市维护建设税的计税依据应当按照规定扣除期末留抵退税退还的增值税税额。城市维护建设税计税依据的具体确定办法，由国务院依据《城市维护建设税法》和有关税收法律、行政法规的规定，报全国人民代表大会常务委员会备案。对进口货物或者境外单位和个人向境内销售劳务、服务、无形资产缴纳的增值税、消费税税额，不征收城市维护建设税。

（四）城市维护建设税税率

纳税人所在地在市区的，税率为7%；纳税人所在地在县城、镇的，税率为5%；纳税人所在地不在市区、县城或者镇的，税率为1%。

（五）城市维护建设税缴纳依据

城市维护建设税缴纳依据见表6.4-8。

城市维护建设税缴纳依据 表6.4-8

序号	制定机构	名称
1	全国人大常委会	《城市维护建设税法》
2	财政部、国家税务总局	《关于继续执行的城市维护建设税优惠政策的公告》
3	财政部、国家税务总局	《关于城市维护建设税计税依据确定办法等事项的公告》
4	国家税务总局	《关于城市维护建设税征收管理有关事项的公告》

附　录

序号	法律法规全称	简称
1	《中华人民共和国环境噪声污染防治法》	《环境噪声污染防治法》
2	《中华人民共和国大气污染防治法》	《大气污染防治法》
3	《中华人民共和国矿产资源法实施细则》	《矿产资源法实施细则》
4	《中华人民共和国矿山安全法》	《矿山安全法》
5	《中华人民共和国担保法》	《担保法》
6	《中华人民共和国矿产资源法》	《矿产资源法》
7	《中华人民共和国水法》	《水法》
8	《中华人民共和国长江保护法》	《长江保护法》
9	《中华人民共和国物权法》	《物权法》
10	《中华人民共和国刑法》	《刑法》
11	《中华人民共和国民法典》	《民法典》
12	《中华人民共和国资源税法》	《资源税法》
13	《中华人民共和国税收征收管理法》	《税收征收管理法》
14	《中华人民共和国增值税暂行条例》	《增值税暂行条例》
15	《中华人民共和国公司登记管理条例》	《公司登记管理条例》
16	《中华人民共和国公司法》	《公司法》
17	《中华人民共和国森林法》	《森林法》
18	《中华人民共和国拍卖法》	《拍卖法》
19	《中华人民共和国循环经济促进法》	《循环经济促进法》
20	《中华人民共和国道路交通安全法》	《道路交通安全法》
21	《中华人民共和国土地管理法》	《土地管理法》
22	《中华人民共和国河道管理条例》	《河道管理条例》
23	《中华人民共和国土地管理法实施条例》	《土地管理法实施条例》
24	《中华人民共和国公路法》	《公路法》
25	《中华人民共和国矿山安全法实施条例》	《矿山安全法实施条例》
26	《中华人民共和国招标投标法》	《招标投标法》
27	《中华人民共和国民事诉讼法》	《民事诉讼法》
28	《中华人民共和国印花税法》	《印花税法》
29	《中华人民共和国道路运输条例》	《道路运输条例》
30	《中华人民共和国安全生产法》	《安全生产法》
31	《中华人民共和国土壤污染防治法》	《土壤污染防治法》
32	《中华人民共和国水污染防治法》	《水污染防治法》
33	《中华人民共和国宪法》	《宪法》
34	《中华人民共和国环境保护法》	《环境保护法》
35	《中华人民共和国环境影响评价法》	《环境影响评价法》

续表

序号	法律法规全称	简称
36	《中华人民共和国职业病防治法》	《职业病防治法》
37	《中华人民共和国城乡规划法》	《城乡规划法》
38	《中华人民共和国城市房屋拆迁管理条例》	《城市房屋拆迁管理条例》
39	《中华人民共和国森林法实施条例》	《森林法实施条例》
40	《中华人民共和国基本农田保护条例》	《基本农田保护条例》
41	《中华人民共和国资源税暂行条例实施细则》	《资源税暂行条例实施细则》
42	《中华人民共和国水土保持法》	《水土保持法》
43	《中华人民共和国城市维护建设税法》	《城市维护建设税法》
44	《中华人民共和国行政许可法》	《行政许可法》